SIFA XINGZHENG JICENG GONGZUO SHOUCE XUJI(WU)

司法行政基层工作手册

续集（五）

2019～2023

司法部人民参与和促进法治局　编

法律出版社
LAW PRESS·CHINA
—北京—

图书在版编目（CIP）数据

司法行政基层工作手册续集. 五，2019～2023／司法部人民参与和促进法治局编. -- 北京：法律出版社，2024. -- ISBN 978-7-5197-9367-8

Ⅰ. D926.1-62

中国国家版本馆CIP数据核字第20240D7E32号

司法行政基层工作手册续集(五)(2019～2023)
SIFA XINGZHENG JICENG GONGZUO SHOUCE XUJI (WU) (2019-2023)

司法部人民参与和促进法治局　编

策划编辑　沈小英
责任编辑　沈小英
　　　　　任　娜
装帧设计　臧晓飞

出版发行 法律出版社
编辑统筹 法治与经济出版分社
责任校对 王晓萍
责任印制 吕亚莉
经　　销 新华书店

开本 710毫米×1000毫米　1/16
印张 23.5　**字数** 409千
版本 2024年9月第1版
印次 2024年9月第1次印刷
印刷 北京中科印刷有限公司

地址：北京市丰台区莲花池西里7号(100073)
网址：www.lawpress.com.cn
投稿邮箱：info@lawpress.com.cn
举报盗版邮箱：jbwq@lawpress.com.cn
销售电话：010-83938349
客服电话：010-83938350
咨询电话：010-63939796

书号：ISBN 978-7-5197-9367-8　**定价**：96.00元

凡购买本社图书，如有印装错误，我社负责退换。电话：010-83938349

前　言

为了让广大司法行政基层工作者全面了解掌握司法行政基层工作相关政策，提高工作的能力和水平，推动司法行政基层工作高质量发展，我们继续编辑了《司法行政基层工作手册续集（五）》。本手册收录了2019年至2023年中央领导同志的重要讲话，中央关于加强司法行政基层工作的决策部署，以及有关司法行政基层工作的法律、法规、规章、规范性文件、司法部领导讲话等，供大家学习参考。

由于编辑水平有限，本手册难免会有一些疏漏，敬请广大读者提出宝贵意见。

司法部人民参与和促进法治局

2024年5月

目　　录

第一部分　关于加强司法行政基层工作的法律法规

第二部分　中央关于加强司法行政基层工作的决策部署

第三部分 党和国家领导同志有关加强司法行政基层工作的讲话

第四部分 司法部领导有关加强司法行政基层工作的讲话

第五部分　关于加强司法行政基层工作的文件

二、调解工作

四、人民监督员工作

第一部分　关于加强司法行政基层工作的法律法规

中华人民共和国社区矫正法(摘选)

(2019 年 12 月 28 日第十三届全国人民代表大会
常务委员会第十五次会议通过)

……

第九条 ……司法所根据社区矫正机构的委托,承担社区矫正相关工作。

……

第二十五条 ……根据需要,矫正小组可以由司法所、居民委员会、村民委员会的人员,社区矫正对象的监护人、家庭成员,所在单位或者就读学校的人员以及社会工作者、志愿者等组成。

……

第二部分　中央关于加强司法行政基层工作的决策部署

关于加强和改进乡村治理的指导意见(摘选)

(2019年6月　中共中央办公厅、国务院办公厅印发)

……

二、主要任务

……

(十五)加强农村法律服务供给。……加强乡镇司法所建设。

……

关于加快推进公共法律服务体系建设的意见
（摘选）

（2019 年 7 月　中共中央办公厅、国务院办公厅印发）

……

二、推进基本公共法律服务均衡发展

……

（四）均衡配置城乡基本公共法律服务资源。……充分发挥司法所统筹矛盾纠纷化解、法治宣传、基层法律服务、法律咨询等功能，发挥律师、基层法律服务工作者的作用，健全村（居）法律顾问制度，加快推进村（居）法律顾问全覆盖。

……

四、创新公共法律服务管理体制和工作机制

……

（十三）推进公共法律服务平台建设。依托法律援助组织、乡镇（街道）司法所等现有资源，推进公共法律服务实体平台建设。

……

关于加强法治乡村建设的意见(摘选)

(2020年3月　中央全面依法治国委员会印发)

……

三、组织实施

……

(二)强化支持保障。……加大对法治宣传阵地、基层司法所和公共法律服务站(室)及12348公共法律服务热线平台、网络平台的专项投入。

……

法治社会建设实施纲要(2020—2025年)

(2020年12月　中共中央印发)

法治社会是构筑法治国家的基础,法治社会建设是实现国家治理体系和治理能力现代化的重要组成部分。建设信仰法治、公平正义、保障权利、守法诚信、充满活力、和谐有序的社会主义法治社会,是增强人民群众获得感、幸福感、安全感的重要举措。党的十九大把法治社会基本建成确立为到2035年基本实现社会主义现代化的重要目标之一,意义重大,影响深远,任务艰巨。为加快推进法治社会建设,制定本纲要。

一、总体要求

(一)指导思想。高举中国特色社会主义伟大旗帜,坚持以马克思列宁主义、毛泽东思想、邓小平理论、“三个代表”重要思想、科学发展观、习近平新时代中国特色社会主义思想为指导,全面贯彻党的十九大和十九届二中、三中、四中、五中全会精神,全面贯彻习近平法治思想,增强“四个意识”、坚定“四个自信”、做到“两个维护”,坚定不移走中国特色社会主义法治道路,坚持法治国家、法治政府、法治社会一体建设,培育和践行社会主义核心价值观,弘扬社会主义法治精神,建设社会主义法治文化,增强全社会厉行法治的积极性和主动性,推动全社会尊法学法守法用法,健全社会公平正义法治保障制度,保障人民权利,提高社会治理法治化水平,为全面建设社会主义现代化国家、实现中华民族伟大复兴的中国梦筑牢坚实法治基础。

(二)主要原则。坚持党的集中统一领导;坚持以中国特色社会主义法治理论为指导;坚持以人民为中心;坚持尊重和维护宪法法律权威;坚持法律面前人人平等;坚持权利与义务相统一;坚持法治、德治、自治相结合;坚持社会治理共建共治共享。

(三)总体目标。到2025年,“八五”普法规划实施完成,法治观念深入人心,社会领域制度规范更加健全,社会主义核心价值观要求融入法治建设和社会治理成效显著，公民、法人和其他组织合法权益得到切实保障，社会治理法治化水平显著提高，形成符合国情、体现时代特征、人民群众满意的法治社会建设生动局面，为2035年基本建成法治社会奠定坚实基础。

二、推动全社会增强法治观念

全民守法是法治社会的基础工程。树立宪法法律至上、法律面前人人平等的法治理念，培育全社会法治信仰，增强法治宣传教育针对性和实效性，引导全体人民做社会主义法治的忠实崇尚者、自觉遵守者、坚定捍卫者，使法治成为社会共识和基本原则。

（四）维护宪法权威。深入宣传宪法，弘扬宪法精神，增强宪法意识，推动形成尊崇宪法、学习宪法、遵守宪法、维护宪法、运用宪法的社会氛围。切实加强对国家工作人员特别是各级领导干部的宪法教育，组织推动国家工作人员原原本本学习宪法文本。全面落实宪法宣誓制度，国家工作人员就职时应当依照法律规定进行宪法宣誓。持续开展全国学生“学宪法讲宪法”活动。推动“12·4”国家宪法日和“宪法宣传周”集中宣传活动制度化，实现宪法宣传教育常态化。

（五）增强全民法治观念。深入学习宣传习近平法治思想，深入宣传以宪法为核心的中国特色社会主义法律体系，广泛宣传与经济社会发展和人民群众利益密切相关的法律法规，使人民群众自觉尊崇、信仰和遵守法律。广泛开展民法典普法工作，让民法典走到群众身边、走进群众心里。积极组织疫病防治、野生动物保护、公共卫生安全等方面法律法规和相关知识的宣传教育活动。引导全社会尊重司法裁判，维护司法权威。充分发挥领导干部带头尊法学法守法用法对全社会的示范带动作用，进一步落实国家工作人员学法用法制度，健全日常学法制度，强化法治培训，完善考核评估机制，不断增强国家工作人员特别是各级领导干部依法办事的意识和能力。加强青少年法治教育，全面落实《青少年法治教育大纲》，把法治教育纳入国民教育体系。加强对教师的法治教育培训，配齐配强法治课教师、法治辅导员队伍，完善法治副校长制度，健全青少年参与法治实践机制。引导企业树立合规意识，切实增强企业管理者和职工的法治观念。加强对社会热点案（事）件的法治解读评论，传播法治正能量。运用新媒体新技术普法，推进“智慧普法”平台建设。研究制定法治宣传教育法。

（六）健全普法责任制。坚持法治宣传教育与法治实践相结合。认真落实

“谁执法谁普法”普法责任制,2020 年年底前基本实现国家机关普法责任制清单全覆盖,把案(事)件依法处理的过程变成普法公开课。完善法官、检察官、行政复议人员、行政执法人员、律师等以案释法制度,注重加强对诉讼参与人、行政相对人、利害关系人等的法律法规和政策宣讲。引导社会各方面广泛参与立法,把立法过程变为宣传法律法规的过程。创新运用多种形式,加强对新出台法律法规规章的解读。充分发挥法律服务队伍在普法宣传教育中的重要作用,为人民群众提供专业、精准、高效的法治宣传。健全媒体公益普法制度,引导报社、电台、电视台、网站、融媒体中心等媒体自觉履行普法责任。培育壮大普法志愿者队伍,形成人民群众广泛参与普法活动的实践格局。

(七)建设社会主义法治文化。弘扬社会主义法治精神,传播法治理念,恪守法治原则,注重对法治理念、法治思维的培育,充分发挥法治文化的引领、熏陶作用,形成守法光荣、违法可耻的社会氛围。丰富法治文化产品,培育法治文化精品,扩大法治文化的覆盖面和影响力。利用重大纪念日、传统节日等契机开展群众性法治文化活动,组织各地青年普法志愿者、法治文艺团体开展法治文化基层行活动,推动法治文化深入人心。大力加强法治文化阵地建设,有效促进法治文化与传统文化、红色文化、地方文化、行业文化、企业文化融合发展。2020 年年底前制定加强社会主义法治文化建设的意见。

三、健全社会领域制度规范

加快建立健全社会领域法律制度,完善多层次多领域社会规范,强化道德规范建设,深入推进诚信建设制度化,以良法促进社会建设、保障社会善治。

(八)完善社会重要领域立法。完善教育、劳动就业、收入分配、社会保障、医疗卫生、食品药品、安全生产、道路交通、扶贫、慈善、社会救助等领域和退役军人、妇女、未成年人、老年人、残疾人正当权益保护等方面的法律法规,不断保障和改善民生。完善疫情防控相关立法,全面加强公共卫生领域相关法律法规建设。健全社会组织、城乡社区、社会工作等方面的法律制度,进一步加强和创新社会治理。完善弘扬社会主义核心价值观的法律政策体系,加强见义勇为、尊崇英烈、志愿服务、孝老爱亲等方面立法。

(九)促进社会规范建设。充分发挥社会规范在协调社会关系、约束社会行为、维护社会秩序等方面的积极作用。加强居民公约、村规民约、行业规章、社会组织章程等社会规范建设,推动社会成员自我约束、自我管理、自我规范。

深化行风建设，规范行业行为。加强对社会规范制订和实施情况的监督，制订自律性社会规范的示范文本，使社会规范制订和实施符合法治原则和精神。

（十）加强道德规范建设。坚持依法治国和以德治国相结合，把法律规范和道德规范结合起来，以道德滋养法治精神。倡导助人为乐、见义勇为、诚实守信、敬业奉献、孝老爱亲等美德善行，完善激励机制，褒奖善行义举，形成好人好报、德者有得的正向效应。推进社会公德、职业道德建设，深入开展家庭美德和个人品德教育，增强法治的道德底蕴。强化道德规范的教育、评价、监督等功能，努力形成良好的社会风尚和社会秩序。深入开展道德领域突出问题专项教育和治理，依法惩处公德失范的违法行为。大力倡导科学健康文明的生活方式，革除滥食野生动物陋习，增强公民公共卫生安全和疫病防治意识。依法规范捐赠、受赠行为。注重把符合社会主义核心价值观要求的基本道德规范转化为法律规范，用法律的权威来增强人们培育和践行社会主义核心价值观的自觉性。

（十一）推进社会诚信建设。加快推进社会信用体系建设，提高全社会诚信意识和信用水平。完善企业社会责任法律制度，增强企业社会责任意识，促进企业诚实守信、合法经营。健全公民和组织守法信用记录，建立以公民身份证号码和组织机构代码为基础的统一社会信用代码制度。完善诚信建设长效机制，健全覆盖全社会的征信体系，建立完善失信惩戒制度。结合实际建立信用修复机制和异议制度，鼓励和引导失信主体主动纠正违法失信行为。加强行业协会商会诚信建设，完善诚信管理和诚信自律机制。完善全国信用信息共享平台和国家企业信用信息公示系统，进一步强化和规范信用信息归集共享。加强诚信理念宣传教育，组织诚信主题实践活动，为社会信用体系建设创造良好环境。推动出台信用方面的法律。

四、加强权利保护

切实保障公民基本权利，有效维护各类社会主体合法权益。坚持权利与义务相统一，社会主体要履行法定义务和承担社会责任。

（十二）健全公众参与重大公共决策机制。制定与人民生产生活和现实利益密切相关的经济社会政策和出台重大改革措施，要充分体现公平正义和社会责任，畅通公众参与重大公共决策的渠道，采取多种形式广泛听取群众意见，切实保障公民、法人和其他组织合法权益。没有法律和行政法规依据，不得设定减损公民、法人和其他组织权利或者增加其义务的规范。落实法律顾问、公职律师在重大公共决策中发挥积极作用的制度机制。健全企业、职工、行业协会商会等参与涉企法律法规及政策制定机制,依法平等保护企业、职工合法权益。

(十三)保障行政执法中当事人合法权益。规范执法行为,完善执法程序,改进执法方式,尊重和维护人民群众合法权益。建立人民群众监督评价机制,促进食品药品、公共卫生、生态环境、安全生产、劳动保障、野生动物保护等关系群众切身利益的重点领域执法力度和执法效果不断提高。建立健全产权保护统筹协调工作机制,持续加强政务诚信和营商环境建设,将产权保护列为专项治理、信用示范、城市创建、营商环境建设的重要内容。推进政府信息公开,涉及公民、法人或其他组织权利和义务的行政规范性文件、行政许可决定、行政处罚决定、行政强制决定、行政征收决定等,依法予以公开。

(十四)加强人权司法保障。加强对公民合法权益的司法保护。加大涉民生案件查办力度,通过具体案件办理,保障人民群众合法权益。探索建立消费者权益保护集体诉讼制度。完善律师制度。强化诉讼参与人诉讼权利制度保障。加强对非法取证行为的源头预防,严格执行非法证据排除规则,建立健全案件纠错机制,有效防范和纠正冤假错案。健全执行工作长效机制,依法保障胜诉当事人及时实现合法权益。加强检察机关对民事、行政、刑事诉讼活动的法律监督,维护司法公正。在司法调解、司法听证等司法活动中保障人民群众参与。落实人民陪审员制度,完善人民监督员制度。推动大数据、人工智能等科技创新成果同司法工作深度融合,完善"互联网+诉讼"模式,加强诉讼服务设施建设,全面建设集约高效、多元解纷、便民利民、智慧精准、开放互动、交融共享的现代化诉讼服务体系。

(十五)为群众提供便捷高效的公共法律服务。到2022年,基本形成覆盖城乡、便捷高效、均等普惠的现代公共法律服务体系,保证人民群众获得及时有效的法律帮助。加强对欠发达地区专业法律服务人才和社会工作者、志愿者的政策扶持,大力推广运用远程网络等法律服务模式,促进城市优质法律服务资源向农村辐射,有效缓解法律服务专业力量不足问题。健全公民权利救济渠道和方式,完善法律援助制度和国家司法救助制度,制定出台法律援助法,保障困难群体、特殊群众的基本公共法律服务权益。加快律师、公证、仲裁、司法鉴定等行业改革发展,完善公共法律服务管理体制和工作机制,推进公共法律服务标准化、规范化、精准化，有效满足人民群众日益增长的高品质、多元化法律服务需求。健全村(居)法律顾问制度，充分发挥村(居)法律顾问作用。加强公共法律服务实体、热线、网络三大平台建设，推动公共法律服务与科技创新手段深度融合，尽快建成覆盖全业务、全时空的公共法律服务网络。

(十六)引导社会主体履行法定义务承担社会责任。公民、法人和其他组织享有宪法和法律规定的权利，同时必须履行宪法和法律规定的义务。强化规则意识，倡导契约精神，维护公序良俗，引导公民理性表达诉求，自觉履行法定义务、社会责任、家庭责任。引导和推动企业和其他组织履行法定义务、承担社会责任，促进社会健康有序运行。强化政策引领作用，为企业更好履行社会责任营造良好环境，推动企业与社会建立良好的互助互信关系。支持社会组织建立社会责任标准体系，引导社会资源向积极履行社会责任的社会组织倾斜。

五、推进社会治理法治化

全面提升社会治理法治化水平，依法维护社会秩序、解决社会问题、协调利益关系、推动社会事业发展，培育全社会办事依法、遇事找法、解决问题用法、化解矛盾靠法的法治环境，促进社会充满活力又和谐有序。

(十七)完善社会治理体制机制。完善党委领导、政府负责、民主协商、社会协同、公众参与、法治保障、科技支撑的社会治理体系，打造共建共治共享的社会治理格局。健全地方党委在本地区发挥总揽全局、协调各方领导作用的机制，完善政府社会治理考核问责机制。引领和推动社会力量参与社会治理，建设人人有责、人人尽责、人人享有的社会治理共同体，确保社会治理过程人民参与、成效人民评判、成果人民共享。加强社会治理制度建设，推进社会治理制度化、规范化、程序化。

(十八)推进多层次多领域依法治理。推进市域治理创新，依法加快市级层面实名登记、社会信用管理、产权保护等配套制度建设，开展市域社会治理现代化试点，使法治成为市域经济社会发展的核心竞争力。深化城乡社区依法治理，在党组织领导下实现政府治理和社会调节、居民自治良性互动。区县职能部门、乡镇政府(街道办事处)按照减负赋能原则，制定和落实在社区治理方面的权责清单。健全村级议事协商制度，鼓励农村开展村民说事、民情恳谈等活动。实施村级事务阳光工程，完善党务、村务、财务“三公开”制度，梳理村级事务公开清单，推广村级事务“阳光公开”监管平台。开展法治乡村创建活动。

加强基层群众性自治组织规范化建设,修改城市居民委员会组织法和村民委员会组织法。全面推进基层单位依法治理,企业、学校等基层单位普遍完善业务和管理活动各项规章制度,建立运用法治方式解决问题的平台和机制。广泛开展行业依法治理,推进业务标准程序完善、合法合规审查到位、防范化解风险及时和法律监督有效的法治化治理方式。依法妥善处置涉及民族、宗教等因素的社会问题,促进民族关系、宗教关系和谐。

(十九)发挥人民团体和社会组织在法治社会建设中的作用。人民团体要在党的领导下,教育和组织团体成员和所联系群众依照宪法和法律的规定,通过各种途径和形式参与管理国家事务,管理经济文化事业,管理社会事务。促进社会组织健康有序发展,推进社会组织明确权责、依法自治、发挥作用。坚持党对社会组织的领导,加强社会组织党的建设,确保社会组织发展的正确政治方向。加大培育社会组织力度,重点培育、优先发展行业协会商会类、科技类、公益慈善类、城乡社区服务类社会组织。推动和支持志愿服务组织发展,开展志愿服务标准化建设。发挥行业协会商会自律功能,探索建立行业自律组织。发挥社区社会组织在创新基层社会治理中的积极作用。完善政府购买公共服务机制,促进社会组织在提供公共服务中发挥更大作用。

(二十)增强社会安全感。加快对社会安全体系的整体设计和战略规划,贯彻落实加快推进社会治理现代化开创平安中国建设新局面的意见。完善平安中国建设协调机制、责任分担机制,健全平安建设指标体系和考核标准。2020年年底前制定“互联网＋公共安全”行动计划。推动扫黑除恶常态化,依法严厉打击和惩治暴力伤害医务人员、破坏野生动物资源、暴力恐怖、黄赌毒黑拐骗、高科技犯罪、网络犯罪等违法犯罪活动,遏制和预防严重犯罪行为的发生。强化突发事件应急体系建设,提升疫情防控、防灾减灾救灾能力。依法强化危害食品药品安全、影响生产安全、破坏交通安全等重点问题治理。健全社会心理服务体系和疏导机制、危机干预机制,建立健全基层社会心理服务工作站,发展心理工作者、社会工作者等社会心理服务人才队伍,加强对贫困人口、精神障碍患者、留守儿童、妇女、老年人等的人文关怀、精神慰藉和心理健康服务。健全执法司法机关与社会心理服务机构的工作衔接,加强对执法司法所涉人群的心理疏导。推进“青少年维权岗”“青少年零犯罪零受害社区(村)”创建,强化预防青少年犯罪工作的基层基础。

（二十一）依法有效化解社会矛盾纠纷。坚持和发展新时代“枫桥经验”，畅通和规范群众诉求表达、利益协调、权益保障通道，加强矛盾排查和风险研判，完善社会矛盾纠纷多元预防调处化解综合机制，努力将矛盾纠纷化解在基层。全面落实诉讼与信访分离制度，深入推进依法分类处理信访诉求。充分发挥人民调解的第一道防线作用，完善人民调解、行政调解、司法调解联动工作体系。充分发挥律师在调解中的作用，建立健全律师调解经费保障机制。县（市、区、旗）探索在矛盾纠纷多发领域建立“一站式”纠纷解决机制。加强农村土地承包经营纠纷调解仲裁、劳动人事争议调解仲裁工作。加强行政复议、行政调解、行政裁决工作，发挥行政机关化解纠纷的“分流阀”作用。推动仲裁委员会积极参与基层社会纠纷解决，支持仲裁融入基层社会治理。

六、依法治理网络空间

网络空间不是法外之地。推动社会治理从现实社会向网络空间覆盖，建立健全网络综合治理体系，加强依法管网、依法办网、依法上网，全面推进网络空间法治化，营造清朗的网络空间。

（二十二）完善网络法律制度。通过立改废释并举等方式，推动现有法律法规延伸适用到网络空间。完善网络信息服务方面的法律法规，修订互联网信息服务管理办法，研究制定互联网信息服务严重失信主体信用信息管理办法，制定完善对网络直播、自媒体、知识社区问答等新媒体业态和算法推荐、深度伪造等新技术应用的规范管理办法。完善网络安全法配套规定和标准体系，建立健全关键信息基础设施安全保护、数据安全管理和网络安全审查等网络安全管理制度，加强对大数据、云计算和人工智能等新技术研发应用的规范引导。研究制定个人信息保护法。健全互联网技术、商业模式、大数据等创新成果的知识产权保护方面的法律法规。修订预防未成年人犯罪法，制定未成年人网络保护条例。完善跨境电商制度，规范跨境电子商务经营者行为。积极参与数字经济、电子商务、信息技术、网络安全等领域国际规则和标准制定。

（二十三）培育良好的网络法治意识。坚持依法治网和以德润网相结合，弘扬时代主旋律和社会正能量。加强和创新互联网内容建设，实施社会主义核心价值观、中华文化新媒体传播等工程。提升网络媒介素养，推动互联网信息服务领域严重失信“黑名单”制度和惩戒机制，推动网络诚信制度化建设。坚决依法打击谣言、淫秽、暴力、迷信、邪教等有害信息在网络空间传播蔓延，建立健全互联网违法和不良信息举报一体化受理处置体系。加强全社会网络法治和网络素养教育,制定网络素养教育指南。加强青少年网络安全教育,引导青少年理性上网。深入实施中国好网民工程和网络公益工程,引导网民文明上网、理性表达,营造风清气正的网络环境。

(二十四)保障公民依法安全用网。牢固树立正确的网络安全观,依法防范网络安全风险。落实网络安全责任制,明确管理部门和网信企业的网络安全责任。建立完善统一高效的网络安全风险报告机制、研判处置机制,健全网络安全检查制度。加强对网络空间通信秘密、商业秘密、个人隐私以及名誉权、财产权等合法权益的保护。严格规范收集使用用户身份、通信内容等个人信息行为,加大对非法获取、泄露、出售、提供公民个人信息的违法犯罪行为的惩处力度。督促网信企业落实主体责任,履行法律规定的安全管理责任。健全网络与信息突发安全事件应急机制,完善网络安全和信息化执法联动机制。加强网络违法犯罪监控和查处能力建设,依法查处网络金融犯罪、网络诽谤、网络诈骗、网络色情、攻击窃密等违法犯罪行为。建立健全信息共享机制,积极参与国际打击互联网违法犯罪活动。

七、加强组织保障

坚持党对法治社会建设的集中统一领导,凝聚全社会力量,扎实有序推进法治社会建设。

(二十五)强化组织领导。党的领导是全面推进依法治国、加快建设社会主义法治国家最根本的保证。地方各级党委要落实推进本地区法治社会建设的领导责任,推动解决法治社会建设过程中的重点难点问题。地方各级政府要在党委统一领导下,将法治社会建设摆在重要位置,纳入经济社会发展总体规划,落实好法治社会建设各项任务。充分发挥基层党组织在法治社会建设中的战斗堡垒作用。

(二十六)加强统筹协调。坚持法治社会与法治国家、法治政府建设相协调,坚持法治社会建设与新时代经济社会发展、人民日益增长的美好生活需要相适应。地方各级党委法治建设议事协调机构要加强对本地区法治社会建设统筹谋划,形成上下协调、部门联动的工作机制。充分调动全社会各方力量采取多种形式参与法治社会建设,进一步发挥公民、企事业单位、人民团体、社会组织等在推进法治社会建设中的积极作用,形成法治社会建设最大合力。

（二十七）健全责任落实和考核评价机制。建立健全对法治社会建设的督促落实机制，确保党中央关于法治社会建设各项决策部署落到实处。充分发挥考核评价对法治社会建设的重要推动作用，制定法治社会建设评价指标体系。健全群众满意度测评制度，将群众满意度作为检验法治社会建设工作成效的重要指标。

（二十八）加强理论研究和舆论引导。加强中国特色社会主义法治理论与实践研究，为法治社会建设提供学理支撑和智力支持。充分发挥高等学校、科研院所等智库作用，大力打造法治社会建设理论研究基地。加强舆论引导，充分发挥先进典型的示范带动作用，凝聚社会共识，营造全民关心、支持和参与法治社会建设的良好氛围。适时发布法治社会建设白皮书。

各地区各部门要全面贯彻本纲要精神和要求，结合实际制定落实举措。中央依法治国办要抓好督促落实，确保纲要各项任务措施落到实处。

关于加快推进乡村人才振兴的意见(摘选)

(2021年2月　中共中央办公厅、国务院办公厅印发)

……

五、加快培养乡村法治人才

……

(十九)加强农村法律人才队伍建设。……推动公共法律服务力量下沉,通过招录、聘用、政府购买服务、发展志愿者队伍等方式,充实乡镇司法所公共法律服务人才队伍,加强乡村法律服务人才培训。

……

中央宣传部、司法部关于开展法治宣传教育的第八个五年规划(2021—2025年)(摘选)

(2021年6月　中共中央、国务院转发)

……

七、加强组织实施

……

(四)强化基层基础工作

……加大对基层司法所开展普法工作的指导和支持力度,提升司法所普法工作水平,将具有法律职业资格的人员充实到普法工作一线。

……

中共中央关于加强新时代检察机关法律监督工作的意见(摘选)

(2021年6月15日　中共中央印发)

……

五、加强对检察机关法律监督工作的组织保障

……

18.加强对检察机关法律监督工作的监督制约。……完善人民监督员制度,拓宽群众有序参与和监督司法的渠道。……

……

法治政府建设实施纲要(2021—2025 年)

(2021 年 8 月　中共中央、国务院印发)

法治政府建设是全面依法治国的重点任务和主体工程,是推进国家治理体系和治理能力现代化的重要支撑。为在新发展阶段持续深入推进依法行政,全面建设法治政府,根据当前法治政府建设实际,制定本纲要。

一、深入学习贯彻习近平法治思想,努力实现法治政府建设全面突破

党的十八大以来,特别是《法治政府建设实施纲要(2015—2020 年)》贯彻落实 5 年来,各地区各部门多措并举、改革创新,法治政府建设取得重大进展。党对法治政府建设的领导不断加强,责任督察和示范创建活动深入实施,法治政府建设推进机制基本形成;"放管服"改革纵深推进,营商环境大幅优化;依法行政制度体系日益健全,重大行政决策程序制度初步建立,行政决策公信力持续提升;行政执法体制机制改革大力推进,严格规范公正文明执法水平普遍提高;行政权力制约和监督全面加强,违法行政行为能够被及时纠正查处;社会矛盾纠纷依法及时有效化解,行政争议预防化解机制更加完善;各级公务员法治意识显著增强,依法行政能力明显提高。当前,我国已经开启全面建设社会主义现代化国家、向第二个百年奋斗目标进军的新征程,统筹中华民族伟大复兴战略全局和世界百年未有之大变局,推进国家治理体系和治理能力现代化,适应人民日益增长的美好生活需要,都对法治政府建设提出了新的更高要求,必须立足全局、着眼长远、补齐短板、开拓进取,推动新时代法治政府建设再上新台阶。

(一)指导思想。高举中国特色社会主义伟大旗帜,坚持以马克思列宁主义、毛泽东思想、邓小平理论、"三个代表"重要思想、科学发展观、习近平新时代中国特色社会主义思想为指导,全面贯彻党的十九大和十九届二中、三中、四中、五中全会精神,全面贯彻习近平法治思想,增强"四个意识"、坚定"四个自信"、做到"两个维护",把法治政府建设放在党和国家事业发展全局中统筹谋划,加快构建职责明确、依法行政的政府治理体系,全面建设职能科学、权责法定、执法严明、公开公正、智能高效、廉洁诚信、人民满意的法治政府,为全面建设社会主义现代化国家、实现中华民族伟大复兴的中国梦提供有力法治保障。

(二)主要原则。坚持党的全面领导,确保法治政府建设正确方向;坚持以人民为中心,一切行政机关必须为人民服务、对人民负责、受人民监督;坚持问题导向,用法治给行政权力定规矩、划界限,切实解决制约法治政府建设的突出问题;坚持改革创新,积极探索具有中国特色的法治政府建设模式和路径;坚持统筹推进,强化法治政府建设的整体推动、协同发展。

(三)总体目标。到2025年,政府行为全面纳入法治轨道,职责明确、依法行政的政府治理体系日益健全,行政执法体制机制基本完善,行政执法质量和效能大幅提升,突发事件应对能力显著增强,各地区各层级法治政府建设协调并进,更多地区实现率先突破,为到2035年基本建成法治国家、法治政府、法治社会奠定坚实基础。

二、健全政府机构职能体系,推动更好发挥政府作用

坚持法定职责必须为、法无授权不可为,着力实现政府职能深刻转变,把该管的事务管好、管到位,基本形成边界清晰、分工合理、权责一致、运行高效、法治保障的政府机构职能体系。

(四)推进政府机构职能优化协同高效。坚持优化政府组织结构与促进政府职能转变、理顺部门职责关系统筹结合,使机构设置更加科学、职能更加优化、权责更加协同。完善经济调节、市场监管、社会管理、公共服务、生态环境保护等职能,厘清政府和市场、政府和社会关系,推动有效市场和有为政府更好结合。强化制定实施发展战略、规划、政策、标准等职能,更加注重运用法律和制度遏制不当干预微观经济活动的行为。构建简约高效的基层管理体制,实行扁平化和网格化管理。推进编制资源向基层倾斜,鼓励、支持从上往下跨层级调剂使用行政和事业编制。

全面实行政府权责清单制度,推动各级政府高效履职尽责。2022年上半年编制完成国务院部门权责清单,建立公开、动态调整、考核评估、衔接规范等配套机制和办法。调整完善地方各级政府部门权责清单,加强标准化建设,实现同一事项的规范统一。严格执行市场准入负面清单,普遍落实"非禁即入"。

(五)深入推进"放管服"改革。分级分类推进行政审批制度改革。依托全国一体化政务服务平台等渠道,全面推行审批服务"马上办、网上办、就近办、一次办、自助办"。坚决防止以备案、登记、行政确认、征求意见等方式变相设置行政许可事项。推行行政审批告知承诺制。大力归并减少各类资质资格许可事项,降低准入门槛。有序推进"证照分离"改革全覆盖,将更多涉企经营许可事项纳入改革。积极推进"一业一证"改革,探索实现"一证准营"、跨地互认通用。深化投资审批制度改革,推进投资领域行政执法监督,全面改善投资环境。全面落实证明事项告知承诺制,新设证明事项必须有法律法规或者国务院决定依据。

推动政府管理依法进行,把更多行政资源从事前审批转到事中事后监管上来。健全以"双随机、一公开"监管和"互联网+监管"为基本手段、以重点监管为补充、以信用监管为基础的新型监管机制,推进线上线下一体化监管,完善与创新创造相适应的包容审慎监管方式。根据不同领域特点和风险程度确定监管内容、方式和频次,提高监管精准化水平。分领域制定全国统一、简明易行的监管规则和标准,做到标准公开、规则公平、预期合理、各负其责。

加快建设服务型政府,提高政务服务效能。全面提升政务服务水平,完善首问负责、一次告知、一窗受理、自助办理等制度。加快推进政务服务"跨省通办",到2021年年底前基本实现高频事项"跨省通办"。大力推行"一件事一次办",提供更多套餐式、主题式集成服务。推进线上线下深度融合,增强全国一体化政务服务平台服务能力,优化整合提升各级政务大厅"一站式"功能,全面实现政务服务事项全城通办、就近能办、异地可办。坚持传统服务与智能创新相结合,充分保障老年人基本服务需要。

(六)持续优化法治化营商环境。紧紧围绕贯彻新发展理念、构建新发展格局,打造稳定公平透明、可预期的法治化营商环境。深入实施《优化营商环境条例》。及时总结各地优化营商环境可复制可推广的经验做法,适时上升为法律法规制度。依法平等保护各种所有制企业产权和自主经营权,切实防止滥用行政权力排除、限制竞争行为。健全外商投资准入前国民待遇加负面清单管理制度,推动规则、规制、管理、标准等制度型开放。加强政企沟通,在制定修改行政法规、规章、行政规范性文件过程中充分听取企业和行业协会商会意见。加强和改进反垄断与反不正当竞争执法。强化公平竞争审查制度刚性约束,及时清理废除妨碍统一市场和公平竞争的各种规定和做法,推动形成统一开放、竞争有序、制度完备、治理完善的高标准市场体系。

三、健全依法行政制度体系,加快推进政府治理规范化程序化法治化

坚持科学立法、民主立法、依法立法,着力实现政府立法质量和效率并重并进,增强针对性、及时性、系统性、可操作性,努力使政府治理各方面制度更加健全、更加完善。

(七)加强重要领域立法。积极推进国家安全、科技创新、公共卫生、文化教育、民族宗教、生物安全、生态文明、防范风险、反垄断、涉外法治等重要领域立法,健全国家治理急需的法律制度、满足人民日益增长的美好生活需要必备的法律制度。制定修改传染病防治法、突发公共卫生事件应对法、国境卫生检疫法等法律制度。及时跟进研究数字经济、互联网金融、人工智能、大数据、云计算等相关法律制度,抓紧补齐短板,以良法善治保障新业态新模式健康发展。

加强规范共同行政行为立法,推进机构、职能、权限、程序、责任法定化。修改国务院组织法、地方各级人民代表大会和地方各级人民政府组织法。修改行政复议法、行政许可法,完善行政程序法律制度。研究制定行政备案条例、行政执法监督条例。

(八)完善立法工作机制。增强政府立法与人大立法的协同性,统筹安排相关联相配套的法律法规规章的立改废释工作。聚焦实践问题和立法需求,提高立法精细化精准化水平。完善立法论证评估制度,加大立法前评估力度,认真论证评估立法项目必要性、可行性。建立健全立法风险防范机制,将风险评估贯穿立法全过程。丰富立法形式,注重解决实际问题。积极运用新媒体新技术拓宽立法公众参与渠道,完善立法听证、民意调查机制。修改法规规章备案条例,推进政府规章层级监督,强化省级政府备案审查职责。推进区域协同立法,强化计划安排衔接、信息资源共享、联合调研论证、同步制定修改。

(九)加强行政规范性文件制定监督管理。依法制定行政规范性文件,严禁越权发文、严控发文数量、严格制发程序。建立健全行政规范性文件制定协调机制,防止政出多门、政策效应相互抵消。健全行政规范性文件动态清理工作机制。加强对行政规范性文件制定和管理工作的指导监督,推动管理制度化规范化。全面落实行政规范性文件合法性审核机制,明确审核范围,统一审核标准。严格落实行政规范性文件备案审查制度。

四、健全行政决策制度体系，不断提升行政决策公信力和执行力

坚持科学决策、民主决策、依法决策，着力实现行政决策程序规定严格落实、决策质量和效率显著提高，切实避免因决策失误产生矛盾纠纷、引发社会风险、造成重大损失。

（十）强化依法决策意识。各级行政机关负责人要牢固树立依法决策意识，严格遵循法定权限和程序作出决策，确保决策内容符合法律法规规定。行政机关主要负责人作出重大决策前，应当听取合法性审查机构的意见，注重听取法律顾问、公职律师或者有关专家的意见。把是否遵守决策程序制度、做到依法决策作为对政府部门党组（党委）开展巡视巡察和对行政机关主要负责人开展考核督察、经济责任审计的重要内容，防止个人专断、搞“一言堂”。

（十一）严格落实重大行政决策程序。严格执行《重大行政决策程序暂行条例》，增强公众参与实效，提高专家论证质量，充分发挥风险评估功能，确保所有重大行政决策都严格履行合法性审查和集体讨论决定程序。推行重大行政决策事项年度目录公开制度。涉及社会公众切身利益的重要规划、重大公共政策和措施、重大公共建设项目等，应当通过举办听证会等形式加大公众参与力度，深入开展风险评估，认真听取和反映利益相关群体的意见建议。建立健全决策过程记录和材料归档制度。

（十二）加强行政决策执行和评估。完善行政决策执行机制，决策机关应当在决策中明确执行主体、执行时限、执行反馈等内容。建立健全重大行政决策跟踪反馈制度。依法推进决策后评估工作，将决策后评估结果作为调整重大行政决策的重要依据。重大行政决策一经作出，未经法定程序不得随意变更或者停止执行。严格落实重大行政决策终身责任追究制度和责任倒查机制。

五、健全行政执法工作体系，全面推进严格规范公正文明执法

着眼提高人民群众满意度，着力实现行政执法水平普遍提升，努力让人民群众在每一个执法行为中都能看到风清气正、从每一项执法决定中都能感受到公平正义。

（十三）深化行政执法体制改革。完善权责清晰、运转顺畅、保障有力、廉洁高效的行政执法体制机制，大力提高执法执行力和公信力。继续深化综合行政执法体制改革，坚持省（自治区）原则上不设行政执法队伍，设区市与市辖区原则上只设一个行政执法层级，县（市、区、旗）一般实行“局队合一”体制，乡镇

(街道)逐步实现"一支队伍管执法"的改革原则和要求。加强综合执法、联合执法、协作执法的组织指挥和统筹协调。在行政许可权、行政处罚权改革中,健全审批、监管、处罚衔接机制,防止相互脱节。稳步将基层管理迫切需要且能有效承接的行政执法事项下放给基层,坚持依法下放、试点先行,坚持权随事转、编随事转、钱随事转,确保放得下、接得住、管得好、有监督。建立健全乡镇(街道)与上一级相关部门行政执法案件移送及协调协作机制。大力推进跨领域跨部门联合执法,实现违法线索互联、执法标准互通、处理结果互认。完善行政执法与刑事司法衔接机制,加强"两法衔接"信息平台建设,推进信息共享机制化、案件移送标准和程序规范化。加快制定不同层级行政执法装备配备标准。

(十四)加大重点领域执法力度。加大食品药品、公共卫生、自然资源、生态环境、安全生产、劳动保障、城市管理、交通运输、金融服务、教育培训等关系群众切身利益的重点领域执法力度。分领域梳理群众反映强烈的突出问题,开展集中专项整治。对潜在风险大、可能造成严重不良后果的,加强日常监管和执法巡查,从源头上预防和化解违法风险。建立完善严重违法惩罚性赔偿和巨额罚款制度、终身禁入机制,让严重违法者付出应有代价。畅通违法行为投诉举报渠道,对举报严重违法违规行为和重大风险隐患的有功人员依法予以奖励和严格保护。

(十五)完善行政执法程序。全面严格落实行政执法公示、执法全过程记录、重大执法决定法制审核制度。统一行政执法人员资格管理,除中央垂直管理部门外由省级政府统筹本地区行政执法人员资格考试、证件制发、在岗轮训等工作,国务院有关业务主管部门加强对本系统执法人员的专业培训,完善相关规范标准。统一行政执法案卷、文书基本标准,提高执法案卷、文书规范化水平。完善行政执法文书送达制度。全面落实行政裁量权基准制度,细化量化本地区各行政执法行为的裁量范围、种类、幅度等并对外公布。全面梳理、规范和精简执法事项,凡没有法律法规规章依据的一律取消。规范涉企行政检查,着力解决涉企现场检查事项多、频次高、随意检查等问题。按照行政执法类型,制定完善行政执法程序规范。全面严格落实告知制度,依法保障行政相对人陈述、申辩、提出听证申请等权利。除有法定依据外,严禁地方政府采取要求特定区域或者行业、领域的市场主体普遍停产停业的措施。行政机关内部会议纪要不得作为行政执法依据。

（十六）创新行政执法方式。广泛运用说服教育、劝导示范、警示告诫、指导约谈等方式，努力做到宽严相济、法理相融，让执法既有力度又有温度。全面推行轻微违法行为依法免予处罚清单。建立行政执法案例指导制度，国务院有关部门和省级政府要定期发布指导案例。全面落实“谁执法谁普法”普法责任制，加强以案释法。

六、健全突发事件应对体系，依法预防处置重大突发事件

坚持运用法治思维和法治方式应对突发事件，着力实现越是工作重要、事情紧急越要坚持依法行政，严格依法实施应急举措，在处置重大突发事件中推进法治政府建设。

（十七）完善突发事件应对制度。修改突发事件应对法，系统梳理和修改应急管理相关法律法规，提高突发事件应对法治化规范化水平。健全国家应急预案体系，完善国家突发公共事件总体和专项应急预案，以及与之相衔接配套的各级各类突发事件应急预案。加强突发事件监测预警、信息报告、应急响应、恢复重建、调查评估等机制建设。健全突发事件应对征收、征用、救助、补偿制度，规范相关审批、实施程序和救济途径。完善特大城市风险治理机制，增强风险管控能力。健全规范应急处置收集、使用个人信息机制制度，切实保护公民个人信息。加快推进突发事件行政手段应用的制度化规范化，规范行政权力边界。

（十八）提高突发事件依法处置能力。增强风险防范意识，强化各地区各部门防范化解本地区本领域重大风险责任。推进应急管理综合行政执法改革，强化执法能力建设。强化突发事件依法分级分类施策，增强应急处置的针对性实效性。按照平战结合原则，完善各类突发事件应急响应处置程序和协调联动机制。定期开展应急演练，注重提升依法预防突发事件、先期处置和快速反应能力。加强突发事件信息公开和危机沟通，完善公共舆情应对机制。依法严厉打击利用突发事件哄抬物价、囤积居奇、造谣滋事、制假售假等扰乱社会秩序行为。加强突发事件应急处置法律法规教育培训，增强应急处置法治意识。

（十九）引导、规范基层组织和社会力量参与突发事件应对。完善乡镇（街道）、村（社区）应急处置组织体系，推动村（社区）依法参与预防、应对突发事件。明确社会组织、慈善组织、社会工作者、志愿者等参与突发事件应对的法律地位及其权利义务，完善激励保障措施。健全社会应急力量备案登记、调用补偿、保险保障等方面制度。

七、健全社会矛盾纠纷行政预防调处化解体系,不断促进社会公平正义

坚持将矛盾纠纷化解在萌芽状态、化解在基层,着力实现人民群众权益受到公平对待、尊严获得应有尊重,推动完善信访、调解、仲裁、行政裁决、行政复议、诉讼等社会矛盾纠纷多元预防调处化解综合机制。

(二十)加强行政调解工作。依法加强消费者权益保护、交通损害赔偿、治安管理、环境污染、社会保障、房屋土地征收、知识产权等方面的行政调解,及时妥善推进矛盾纠纷化解。各职能部门要规范行政调解范围和程序,组织做好教育培训,提升行政调解工作水平。坚持"三调"联动,推进行政调解与人民调解、司法调解有效衔接。

(二十一)有序推进行政裁决工作。发挥行政裁决化解民事纠纷的"分流阀"作用,建立体系健全、渠道畅通、公正便捷、裁诉衔接的裁决机制。推行行政裁决权利告知制度,规范行政裁决程序,推动有关行政机关切实履行行政裁决职责。全面梳理行政裁决事项,明确行政裁决适用范围,稳妥推进行政裁决改革试点。强化案例指导和业务培训,提升行政裁决能力。研究推进行政裁决法律制度建设。

(二十二)发挥行政复议化解行政争议主渠道作用。全面深化行政复议体制改革,整合地方行政复议职责,按照事编匹配、优化节约、按需调剂的原则,合理调配编制资源,2022 年年底前基本形成公正权威、统一高效的行政复议体制。全面推进行政复议规范化、专业化、信息化建设,不断提高办案质量和效率。健全优化行政复议审理机制。县级以上各级政府建立行政复议委员会,为重大、疑难、复杂的案件提供咨询意见。建立行政复议决定书以及行政复议意见书、建议书执行监督机制,实现个案监督纠错与倒逼依法行政的有机结合。全面落实行政复议决定书网上公开制度。

(二十三)加强和规范行政应诉工作。认真执行行政机关负责人出庭应诉制度。健全行政争议实质性化解机制,推动诉源治理。支持法院依法受理和审理行政案件,切实履行生效裁判。支持检察院开展行政诉讼监督工作和行政公益诉讼,积极主动履行职责或者纠正违法行为。认真做好司法建议、检察建议落实和反馈工作。

八、健全行政权力制约和监督体系,促进行政权力规范透明运行

坚持有权必有责、有责要担当、失责必追究,着力实现行政决策、执行、组织、监督既相互制约又相互协调,确保对行政权力制约和监督全覆盖、无缝隙,使党和人民赋予的权力始终用来为人民谋幸福。

(二十四)形成监督合力。坚持将行政权力制约和监督体系纳入党和国家监督体系全局统筹谋划,突出党内监督主导地位。推动党内监督与人大监督、民主监督、行政监督、司法监督、群众监督、舆论监督等各类监督有机贯通、相互协调。积极发挥审计监督、财会监督、统计监督、执法监督、行政复议等监督作用。自觉接受纪检监察机关监督,对行政机关公职人员违法行为严格追究法律责任,依规依法给予处分。

坚持严管和厚爱结合、激励和约束并重,做到依规依纪依法严肃问责、规范问责、精准问责、慎重问责,既要防止问责不力,也要防止问责泛化、简单化。落实“三个区分开来”要求,建立健全担当作为的激励和保护机制,切实调动各级特别是基层政府工作人员的积极性,充分支持从实际出发担当作为、干事创业。

(二十五)加强和规范政府督查工作。县级以上政府依法组织开展政府督查工作,重点对党中央、国务院重大决策部署落实情况、上级和本级政府重要工作部署落实情况、督查对象法定职责履行情况、本级政府所属部门和下级政府的行政效能开展监督检查,保障政令畅通,督促提高行政效能、推进廉政建设、健全行政监督制度。积极发挥政府督查的激励鞭策作用,坚持奖惩并举,对成效明显的按规定加大表扬和政策激励力度,对不作为乱作为的依规依法严肃问责。进一步明确政府督查的职责、机构、程序和责任,增强政府督查工作的科学性、针对性、实效性。

(二十六)加强对行政执法制约和监督。加强行政执法监督机制和能力建设,充分发挥行政执法监督统筹协调、规范保障、督促指导作用,2024 年年底前基本建成省市县乡全覆盖的比较完善的行政执法协调监督工作体系。全面落实行政执法责任,严格按照权责事项清单分解执法职权、确定执法责任。加强和完善行政执法案卷管理和评查、行政执法机关处理投诉举报、行政执法考核评议等制度建设。大力整治重点领域行政执法不作为乱作为、执法不严格不规范不文明不透明等突出问题,围绕中心工作部署开展行政执法监督专项行动。严禁下达或者变相下达罚没指标,严禁将罚没收入同作出行政处罚的行政机关及其工作人员的考核、考评直接或者变相挂钩。建立并实施行政执法监督员制度。

(二十七)全面主动落实政务公开。坚持以公开为常态、不公开为例外,用政府更加公开透明赢得人民群众更多理解、信任和支持。大力推进决策、执行、管理、服务和结果公开,做到法定主动公开内容全部公开到位。加强公开制度化、标准化、信息化建设,提高政务公开能力和水平。全面提升政府信息公开申请办理工作质量,依法保障人民群众合理信息需求。鼓励开展政府开放日、网络问政等主题活动,增进与公众的互动交流。加快构建具有中国特色的公共企事业单位信息公开制度。

(二十八)加快推进政务诚信建设。健全政府守信践诺机制。建立政务诚信监测治理机制,建立健全政务失信记录制度,将违约毁约、拖欠账款、拒不履行司法裁判等失信信息纳入全国信用信息共享平台并向社会公开。建立健全政府失信责任追究制度,加大失信惩戒力度,重点治理债务融资、政府采购、招标投标、招商引资等领域的政府失信行为。

九、健全法治政府建设科技保障体系,全面建设数字法治政府

坚持运用互联网、大数据、人工智能等技术手段促进依法行政,着力实现政府治理信息化与法治化深度融合,优化革新政府治理流程和方式,大力提升法治政府建设数字化水平。

(二十九)加快推进信息化平台建设。各省(自治区、直辖市)统筹建成本地区各级互联、协同联动的政务服务平台,实现从省(自治区、直辖市)到村(社区)网上政务全覆盖。加快推进政务服务向移动端延伸,实现更多政务服务事项"掌上办"。分级分类推进新型智慧城市建设,促进城市治理转型升级。加强政府信息平台建设的统筹规划,优化整合各类数据、网络平台,防止重复建设。

建设法规规章行政规范性文件统一公开查询平台,2022年年底前实现现行有效的行政法规、部门规章、国务院及其部门行政规范性文件的统一公开查询;2023年年底前各省(自治区、直辖市)实现本地区现行有效地方性法规、规章、行政规范性文件统一公开查询。

(三十)加快推进政务数据有序共享。建立健全政务数据共享协调机制,进一步明确政务数据提供、使用、管理等各相关方的权利和责任,推动数据共享和业务协同,形成高效运行的工作机制,构建全国一体化政务大数据体系,加强政务信息系统优化整合。加快推进身份认证、电子印章、电子证照等统一认定使用,优化政务服务流程。加强对大数据的分析、挖掘、处理和应用,善于运用大数据辅助行政决策、行政立法、行政执法工作。建立健全运用互联网、大数据、人工智能等技术手段进行行政管理的制度规则。在依法保护国家安全、商业秘密、自然人隐私和个人信息的同时,推进政府和公共服务机构数据开放共享,优先推动民生保障、公共服务、市场监管等领域政府数据向社会有序开放。

(三十一)深入推进"互联网+"监管执法。加强国家"互联网+监管"系统建设,2022年年底前实现各方面监管平台数据的联通汇聚。积极推进智慧执法,加强信息化技术、装备的配置和应用。推行行政执法APP掌上执法。探索推行以远程监管、移动监管、预警防控为特征的非现场监管,解决人少事多的难题。加快建设全国行政执法综合管理监督信息系统,将执法基础数据、执法程序流转、执法信息公开等汇聚一体,建立全国行政执法数据库。

十、加强党的领导,完善法治政府建设推进机制

党的领导是全面依法治国、建设法治政府的根本保证,必须坚持党总揽全局、协调各方,发挥各级党委的领导作用,把法治政府建设摆到工作全局更加突出的位置。

(三十二)加强党对法治政府建设的领导。各级党委和政府要深入学习领会习近平法治思想,把习近平法治思想贯彻落实到法治政府建设全过程和各方面。各级党委要切实履行推进法治建设领导职责,安排听取有关工作汇报,及时研究解决影响法治政府建设重大问题。各级政府要在党委统一领导下,履行法治政府建设主体责任,谋划落实好法治政府建设各项任务,主动向党委报告法治政府建设中的重大问题。各级政府及其部门主要负责人要切实履行推进本地区本部门法治政府建设第一责任人职责,作为重要工作定期部署推进、抓实抓好。各地区党委法治建设议事协调机构及其办事机构要加强法治政府建设的协调督促推动。

(三十三)完善法治政府建设推进机制。深入推进法治政府建设督察工作,2025年前实现对地方各级政府督察全覆盖。扎实做好法治政府建设示范创建活动,以创建促提升、以示范带发展,不断激发法治政府建设的内生动力。严格执行法治政府建设年度报告制度,按时向社会公开。建立健全法治政府建设指标体系,强化指标引领。加大考核力度,提升考核权重,将依法行政情况作为对地方政府、政府部门及其领导干部综合绩效考核的重要内容。

(三十四)全面加强依法行政能力建设。推动行政机关负责人带头遵守执行宪法法律,建立行政机关工作人员应知应会法律法规清单。坚持把民法典作为行政决策、行政管理、行政监督的重要标尺,不得违背法律法规随意作出减损公民、法人和其他组织合法权益或增加其义务的决定。健全领导干部学法用法机制,国务院各部门根据职能开展本部门本系统法治专题培训,县级以上地方各级政府负责本地区领导干部法治专题培训,地方各级政府领导班子每年应当举办两期以上法治专题讲座。市县政府承担行政执法职能的部门负责人任期内至少接受一次法治专题脱产培训。加强各部门和市县政府法治机构建设,优化基层司法所职能定位,保障人员力量、经费等与其职责任务相适应。把法治教育纳入各级政府工作人员初任培训、任职培训的必训内容。对在法治政府建设中作出突出贡献的单位和个人,按规定给予表彰奖励。

加强政府立法能力建设,有计划组织开展专题培训,做好政府立法人才培养和储备。加强行政执法队伍专业化职业化建设,在完成政治理论教育和党性教育学时的基础上,确保每人每年接受不少于60学时的业务知识和法律法规培训。加强行政复议工作队伍专业化职业化建设,完善管理办法。加强行政复议能力建设,制定行政复议执业规范。加强法律顾问和公职律师队伍建设,提升法律顾问和公职律师参与重大决策的能力水平。加强行政裁决工作队伍建设。

(三十五)加强理论研究和舆论宣传。加强中国特色社会主义法治政府理论研究。鼓励、推动高等法学院校成立法治政府建设高端智库和研究教育基地。建立法治政府建设评估专家库,提升评估专业化水平。加大法治政府建设成就经验宣传力度,传播中国政府法治建设的时代强音。

各地区各部门要全面准确贯彻本纲要精神和要求,压实责任、狠抓落实,力戒形式主义、官僚主义。中央依法治国办要抓好督促落实,确保纲要各项任务措施落到实处。

关于进一步加强市县法治建设的意见

（2022 年 5 月 30 日　中央全面依法治国委员会印发）

全面依法治国基础在基层，工作重点在基层。加强市县法治建设，是确保全面依法治国各项部署要求落地落实的关键，是推进基层治理体系和治理能力现代化的重要保障。为夯实全面依法治国基础，提升市县法治建设水平，制定如下意见。

一、总体要求

（一）指导思想。以习近平新时代中国特色社会主义思想为指导，深入学习贯彻习近平法治思想，全面贯彻落实党的十九大和十九届历次全会精神，深刻认识“两个确立”的决定性意义，增强“四个意识”、坚定“四个自信”、做到“两个维护”，坚持党的领导、人民当家作主、依法治国有机统一，大力弘扬社会主义核心价值观，坚持系统观念、法治思维、强基导向，以加强党对市县法治建设的领导为根本，以深化落实法治领域顶层设计为抓手，以解决当前市县法治建设存在的突出问题为重点，健全完善党领导市县法治建设体制机制，提升市县法治工作能力和保障水平，增强人民群众在法治领域的获得感幸福感安全感，为 2035 年法治国家、法治政府、法治社会基本建成奠定坚实基础。

（二）工作原则。坚持党的领导，牢牢把握市县法治建设正确方向，更好发挥法治建设对市县经济社会高质量发展的引领、规范和保障作用。坚持以人民为中心，把体现人民利益、反映人民愿望、维护人民权益、增进人民福祉落实到市县法治建设全过程和各方面。坚持强基导向，推动重心下移、力量下沉、保障下倾，实现基层法治建设协同推进。坚持改革创新，尊重基层首创精神，运用法治思维和法治方式促进提升基层治理体系和治理能力现代化水平。

（三）主要目标。力争通过 5 年时间的努力，党领导市县法治建设的制度和工作机制更加完善，市级立法质量明显提高，市县政府行为全面纳入法治轨道，执法司法公信力进一步提升，领导干部运用法治思维和法治方式深化改革、推动发展、化解矛盾、维护稳定、应对风险的意识和能力明显增强,市县法治工作队伍思想政治素质、业务工作能力、职业道德水准明显提高,群众法治素养和基层社会治理法治化水平显著提升,全社会尊法学法守法用法的浓厚氛围进一步形成。

二、完善党领导市县法治建设制度和工作机制

(四)牢牢把握市县法治建设正确方向。加强理论武装,把习近平法治思想作为市县党委理论学习中心组集体学习重点内容,作为市县党校(行政学院)和干部学院重点课程,开展市县法治工作部门全战线、全覆盖培训轮训,切实筑牢思想根基。市县党委要将法治建设纳入地区经济社会发展规划和重点工作,将党政主要负责人履行推进法治建设第一责任人职责情况纳入年终述职内容,将法治建设情况纳入市县党政领导班子和领导干部考核内容,在推进法治建设中切实发挥把方向、管大局、作决策、保落实作用。立足市县经济社会发展实际、区位优势特点、基层治理实践,找准法治建设服务构建新发展格局、推动高质量发展、促进共同富裕的切入点、着力点,将全面依法治国顶层设计转化为推进市县法治建设的制度规范、政策措施和实际行动,确保党中央关于全面依法治国的决策部署落实到"最后一公里"。

(五)进一步发挥依法治市、县委员会作用。依法治市(地、州、盟)委员会、依法治县(市、区、旗)委员会要在市县党委及其常委会领导下,履行对本地区法治建设牵头抓总、运筹谋划、督促落实的职能。及时研究制定本地区法治建设工作计划、实施意见、落实举措,统一部署法治建设重要工作任务,协调辖区内跨部门跨领域法治工作重大问题。建立健全统筹协调、法治督察、考核评价机制,加强对协调小组、部门法治工作指导,推进工作制度化、规范化、程序化,确保各项任务部署落到实处。

(六)规范依法治市、县委员会协调小组运行。依法治市(地、州、盟)委员会协调小组、依法治县(市、区、旗)委员会协调小组要立足专门领域法治工作协调职责,整合优化力量和资源,推动委员会决定事项和工作部署在本领域的落实,谋划本领域法治建设工作思路和重点任务,协调解决跨部门法治工作重要问题、协调推动相关法治措施制定和实施。强化协调小组成员单位职责,落实责任分工,加强信息沟通、工作联动、协调会商,形成工作合力。强化协调小组工作力量,立足专门领域主要协调职能,明确具体工作部门承担协调小组日常工作。建立健全协调小组定期会议、审议文件、工作协调、信息通报、请示报告、联络员等制度机制。优化协调小组运行，统筹考虑内部协调和工作指导需要，法治专门领域职责相近或交叉的协调小组、领导小组等工作机构可以合并，确保高效有序开展工作。

（七）加强依法治市、县委员会办公室建设。依法治市（地、州、盟）委员会办公室、依法治县（市、区、旗）委员会办公室要协调法治工作部门研究本地区法治建设重大问题，研究处理有关方面向委员会提出的重要法治工作事项及相关请示，组织推动法治政府建设，开展法治督察检查，统筹、协调、督促、推动有关方面落实委员会决定事项和工作部署。建立健全办公室工作运行、组织协调、请示报告、推动落实等制度机制。统筹法治工作部门编制，充实加强办公室专门工作力量，确保有专人干事、高效规范运转，切实发挥职能作用。

（八）建立乡镇（街道）法治建设领导体制和工作机制。乡镇（街道）党（工）委要加强组织领导和统筹协调，将乡镇（街道）法治建设作为重点任务纳入基层治理总体格局，建立健全推进工作任务落实的制度机制。依托乡镇（街道）司法所具体负责协调推进、督促检查乡镇（街道）法治建设工作。优化司法所职能定位，保障人员力量、经费等与其职责任务相适应，有效调动、整合相关部门力量和资源，确保乡镇（街道）依法治理各项工作有效开展。乡镇（街道）党政主要负责人要切实履行推进法治建设第一责任人职责，将法治建设与经济社会发展同部署、同推进、同督促、同考核、同奖惩，带头依法办事，带头推动形成办事依法、遇事找法、解决问题用法、化解矛盾靠法的法治环境。

三、全面深化市县法治建设工作

（九）着力服务市县经济高质量发展。围绕优化营商环境、推动“放管服”改革落地，全面实施市场准入负面清单制度，落实公平竞争审查制度，维护良好市场秩序和市场主体合法权益。落实“双随机、一公开”监管，加强和规范事前、事中、事后全链条监管，全面推行轻微违法行为依法免予处罚清单和告知承诺制度。鼓励有条件的民营企业探索设立公司律师，常态化开展企业“法治体检”服务，加强对中小企业创新发展的法律扶持。提高市县司法机关依法平等保护各类市场主体产权和知识产权能力，严格把握罪与非罪、经济纠纷与刑事犯罪的界限，完善刑事立案监督机制，依法审慎适用查封、扣押、冻结、拘留、逮捕等强制性措施，深化涉产权刑事申诉案件专项清理工作。依法严惩非法集资、电信网络诈骗、恶意逃废金融债务、破坏金融管理秩序、职务侵占等违法犯罪活动。加强乡村振兴法律服务和法治保障,规范涉农行政执法行为,依法妥善处理“三农”领域传统纠纷、乡村旅游等新业态纠纷,持续深入开展“乡村振兴 法治同行”活动。

(十)着力维护基层安全稳定。坚持和发展新时代“枫桥经验”,发挥公证、人民调解、法律顾问、特邀调解等制度机制作用,强化社会治理法律风险预警防范,在市县法治工作布局和力量调配上更多向引导和疏导端用力。依法建立健全基层调解组织网络,整合社区工作者、网格员、群防群治力量,发挥人民调解在化解基层矛盾纠纷中的主渠道作用,深化矛盾纠纷排查预警工作,主动开展心理疏导和干预。强化诉源治理,把非诉讼纠纷解决机制挺在前面,加快推进人民法院调解平台进乡村、进社区、进网格,推动将民事、行政案件万人起诉率纳入地方平安建设工作考核,依靠基层、发动群众实现矛盾纠纷就地发现、就地调处、就地化解。做好和解、调解、信访、仲裁、行政裁决、行政复议、诉讼有机衔接的多元纠纷化解工作。依法严厉打击危及社会公共安全和扰乱市场秩序的违法犯罪行为,常态化开展扫黑除恶斗争。依法加强基层禁毒工作。加强网络综合治理,网上网下一体排查调解矛盾纠纷,防范化解打击网络犯罪,营造清朗网络空间。

(十一)着力服务保障和改善民生。围绕群众在就业、教育、医疗、社保、养老、扶幼等民生领域的法治需求,市县执法司法部门要开通“绿色通道”,优先办(受)理,快速办结。推进基层政务服务、诉讼服务、检务服务、公共法律服务平台建设,制定完善适应基层实际的办事指南和工作规程,让群众寻求法律帮助更加方便快捷。推进公共法律服务网络全覆盖、公共法律服务流程全规范,更好满足群众多元化法律服务需求。加大对农民工、下岗失业人员、妇女、未成年人、老年人、残疾人、军人军属等群体法律援助和法律服务力度。充分发挥审判、检察职能作用,加强生态环境和资源保护、安全生产、食品药品安全、未成年人保护、个人信息保护等领域关系群众切身利益的案件办理工作。依法实施惩罚性赔偿制度,加大重点领域执法力度,让严重违法者付出应有代价。

(十二)提升地方立法和规范性文件制定科学化水平。坚持依法立法,严格遵守地方立法权限。按照有特色、可操作的要求,推进设区的市立法精细化建设,发挥地方立法实施性、补充性、探索性作用。依法治市(州)委员会做好对同级人大常委会立法计划、政府立法计划的审议工作。完善立法调研论证、意见征集、风险评估、立法听证等制度，发挥立法联系点作用，拓宽人大代表、政协委员、社会公众参与立法的渠道。立足地方特色和解决突出问题，灵活运用“小切口”“小快灵”式立法。市县政府要加强行政规范性文件制定和监督管理，及时公布规范性文件制定主体清单、文件目录清单，完善评估论证、公开征求意见、合法性审核、集体审议决定程序，加强备案审查工作，坚决杜绝乱发文、发“奇葩文件”。

（十三）提高市县政府依法决策、依法行政水平。市县政府要根据《法治政府建设实施纲要（2021—2025 年）》及省（区、市）实施方案，对照市县法治政府建设示范指标体系，制定细化法治政府建设目标任务、步骤安排和具体举措。全面落实重大行政决策程序，有效开展社会稳定风险评估，依法制定市县政府重大行政决策事项年度目录并予以公开。明确市县党政机关应当听取公职律师、法律顾问意见的决策事项，健全保障公职律师、法律顾问有效参与决策论证、提供法律意见的机制，“十四五”时期实现市县党政机关公职律师工作全覆盖。推进乡镇（街道）决策事项合法性审查全覆盖。健全守信践诺机制，深入治理债务融资、政府采购、招标投标、招商引资等领域的失信行为。市县执法部门制定执法细则和工作指南，推广“教科书式”执法案例，为一线执法人员提供健全完善、操作性强的执法指引。加强市县政府行政复议与行政应诉工作，通过严格依法办理行政复议案件、监督行政复议意见书和建议书落实情况，纠正违法或不当行政行为。将行政复议决定履行情况、行政机关负责人出庭应诉情况、行政裁判执行情况、司法建议和检察建议反馈与落实情况纳入法治政府建设考核范围，促进基层政府依法行政。

（十四）深化执法体制机制改革。持续推进综合行政执法体制改革，推进县（市、区、旗）“局队合一”体制改革，乡镇（街道）逐步实现“一支队伍管执法”。积极稳妥、因地制宜、科学合理地将基层治理迫切需要且能够有效承接的行政执法事项依法下放给乡镇（街道）。依法委托或授予乡镇（街道）行政执法权的同时，在编制、人员、资金、技术等方面同步予以配套保障，确保权力放得下、接得住、管得好、有监督。进一步明确综合行政执法部门与业务主管部门职责范围，完善审批、监管、处罚等衔接机制。推动具备条件的地区探索跨部门跨领域综合执法。强化乡镇（街道）在执法中统一指挥和统筹协调职责，赋予其在工作考核、人员管理等方面更大权限。加强行政执法协调监督，通过行政执法主体和人员资格管理、执法案卷评查、受理投诉举报、行政执法考核评议等方式，整治执法不严格不规范不公正不文明等突出问题。

(十五)深入推进公正司法。严格落实立案登记制度，对依法应当受理的案件，做到有案必立、有诉必理，从源头保障当事人诉权。深化司法公开，积极推进市县人民法院庭审直播、人民检察院公开听证工作。严格规范推进公开裁判文书工作，进一步规范市县人民法院、人民检察院司法文书制作。健全适应基层特点的有序放权与依法监督相结合的监督管理机制，完善法官、检察官办案责任清单，健全案件评查、司法责任认定和追究机制。加强人民法庭建设，探索符合人民法庭审判工作特点的审判团队组建和运行模式。加强市县人民法院执行工作，健全执行工作部门协作联动机制，强化督导考核和监督检查，确保执行联动责任落实落地、执行案件应执尽执、执行案款应发尽发。深化诉讼收费制度改革。深入推进跨行政区划检察工作，完善跨行政区划司法管辖制度。充分发挥检察一体化制度优势，完善统一调用检察人员办理案件机制。加强市县人民检察院监督能力建设，深入推进看守所、监狱巡回检察试点工作，健全完善侦查监督与协作配合机制。市县社区矫正委员会要依法统筹协调和指导本行政区域的社区矫正工作。有序扩大民事、行政法律援助范围，推进刑事案件律师辩护、值班律师法律帮助全覆盖。

(十六)深化普法和依法治理。将学习宣传习近平法治思想作为基层普法工作首要任务，推动习近平法治思想深入人心。持续深入开展宪法宣传教育活动，深入开展民法典、乡村振兴促进法等与群众生产生活密切相关法律法规普及工作，大力弘扬社会主义法治精神。广泛开展群众性法治文化活动，实现每个村(社区)至少有一个法治文化阵地，发挥好各类基层普法阵地作用，让法治文化有形呈现、生动表达。创新普法形式和载体，依托大数据等信息技术加强对群众法治需求分析，开展对象化、分众化普法宣传，推动普法工作由“大水漫灌”向“精准滴灌”转变。深化法治乡村建设，加强和规范村(居)法律顾问工作，实施农村学法用法示范户培育、乡村“法律明白人”培养工程，建设更高水平的“民主法治示范村(社区)”。深化基层依法治理，按照合法合规、贴近基层、发扬民主、便于执行的原则，乡镇(街道)指导村(社区)进一步规范村规民约、居民公约，推行村级重大事项“四议两公开”，完善基层群众诉求表达和利益协调机制。建立“两代表一委员”定期联系社区制度。

四、加强组织保障

（十七）加强市县法治建设组织领导。各级党委和政府要从推进基层治理体系和治理能力现代化高度，充分认识市县法治建设在全面依法治国中的基础性作用，切实扛起政治责任，研究解决法治建设重大问题。各级组织、编制、财政、人力资源社会保障等部门要健全完善人员保障、经费支持向基层一线倾斜的政策措施。加快制定不同层级行政执法装备配备标准，为基层严格规范公正文明执法提供保障条件。市县要制定并落实党政主要负责人履行推进法治建设第一责任人职责清单，乡镇（街道）参照制定职责清单。实现市县党政主要负责人述法全覆盖。建立健全基层党政干部学法用法制度。加大法治建设在政绩考核指标体系中的权重，制定细化考核评分标准，将考核结果作为干部奖惩、晋升、调整职务职级的重要依据。在相同条件下，优先提拔使用法治素养好、依法办事能力强的干部。开展市县法治建设考核评估工作，从法定职责履行、法定程序执行、法治实施效果等方面制定可量化、可操作的评估指标体系，加强对评估结果的运用。

（十八）强化市县法治建设力量保障。加强设区的市、自治州立法工作队伍建设，适当增加具有法治实践经验的专职常委比例，配齐配强必要的工作力量，通过全员轮训、跟班学习、工作交流等提升立法工作人员业务能力。结合本地区执法任务量、辖区范围、执法对象等实际情况，统筹调配执法人员和资源力量，推动人员编制向基层和一线倾斜。加强市县行政复议能力建设，确保行政复议机关人员配备与工作任务相适应。完善司法人员分类管理制度，探索实施员额、编制省级统筹和动态调配机制，确保员额配置向案多人少的办案一线倾斜。依法加强社区矫正、法律援助机构和队伍建设。优化人民法庭、检察室、公安派出所、司法所等派出机构建设，确保中央政法专项编制专编专用、用足用好。通过政府购买服务、公开招聘等方式，加强市县法治工作力量。完善执法司法人员依法履职免予追责机制，做好容错纠错工作。落实执法司法人员职业保障制度，完善人身安全保护机制。推进基层执法司法人员挂职工作，开展市县法治工作部门人员交流。加强市、县、乡法治工作人员培训轮训，开展适应基层特点的统一职前培训、执法司法人员同堂培训工作，统一执法司法理念和标准。

(十九)加大信息技术在市县法治建设中的应用。推动行政执法平台和执法监督平台应用向县乡延伸,服务功能向村(社区)拓展,实现执法事项网上运行、监管信息网上可查,促进乡镇(街道)与县级部门执法数据互联互通、信息共享、业务协同。推进市县人民法院、人民检察院、公安机关、司法行政机关工作运行网络化,逐步实现立案、侦查、审查起诉、庭审、判决、执行等全程网上运行。加强"微法院""微检务""微警务""微法律顾问"集群建设,加大远程视频、电子卷宗、智能辅助等科技创新手段的应用力度。整合执法司法数据资源,充分发挥大数据在精准把握群众需求、矛盾纠纷分析、社会风险评估、信息动态研判等方面的优势,提升市县法治建设质效。

(二十)强化法治工作统筹联动。统筹市县执法司法部门力量,建立健全部门工作联动机制。健全行政执法和刑事司法衔接机制,完善证据认定保全、信息共享和工作协助等机制,统筹解决涉案物品归口处置和检验鉴定等问题,推动"两法衔接"信息平台建设和应用向市县延伸。将普法宣传与立法、执法、司法、法律服务紧密融合,市县法治工作部门制定"谁执法谁普法""谁服务谁普法"普法责任清单,健全法官、检察官、行政复议人员、行政执法人员、律师等以案释法制度。有条件的市县探索建立法治建设综合平台,加强信息共享和工作互通。

各地区各有关部门贯彻落实中的重大情况及时报告。中央依法治国办要加强统筹协调,督促抓好市县法治建设各项任务落实。

中央政法工作会议部署2023年政法工作（新闻稿摘选）

（2023年1月）

……

……加强乡镇（街道）综治中心和人民法庭、检察室、公安派出所、司法所等标准化规范化建设，推动重心下移、资源下沉，夯实基层根基。

……

提升行政执法质量三年行动计划（2023—2025）（摘选）

（2023 年 8 月 9 日　国务院办公厅印发）

……

一、重点任务

……

（四）加快构建行政执法协调监督工作体系

……

2. 健全行政执法监督机制。……积极探索司法所协助县级人民政府司法行政部门开展乡镇、街道行政执法监督工作的方式方法。

……

第三部分 党和国家领导同志有关加强司法行政基层工作的讲话

一、习近平总书记重要指示批示

习近平总书记在中央政法工作会议上的重要讲话（新闻稿）

（2019 年 1 月）

中央政法工作会议 15 日至 16 日在北京召开。中共中央总书记、国家主席、中央军委主席习近平出席会议并发表重要讲话。他强调，要坚持以新时代中国特色社会主义思想为指导，坚持党对政法工作的绝对领导，坚持以人民为中心的发展思想，加快推进社会治理现代化，加快推进政法领域全面深化改革，加快推进政法队伍革命化、正规化、专业化、职业化建设，忠诚履职尽责，勇于担当作为，锐意改革创新，履行好维护国家政治安全、确保社会大局稳定、促进社会公平正义、保障人民安居乐业的职责任务，不断谱写政法事业发展新篇章。

中共中央政治局常委、中央书记处书记王沪宁，中共中央政治局常委、国务院副总理韩正出席会议。

习近平在讲话中强调，党的十八大以来，党中央把政法工作摆到更加重要的位置来抓，作出一系列重大决策，实施一系列重大举措，维护了政治安全、社会安定、人民安宁，促进了经济社会持续健康发展。这是党中央坚强领导的结果，是全党全国各族人民共同奋斗的结果，凝聚着全国政法战线和广大政法干警的智慧和汗水。习近平代表党中央向全国广大政法干警表示诚挚的慰问。

习近平指出，要贯彻好党的群众路线，坚持社会治理为了人民，善于把党的优良传统和新技术新手段结合起来，创新组织群众、发动群众的机制，创新为民谋利、为民办事、为民解忧的机制，让群众的聪明才智成为社会治理创新的不竭源泉。要加大关系群众切身利益的重点领域执法司法力度，让天更蓝、水更清、空气更清新、食品更安全、交通更顺畅、社会更和谐有序。

习近平强调,要善于把党的领导和我国社会主义制度优势转化为社会治理效能,完善党委领导、政府负责、社会协同、公众参与、法治保障的社会治理体制,打造共建共治共享的社会治理格局。要创新完善平安建设工作协调机制,统筹好政法系统和相关部门的资源力量,形成问题联治、工作联动、平安联创的良好局面。各地区各部门主要负责同志要落实好平安建设领导责任制,履行好维护一方稳定、守护一方平安的政治责任。要深入推进社区治理创新,构建富有活力和效率的新型基层社会治理体系。

习近平指出,要大力弘扬社会主义核心价值观,加强思想教育、道德教化,改进见义勇为英雄模范评选表彰工作,让全社会充满正气、正义。要坚持依法办事,让遵法守纪者扬眉吐气,让违法失德者寸步难行。要完善基层群众自治机制,调动城乡群众、企事业单位、社会组织自主自治的积极性,打造人人有责、人人尽责的社会治理共同体。要健全社会心理服务体系和疏导机制、危机干预机制,塑造自尊自信、理性平和、亲善友爱的社会心态。要加快推进立体化、信息化社会治安防控体系建设。

习近平强调,黑恶势力是社会毒瘤,严重破坏经济社会秩序,侵蚀党的执政根基。要咬定三年为期目标不放松,分阶段、分领域地完善策略方法、调整主攻方向,保持强大攻势。要紧盯涉黑涉恶重大案件、黑恶势力经济基础、背后"关系网""保护伞"不放,在打防并举、标本兼治上下真功夫、细功夫,确保取得实效、长效。

习近平指出,政法系统要在更高起点上,推动改革取得新的突破性进展,加快构建优化协同高效的政法机构职能体系。要优化政法机关职权配置,构建各尽其职、配合有力、制约有效的工作体系。要推进政法机关内设机构改革,优化职能配置、机构设置、人员编制,让运行更加顺畅高效。要全面落实司法责任制,让司法人员集中精力尽好责、办好案,提高司法质量、效率、公信力。要聚焦人民群众反映强烈的突出问题,抓紧完善权力运行监督和制约机制,坚决防止执法不严、司法不公甚至执法犯法、司法腐败。要深化诉讼制度改革,推进案件繁简分流、轻重分离、快慢分道,推动大数据、人工智能等科技创新成果同司法工作深度融合。

习近平强调,政法机关承担着大量公共服务职能,要努力提供普惠均等、便捷高效、智能精准的公共服务。要持续开展"减证便民"行动,加快推进跨域立案诉讼服务改革，推动诉讼事项跨区域远程办理、跨层级联动办理，解决好异地诉讼难等问题。要深化公共法律服务体系建设，加快整合律师、公证、司法鉴定、仲裁、司法所、人民调解等法律服务资源，尽快建成覆盖全业务、全时空的法律服务网络。要加快构建海外安全保护体系，保障我国在海外的机构、人员合法权益。

习近平指出，要旗帜鲜明把政治建设放在首位，努力打造一支党中央放心、人民群众满意的高素质政法队伍。要抓好科学理论武装，教育引导广大干警学深悟透新时代中国特色社会主义思想，增强“四个意识”、坚定“四个自信”、做到“两个维护”，矢志不渝做中国特色社会主义事业的建设者、捍卫者。政法机关要敢于刀刃向内、刮骨疗毒，坚决清除害群之马。

习近平强调，政法系统要把专业化建设摆到更加重要的位置来抓。专业化建设要突出实战、实用、实效导向，全面提升政法干警的法律政策运用能力、防控风险能力、群众工作能力、科技应用能力、舆论引导能力。政法队伍是和平年代奉献最多、牺牲最大的队伍。对这支特殊的队伍，要给予特殊的关爱，做到政治上激励、工作上鼓劲、待遇上保障、人文上关怀，千方百计帮助解决各种实际困难，让干警安身、安心、安业。

习近平指出，要加强政法领导班子和干部队伍建设，加强政法机关基层党组织建设。各级党组织和领导干部要支持政法单位开展工作，支持司法机关依法独立公正行使职权。各级党委政法委要把工作着力点放在把握政治方向、协调各方职能、统筹政法工作、建设政法队伍、督促依法履职、创造公正司法环境上，健全完善政治督察、综治督导、执法监督、纪律作风督查巡查等制度机制。

中共中央政治局委员、中央政法委书记郭声琨在总结讲话中指出，习近平总书记的重要讲话，为新时代政法事业发展擘画了宏伟蓝图，提供了根本遵循。要坚持以习近平新时代中国特色社会主义思想为指导，把学习贯彻习近平总书记重要讲话精神作为首要政治任务，增强“四个意识”、坚定“四个自信”、做到“两个维护”，着力维护国家政治安全、确保社会大局稳定、促进社会公平正义、保障人民安居乐业，以优异成绩迎接新中国成立70周年。

部分中共中央政治局委员，全国人大常委会、国务院有关领导同志，最高人民法院院长，最高人民检察院检察长出席会议。

中央政法委委员，中央政法委、中央政法各单位，各省区市和计划单列市、新疆生产建设兵团,中央和国家机关有关部门、有关国有大型企业和高校、军队有关单位负责同志等参加会议。会议以电视电话会议形式召开,各省区市和新疆生产建设兵团设分会场。

二、其他领导同志讲话

陈文清同志在全国调解工作会议上的讲话(新闻稿)

(2023 年 10 月 8 日)

最高人民法院、司法部 8 日在京联合召开全国调解工作会议。中共中央政治局委员、中央政法委书记陈文清在会上强调,要坚持以习近平新时代中国特色社会主义思想为指导,学习贯彻习近平总书记关于调解工作的重要指示精神,坚持和发展新时代“枫桥经验”,在更高层次、更广领域发挥好调解的基础性作用,为中国式现代化营造和谐稳定社会环境。

陈文清向辛勤工作在矛盾纠纷排查化解第一线的广大调解员、基层法官和司法行政工作者表示慰问。他指出,调解工作具有鲜明的民族特色和制度优势,是促进新征程社会长期稳定的重要保障。随着经济社会快速发展,社会矛盾纠纷规模较大,不能都进入诉讼,要充分发挥调解作用,切实把矛盾纠纷化解在基层、化解在萌芽状态,依法保障人民群众合法权益。

陈文清要求,要进一步推动调解工作创新发展,强化预防在前、调解优先、依法调解、实质调解的理念。要进一步完善调解工作格局,做好人民调解,做实行政调解,做强司法调解,做优行业性专业性调解,促进各类调解协调联动。要进一步加强党对调解工作的领导,强化工作指导,压实相关部门责任,关心关爱广大调解员队伍。

会议表彰了全国模范人民调解委员会和全国模范人民调解员。张军出席会议并讲话。司法部部长贺荣主持会议并讲话。

张军同志在全国调解工作会议上的讲话(新闻稿摘选)

(2023年10月8日)

10月8日,最高人民法院、司法部在北京联合召开全国调解工作会议,深入学习贯彻习近平法治思想特别是习近平总书记关于调解工作的重要指示精神,总结交流近年来调解工作取得的成效经验,表彰全国模范人民调解委员会和模范人民调解员,研究部署推进新时代新征程调解工作的任务措施,推动建设更高水平的平安中国、法治中国。中共中央政治局委员、中央政法委书记陈文清出席会议,为受表彰代表颁奖并讲话。最高人民法院党组书记、院长张军,司法部党组书记、部长贺荣出席会议并讲话。

张军指出,指导和支持人民调解工作是人民法院的法定职能。近年来,各级法院加强对人民调解工作的业务指导,与司法行政机关和调解组织密切配合,有效发挥调解在矛盾纠纷预防化解中的基础性作用,推动大量矛盾纠纷化解在基层、化解在萌芽状态。要深入学习贯彻习近平法治思想,认真学习领会陈文清书记讲话精神,坚持和发展新时代"枫桥经验",从政治上看做好调解工作的重大意义,增强政治自觉、法治自觉、审判自觉,推动新时代调解工作深化实化、高质量发展。要坚持"抓前端、治未病"理念,把诉调对接的"调"向前延伸,主动融入党委领导下的社会治理体系和诉源治理大格局,支持开展"无讼"村(社区)等创建,关注、研析类案多发高发、大幅上升的原因并提出司法建议,通过典型案例教育警示引领社会法治意识形成、进步。要汇聚化解合力,既"走出去"指导、支持人民调解、行业调解、法院特邀调解等解纷力量,又结合实际把解纷资源"引进来"参与成讼案件化解工作。要完善诉调对接,做好诉前引导,健全委派委托人民调解工作机制,做实调解平台"三进"工作,提升纠纷化解效果。要加强对指导人民调解工作的组织领导,通过组织人民调解员旁听庭审、开展业务培训、制发指导案例等实现常态化业务指导,完善业务协同和信息共享，把党的领导和我国社会主义制度优势转化为做实指导和支持调解职能、促进完善国家和社会治理的效能优势，从源头上预防和减少矛盾纠纷发生。

……

第四部分　司法部领导有关加强司法行政基层工作的讲话

一、司法所工作

刘振宇同志在陕西省司法所建设现场推进会上的讲话

（2019 年 10 月 18 日）

受部党组委托，今天有机会参加在陕西省汉中市洋县召开的陕西省司法所建设现场推进会，感到非常高兴。这次会议虽然时间短，但主题突出，内容充实，对陕西省司法所工作开创新局面、实现新发展必将起到重要的推动作用。

陕西省委省政府高度重视司法行政工作，组织、编制、财政、人社等有关部门大力支持司法所工作，深入推进全省司法所体制机制改革，深化法治陕西、平安陕西建设，取得显著成效。今年 9 月，陕西省委办公厅、省政府办公厅印发《关于推进司法所体制机制改革的意见》，这是陕西省委省政府深入贯彻落实党中央关于全面依法治国决策部署、推动政法领域全面深化改革的重要举措，对于推进陕西司法所工作具有“里程碑”意义，也为全国其他省市加强司法所建设顶层设计提供了很好的借鉴和启示。近年来，陕西省司法行政系统在各级党委政府的重视关心和有关部门的大力支持下，认真贯彻落实司法部部署要求，自觉把加强司法所工作作为全面提升司法行政工作水平的重要抓手，坚持问题导向，积极开拓创新，大力加强基层司法所组织机构、人员队伍、业务能力和基础设施建设，全省司法所规范化水平有了明显提升，司法行政基层工作取得了喜人的成绩。各级司法行政机关紧紧围绕党委、政府中心工作，立足司法行政工作职能，在维护社会和谐稳定、促进经济社会发展、服务人民群众等方面发挥了重要作用。在此，我代表司法部，对此次会议的召开表示热烈的祝贺！向长期以来关心、支持司法行政事业发展的各级党委政府和有关部门表示衷心的感谢！向辛勤工作在基层一线的陕西省广大司法行政干部表示亲切的慰问！

新时代对司法所工作提出了新要求。各级司法行政机关要坚持以习近平新时代中国特色社会主义思想为指导，切实增强“四个意识”、坚定“四个自信”、做到“两个维护”,必须始终坚持党对司法所工作的绝对领导,坚持以人民为中心的发展思想,坚持围绕中心、服务大局,坚持与时俱进、改革创新,勇于担当,奋发有为,大力加强司法所建设,充分发挥司法所职能作用,不断夯实全面依法治国基础。希望陕西司法行政系统以这次会议为契机,主动适应新时代,准确把握新定位,努力推进司法所工作再上新台阶、新水平。利用这个机会,我讲三点意见。

一、发挥好司法所三个作用

司法所是司法行政系统最基层单位,也是基层政权的重要组成部分。司法所建设得好,职能作用发挥得好,基层法治建设、公共法律服务体系建设、平安中国建设才能落地落实。

一是发挥好司法所在基层法治建设中的重要作用。推进全面依法治国,重点在基层,难点在基层。要坚持以习近平依法治国新理念新思想新战略武装头脑、指导工作,充分发挥司法所在基层法治建设中的统筹引领协调作用,坚持共建共治共享,促进自治、法治、德治“三治融合”,不断提高基层治理体系和治理能力现代化水平。要认真贯彻落实中办、国办《关于加强和改进乡村治理的指导意见》,扎实推进法治乡村建设,指导推进民主法治示范村(社区)创建,指导制定村规民约,为助力乡村振兴提供法治保障。要广泛开展法治宣传教育,深入开展法治进乡村、进社区等活动,把法律知识送到群众的家门口、送到人民群众的心坎上,营造全社会自觉守法、遇事找法、解决问题靠法的良好法治氛围。要当好基层党委、政府法治建设的参谋助手,为乡镇、街道法制审核、依法决策提供法律服务,提升基层依法行政、依法办事水平。

二是发挥好司法所在公共法律服务体系建设中的重要作用。司法所遍布城乡街道,数量庞大,直接面对基层、面向群众,是基层公共法律服务的有效载体,是服务群众的一线平台。要认真贯彻落实习近平总书记关于深化公共法律服务体系建设,尽快建成覆盖全业务、全时空的法律服务网络的重要指示精神,按照中办、国办《关于加快推进公共法律服务体系建设的意见》要求,充分发挥司法所承上启下、统筹协调的重要作用。要依托司法所加强乡镇(街道)公共法律服务实体平台建设,整合优化资源,深入开展法律咨询、提供法律援助、法律需求指引、矛盾纠纷化解等工作,积极打造“一站式”法律服务平台。要创新基层公共法律服务工作方式方法,切实满足人民群众对多层次、多领域、个性化的公共法律服务需求，不断增强人民群众在公共法律服务中的获得感、幸福感和安全感。

三是发挥好司法所在平安中国建设中的重要作用。平安是人民幸福安康的基本要求，是改革发展的基本前提。要认真贯彻落实习近平总书记关于平安中国建设的重要论述，充分发挥司法所职能作用，确保人民安居乐业、社会安定有序、国家长治久安。要始终坚持把人民调解工作作为司法所中心工作和首要职责任务，坚持发展“枫桥经验”，及时就地开展调处工作，将矛盾纠纷化解在萌芽状态，实现矛盾不上交，筑牢和谐稳定“第一道防线”。要认真开展社区矫正工作，切实落实社区服刑人员日常监督管理、教育矫正、社会适应性帮扶措施，不断提高教育矫正质量。要切实落实刑满释放人员安置帮教工作政策措施，不断完善工作机制，形成工作合力，促进刑满释放人员顺利回归社会，最大限度预防和减少重新违法犯罪。要按照全国扫黑除恶专项斗争第二次推进会的要求，充分发挥司法所职能作用，积极防范黑恶势力滋生蔓延，维护社会和谐稳定。

二、强化司法所工作三个保障

强有力的工作保障是发挥司法所职能作用的基础和前提。长期以来，司法所人少事多任务重、基础保障不足、信息化应用水平不高等问题普遍存在。要下大力气补短板、强弱项，实现司法所保障水平提档升级。

一是强化司法所组织队伍保障。要进一步加强司法所组织队伍建设，健全司法所组织机构，确保司法行政基层工作服务网络全覆盖、无死角，方便基层群众及时就近获得法律服务。要进一步理顺司法所管理体制，发挥好以县（市、区）司法局管理为主的体制优势，全面活跃司法所工作。要用足用好司法所政法专项编制，清理收回被挤占、挪用的政法专项编制，用于充实司法所，及时招录补充司法所公务员。要坚持多措并举，继续推动机关力量向司法所下沉，通过政府购买等方式聘用司法所辅助人员，充实司法所工作力量。要深入推进基层“大培训”工作，切实提高司法所工作人员政治素质和履职能力，推进司法所干部队伍革命化、正规化、专业化、职业化建设。要加强司法所队伍管理，杜绝违法违纪现象发生。要关心爱护司法所干部，落实相关政策待遇，切实帮助他们解决工作生活中的实际困难和问题，使他们安心、安身、安业。

二是强化司法所基础保障。要持续改善司法所业务用房条件，采取新建、置换、购买等方式对司法所业务用房进行升级改造,更好地满足司法所服务群众的需要。要加强司法所工作经费保障,将司法所经费纳入县级财政预算,用足用好中央政法转移支付资金,保障司法所办案(业务)经费和业务装备经费开支。要为司法所配备必要的交通工具,满足开展相关工作的需要。要按照司法部印发的《司法所外观标识规范》要求,结合维修改造、改建扩建等工程,对司法所外观标识逐步加以规范,方便群众办事、寻求法律服务。

三是强化司法所信息化应用保障。司法所人少事多,必须紧跟信息科技发展步伐,加大司法所信息化建设和应用力度。各级司法行政机关要按照司法部关于"数字法治、智慧司法"信息化体系建设的总体要求,将司法所信息化建设纳入到司法行政系统信息化建设的总体布局,整合基层业务系统,实现数据贯通共享,提高工作效率。司法所是司法行政系统数据采集的重要源头和信息化应用的终端,要提高司法所信息化应用水平,确保源头数据录入及时、全面、准确。要大力推广使用智能移动调解系统等移动终端,减轻基层工作负担,不断提高司法所工作水平和服务能力。

三、推动司法所工作实现三个创新

创新是事业发展的根本动力。司法所工作唯有创新,才能保持生机活力。

一要实现司法所工作理念和观念创新。要牢固树立依法行政的理念,坚持严格依法全面履职,善于运用法治思维和法治方式处理问题、化解矛盾,不断提高依法办事的能力和水平。要牢固树立诚信服务的理念,创新服务方式,及时提供精准普惠的公共法律服务,努力满足人民群众对基层公共法律服务的需求。要牢固树立敢为人先的理念,勇于担当,开拓进取,自我加压,勇创一流。

二要实现司法所工作实践和理论创新。要坚持政治引领,党建先行,确保党的路线方针政策在司法所工作中得到不折不扣地贯彻落实。群众是最好的老师,基层最具有首创精神。要坚持问计于基层、求策于基层,鼓励基层大胆实践创新,探索形成行之有效、各具特色的鲜活经验,并及时总结提炼,形成可复制、可推广的经验。要加强司法所工作理论研究,更好地指导司法所工作创新发展。

三要实现司法所工作机制和制度创新。要完善司法所工作流程,整合内部资源,加强外部联动,形成工作合力。要健全完善司法所管理制度,形成系统完备、内容科学、运行有效的制度体系。要适应全面依法治国的形势要求,立足司法所新职能新任务，创新司法所工作制度规范。要主动适应实现国家治理体系和治理能力现代化的要求，建立以人民满意为标准的司法所工作评价制度体系，努力打造让党委政府放心、让人民群众满意的司法所。

同志们，做好新时代司法所工作意义重大、使命光荣。让我们更加紧密地团结在以习近平同志为核心的党中央周围，坚持以习近平新时代中国特色社会主义思想为指导，不忘初心、牢记使命，立足新时代新要求，锐意进取，接续奋斗，大力推进司法所建设，不断提高司法所履职能力和服务水平，为实现“两个一百年”奋斗目标、实现中华民族伟大复兴的中国梦做出新的更大贡献！

左力同志在司法协理员制度试点工作座谈会上的讲话

（2023年2月28日）

今天，我们召开司法协理员制度试点工作座谈会。这次会议的主要任务是：坚持以习近平新时代中国特色社会主义思想为指导，全面贯彻落实党的二十大精神，深入贯彻落实习近平法治思想，贯彻落实中央政法工作会议精神，根据《2023年司法行政工作要点》要求，部署开展司法协理员制度试点工作，加强和规范司法所队伍建设，保障司法所人员力量与其职责任务相适应，推进司法所工作高质量发展，夯实司法行政基层基础，为推进全面依法治国作出新贡献。

党中央始终高度重视基层基础工作和司法所建设。习近平总书记强调，"要深化公共法律服务体系建设，加快整合律师、公证、司法鉴定、仲裁、司法所、人民调解等法律服务资源，尽快建成覆盖全业务、全时空的法律服务网络"，为新时代司法所工作提供了遵循，指明了方向。中共中央政治局委员、中央政法委书记陈文清同志在今年召开的中央政法工作会议上，要求加强司法所标准化规范化建设，推动重心下移、资源下沉，夯实基层基础。中央印发的《法治政府建设实施纲要（2021—2025年）》《关于进一步加强市县法治建设的意见》《关于加强和改进乡村治理的指导意见》《关于加快推进公共法律服务体系建设的意见》《关于加强法治乡村建设的意见》《关于加快推进乡村人才振兴的意见》等有关文件，都对司法所工作提出了明确要求，为充分发挥司法所职能作用提供了政策支持和制度保障。

近年来，各级司法行政机关在当地党委政府领导下，在有关部门的支持配合下，认真贯彻落实习近平总书记关于司法所工作的重要指示精神和党中央决策部署，始终坚持强基导向，采取有效措施，努力推进司法所工作创新发展，取得积极成效。为进一步加强司法所队伍建设，根据《2023年司法行政工作要点》，我就做好司法协理员制度试点工作讲三点意见。

一、充分认识建立司法协理员制度的重要意义

随着全面依法治国的深入推进和社会主要矛盾的变化,中央对司法所工作提出了新要求,人民群众对司法所工作有了新期待。为确保司法所能够真正担负起新时代赋予的职责使命,我们必须破解司法所"人少事多"的难题,着力建立一支司法协理员队伍,协助开展基层司法行政工作,增强司法所辅助力量,有力推动司法所工作高质量发展。我们一定要提高政治站位,从全面推进依法治国的高度充分认识加强司法所队伍建设、建立司法协理员制度的重要意义,切实增强做好试点工作的责任感和使命感。

(一)建立司法协理员制度是推进基层法治建设的必然要求。党的二十大对全面依法治国作出专门部署,将全面依法治国提升到前所未有的战略地位。司法所作为司法行政机关最基层单位,是伴随着我国民主法治建设的进程逐步发展壮大的,从最初承担人民调解、法制宣传两项职能发展到现在的调解、普法依法治理、基层公共法律服务、社区矫正、安置帮教、基层法治建设等多项职能,在推进全面依法治国中发挥着重要作用。《法治政府建设实施纲要(2021—2025 年)》《关于进一步加强市县法治建设的意见》明确提出,"优化基层司法所职能定位,保障人员力量、经费等与其职责任务相适应",这对司法所队伍提出了新的更高要求。建立司法协理员制度,是保障司法所人员力量与其职责任务相适应的有效措施,是时代之需、基层之盼。我们必须立足司法所服务基层法治建设的职能定位,认真开展司法协理员制度试点,更好地发挥司法所在推动基层治理法治化中的职能作用,打通基层法治建设"最后一公里"。

(二)建立司法协理员制度是推动司法所工作高质量发展的迫切需要。司法所历经四十多年的发展历程,从最初的"一人一桌""无编无房"发展到现在全国建所 3.9 万个,基本实现了乡镇街道全覆盖,基础设施得到进一步改善,职能作用得到进一步发挥,工作成效受到了各级党委政府、人民群众的肯定和认可。与此同时,基层普遍反映,司法所人少事多任务重的矛盾日益凸显,已经成为制约司法所工作高质量发展的瓶颈性问题。为确保司法所工作顺利开展,各地通过政府购买服务等方式积极推进司法所辅助人员队伍建设。目前,全国共有司法所工作人员 15 万多人,所均 3.8 人;其中,司法所辅助人员 6 万人,所均 1.5 人,占总人数的 40%,辅助人员已成为司法所队伍的重要组成部分。建立司法协理员制度,是在当前增加政法专项编制人员比较困难的情况下,增强司

法所工作力量的必然选择。我们必须着眼于实现司法所工作高质量发展,认真开展司法协理员制度试点,推动解决司法所建设中的突出矛盾,让司法所在新时代新征程上更有底气、更有能力。

(三)建立司法协理员制度是加强司法所队伍建设的重要途径。目前,司法所现有辅助人员队伍还不规范。如各省配备司法所辅助人员的政策依据一般散见于加强司法所建设的综合性文件或者调解、社区矫正、安置帮教、公共法律服务等业务文件中,造成了辅助人员名称不统一、职责定位不明确;各地辅助人员用工形式多种多样,主要包括政府购买服务、劳务派遣、公益性岗位等,造成人员来源不统一。此外,还存在工资待遇总体偏低、专业性不够强,整体队伍流动性比较大等问题,都需要进一步规范。建立司法协理员制度,在现有司法所辅助人员队伍的基础上,统一职业名称,明确职责任务,拓展职业发展空间,形成一支有“名分”的辅助队伍,能够增强他们的身份认同感、职业归属感和荣誉感,确保司法所人员整体稳定。我们必须紧紧围绕司法所队伍建设需求,认真开展司法协理员制度试点,努力打造一支高素质、规范化、专业化、职业化的司法协理员队伍。

二、把握好司法协理员制度试点工作中需要解决的重点问题

各试点省份要在前期实践的基础上,立足当地经济社会发展水平、立足基层法治建设需要和人民群众法律服务需求、立足司法所队伍建设实际,开展好司法协理员制度试点工作,并着重把握好以下几个方面的问题。

(一)关于职责定位。从各地实践看,目前司法所辅助人员按照招录岗位和职责划分,主要由社区矫正社工和调解员构成,二者共占辅助人员总数的74%,其他还有从事安置帮教、公共法律服务、基层法治工作的人员。如何定位司法协理员的职责任务,司法协理员在司法所工作中发挥着怎样的作用,是需要明确的重要问题。根据基层法治建设需求和各地工作实践,司法协理员可以参与指导调解工作和直接调解矛盾纠纷,开展法治宣传教育,提供基层公共法律服务,协助开展社区矫正工作,协调组织开展刑满释放人员安置帮教工作,协助开展基层依法治理、行政执法协调监督、合法性审查等基层法治建设相关工作,为司法所各项业务提供辅助和支持。各地可以根据实际,对司法协理员岗位职责进行分类,并予以细化,可以实行“专人专岗”“专人专职”,也可以实行“一人多岗”“一人多职”,实现人员力量使用效能的最大化。

（二）关于招录准入。随着司法所基层法治职能的不断拓展延伸，对工作人员的文化程度、法治素养等都提出了更高要求。由于多数地方司法所辅助人员招录门槛较低，从整体上看，辅助人员队伍文化程度有待提高，本科及以上学历仅占32%，大专学历占41%；专业性不够强，法学专业仅占11%，人员整体素质与司法所业务发展需求存在差距，一定程度上影响了司法所职能作用的充分发挥。我们要把好司法所人员的“入口”，科学设置司法协理员准入条件，除了应当具有良好的政治素质、道德品行和正常履行职责所需的身体条件之外，还可以根据实际对司法协理员的学历专业、年龄等提出要求，确保人员素质与工作需要相适应。

（三）关于待遇保障。据了解，司法所辅助人员工资待遇普遍偏低，部分人员的待遇低于当地社会工作者和其他系统辅助人员。全国21%的司法所辅助人员待遇低于当地年平均工资标准。基层反映，有的辅助人员将司法所当作过渡和“跳板”，抱着“骑驴找马”的想法，缺少归属感，造成“年年招人年年缺”的情况。如何提升司法协理员的薪酬待遇，合理规划职业发展，确保队伍的稳定性，激发队伍活力，是摆在我们面前亟须解决的课题。我们认为，司法协理员工资待遇可以参照当地上年度在岗职工平均工资、城镇居民人均可支配收入、基本养老保险缴费基数等综合确定，并建立动态调整机制。要建立完善职业保障体系，可以参照其他政法部门辅助人员或者民政部门社会工作者职业晋升的路径，建立司法协理员职业晋升等级，按规定享受工伤等待遇，使他们能够看到发展前景和上升空间，提升干事创业的主动性、积极性，真正实现“拴心留人”。

（四）关于管理考核。司法协理员的管理应遵循“谁使用、谁管理、谁负责”的原则，县级司法行政机关负责本辖区司法协理员的管理监督，司法协理员所在司法所具体负责日常管理工作。要对司法协理员进行定期考核，将平时工作表现和考核情况作为对其续聘、解聘、奖惩和等级评定的主要依据。对在工作中取得显著成绩和有突出表现的司法协理员，应参照有关规定予以表彰奖励。2024年，司法部将启动新一轮的全国模范司法所和全国司法所模范个人的表彰工作，将把司法协理员纳入模范个人表彰范围，切实增强他们的职业荣誉感和自豪感。各级司法行政机关在招录公务员或事业编制人员时，同等条件下可以对司法协理员优先录用。

三、切实加强对司法协理员制度试点工作的组织领导

开展司法协理员制度试点工作,关键在领导,重点在落实。各试点省份要高度重视,精心组织,把试点工作部署好、开展好、落实好。

(一)要高度重视试点工作。今天参加会议的六个试点省份,长期以来都高度重视司法行政基层基础工作,司法所规范化建设推进有力、工作基础扎实。你们担负着为建立全国司法协理员制度趟路子、做示范的重要使命。要高度重视司法协理员制度试点工作,把开展试点作为强化司法行政基层基础的一项重要任务摆上议事日程,放在关系司法行政工作全局的角度去谋划去推进。司法厅一把手要担负起第一责任人责任,组织对试点工作进行专题研究和专门部署,确保各项工作顺利推进。

(二)要加强请示汇报和沟通协调。要主动向当地党委、政府报告中央关于加强司法所工作的政策要求、司法所工作发展情况和建立司法协理员队伍的重要性,把试点需求和存在的困难问题讲清楚、讲透彻,积极争取党委、政府的重视支持。要加强统筹谋划,加大与人社、财政等相关部门的沟通力度,适时出台关于司法协理员队伍建设的政策意见。司法部将加强对试点工作的指导,及时了解情况、研究解决问题,确保试点工作稳步推进。试点省份遇到新的情况问题、发现好的经验做法要及时报告,做到边试点、边总结,努力探索形成可复制、可借鉴、可推广的典型经验,推动试点工作不断深入,取得实效。

(三)要确保队伍稳定。建立司法协理员制度,主要目的是规范司法所辅助人员队伍,壮大司法所工作力量,夯实司法所工作根基,并不是要立即建立一支全新的队伍。要深入开展调查研究,全面了解司法所辅助人员队伍现状,做到底数清、情况明,为试点工作打好基础。要坚持稳字当头、稳妥推进,切实加强对司法所辅助人员的思想引导,确保现有人员思想不乱、队伍不散、工作不断。对现有人员中符合司法协理员录用条件的,要通过适当方式纳入司法协理员队伍管理;对不符合条件的,坚持“新人新办法、老人老办法”,根据本人意愿,可以继续留用。对今后新录用的司法协理员,要按照有关规定进行规范管理。要关心爱护司法所工作人员,帮助解决工作生活中的困难和问题,做到政治上关心、工作上支持、生活上关怀、待遇上保障,营造凝心聚力、干事创业的良好氛围。

司法所是推进全面依法治国、推进基层法治建设的重要力量,建立司法协

理员制度事关司法行政事业的长远发展。此次试点工作时间紧、任务重、要求高，希望各试点省份开拓创新、锐意进取，出色完成司法协理员制度试点任务，为在全国建立司法协理员制度积累经验，为开创新时代司法所工作新局面，推进平安中国、法治中国建设做出新的更大贡献。

左力同志在司法协理员制度试点工作推进会上的讲话

（2023 年 7 月 3 日）

今天，我们召开司法协理员制度试点工作推进会。这次会议的主要目的是，总结前一阶段司法协理员制度试点工作的进展情况，交流研讨司法行政基层工作存在的困难问题，对下一步工作作出部署安排。

新一届司法部党组高度重视司法所工作，贺荣部长多次对司法所工作作出指示批示，在全国司法行政工作推进会暨全国监狱戒毒系统先进集体和先进个人表彰大会上，对推进司法协理员试点工作提出了明确要求。总体来看，上半年的试点工作取得了阶段性的进展。一是党委政府高度重视。各试点省（区）司法厅主动作为，积极向省（区）党委政府汇报，争取重视支持，把推进司法协理员工作列入重要议事日程。广东省省长王伟中同志等 5 位省领导分别在省司法厅关于开展司法协理员制度试点的请示上作出批示，要求扎实做好试点工作，建议有关部门给予支持，切实抓好各项工作落实。山西省司法厅向省委政法委和分管副省长作了汇报，省委政法委召开了“省政法各单位需跨部门协调推进事项”会议，成立了由省委常委、政法委书记郑连生同志任第一组长的工作专班，将试点工作作为重点事项进行安排部署。云南省司法厅向省委政法委书记杨亚林同志作了专题汇报，得到了省委领导对试点工作的支持，并将开展司法协理员制度试点列为 2023 年云南省政法领域改革事项予以推进。二是认真部署组织实施。各试点省（区）按照司法部通知要求，结合本地工作实际，印发试点方案和通知，开展调研摸底，召开现场推进会等，认真部署和组织实施。宁夏司法厅与自治区教育厅、民政厅、财政厅、人社厅联合印发了《全区司法协理员制度试点工作实施方案》，在全区启动试点工作。山西省司法厅就试点工作与省委编办、省财政厅、省人社厅进行了积极沟通，组织试点地市进行座谈，听取意见建议。浙江省司法厅在全面落实省两办《关于全面推进乡镇（街道）

法治化综合改革的意见》、省委依法治省办《司法所综合改革试点工作方案》基础上，叠加进行司法协理员制度试点，选定4个地市和45个县（区）为试点地区。广东省司法厅召开司法协理员制度试点工作调研会，督导省内8个试点地市落实工作任务。江西、云南司法厅就司法协理员制度试点工作开展专题调研，拟形成专报报送司法部、省委省政府。三是试点工作初见成效。宁夏司法厅协调相关部门今年为司法所新增设一批司法协理员岗位，提升了经费保障标准。广东省湛江市委市政府两办印发了《关于建立司法协理员制度的通知》，汕头市委市政府两办印发了《关于试行司法协理员制度提升基层法治建设水平的意见》，取得了制度化成果。刚才，各试点省份也都就本省的经验做法作了详细的介绍，大家可以结合本地实际，学习借鉴。

我们应当看到，虽然试点工作取得了阶段性进展，但总体来说，还存在一些问题，需要引起我们高度重视。一是有的地方对试点工作的重要性、必要性认识有待进一步提高，有的地方对试点工作目标的认识还存在一定偏差。二是试点工作整体发展不平衡，目前宁夏在全区范围内开展了试点工作，有的省选择了部分地市、县区作为试点地区，有的尚处在调研摸底阶段；在同一个省内的不同试点地区发展也不平衡，有的出台了文件并得到了较好的落实，有的尚处在探索阶段。三是司法协理员经费保障水平还有待提高，由于受三年疫情的影响和一些地区财政困难的原因，经费保障在推进试点工作中成为了比较突出的问题。四是司法协理员整体素质还不能适应工作需要，能力水平需要进一步提升。

我们这次选择的试点省份，东中西部都有，每个省的特点和实际情况不同，出现的问题也不一样。目前，在试点阶段，就是要充分反映问题，有不同的声音是正常现象。这样，我们才能据此深入研究，加强分类指导，继续推进试点工作。根据前一阶段司法协理员制度试点工作情况以及存在的主要问题，我就下一步深化试点工作讲三点意见。

一是进一步深化对试点工作重要性和必要性的认识。建立司法协理员制度是破解司法所人少事多、推进司法所工作高质量发展的一项基础性工程，并非权宜之计，对于我们推进全面依法治国工作、加强基层法治建设都是非常必要的。中央对司法所的职能定位已经明确。《关于进一步加强市县法治建设的意见》要求，“依托乡镇（街道）司法所具体负责协调推进、督促检查乡镇（街道)法治建设工作”。司法所承担的基层法治建设相关职能,对司法所队伍提出了新的更高要求。各试点省份要进一步深化对试点工作重要性、必要性的认识,切实把试点工作摆上重要议事日程去谋划去推进。试点工作重在建立制度机制。试点工作重在规范现有司法所辅助人员队伍,重在建立司法协理员招录、晋升、奖惩、退出等一整套制度机制。这次特别邀请了广东省湛江市司法局局长参加座谈,湛江市委市政府非常重视试点工作,作了认真部署,得到了很好的落实,他们的经验做法值得大家学习借鉴。试点工作要规范管理稳妥推进。试点工作重要的是要开好头、稳步推,我们已经开了个好头,下一步还要从实际出发,继续做好各项工作。要加强思想引导,做好政策解读,确保现有人员思想不乱、队伍不散、工作不断。要学习一些地方好的经验和做法,加强司法所协理员队伍的规范管理。对现有人员中符合司法协理员录用条件的,通过适当方式纳入司法协理员队伍管理;对不符合条件的,继续留用至原有合同履行完毕,依法做好后续工作;对今后需要补充的司法协理员,要建立相关制度政策进行规范招录和管理。我们之所以开展试点,就是需要大家去尝试和探索。试点工作涉及面广、细节较多,需要我们考虑全面,把工作做细,看看哪些行哪些不行,在实践中发现问题并及时作出调整,为我们下一步在全国推开这项工作积累经验,逐步建立一支专业化、职业化、制度化的司法协理员队伍。

二是准确把握试点工作的基本要求。明确职责定位。司法协理员是司法所工作的辅助人员,可以协助司法所在编工作人员开展调解、基层普法依法治理、基层公共法律服务、社区矫正、安置帮教和基层行政执法协调监督、合法性审查等基层法治建设相关工作。各地可以根据实际,对司法协理员岗位职责进行分类。规范准入条件。当前基层法治建设的新形势对司法所队伍的文化程度、法治素养等都提出了更高要求,司法协理员作为司法所队伍的重要组成部分,要根据司法所工作的特点和实际情况来科学设置准入条件,把好“入口关”。各地的实际情况不同,有的地方可以招到硕士研究生,有的地方特别是中西部偏远地区能招到大专生也很好,还要考虑工作人员的专业素养、群众工作能力、基层工作经验等多方面的因素,具备法学专业教育背景或者法律从业经历的人员同等条件下可以优先录用。科学核定数额。建立司法协理员队伍是一个循序渐进的过程。各地要立足当地经济社会发展水平、立足基层法治建设需要和人民群众法律服务需求、立足司法所现有人员状况,确定司法协理员配备数额，分步实施，有序推进，不追求一步到位配齐司法协理员。规划晋升渠道。要逐步提升司法协理员的工资待遇，完善职业保障体系，可以参照当地其他政法部门辅助人员或者民政部门社会工作者的工资标准和职业等级，建立司法协理员的工资动态调整机制，规划出明确的职业晋升路径，增强司法协理员岗位的吸引力，让他们看到司法协理员这一职业的发展前景和上升空间。加强培训考核。在逐步建立司法协理员队伍的过程中，有的人员是原有司法所辅助人员转任的，有的是名额空缺后新招录的。对新招录的人员要加强初任培训，让他们全面了解司法所的工作性质、服务内容，掌握相关专业知识和政策要求等；对转任的人员也要做好任职培训，特别是加强法律专业知识、岗位技能和群众工作能力的培训，确保他们能够更好地胜任工作。要强化司法协理员政治思想和职业道德教育，切实增强司法协理员的社会责任感和职业使命感。司法所的工作人员要做“全科医生”，基层各项工作都要熟悉。

三是继续扎实推进试点工作。加强请示汇报。试点工作需要党委政府的高度重视，需要编制、财政、人社等部门的支持。从调研和座谈的情况看，司法协理员制度的建立，还有一些难点问题需要攻克，这就需要我们进一步提高思想认识，主动向当地党委政府报告，把司法所工作的重要性、司法协理员试点的需求和存在的困难问题讲清楚、讲透彻；要加强统筹谋划，加大与相关部门的沟通力度，提高司法协理员队伍保障能力和水平。如何争取党委政府的重视支持，就是要明确司法所的职能，发挥司法所的作用，使司法所能真正服务于党委政府的中心工作，“有为”才能“有位”，司法所的工作保障和政策支持才能落实。党委政府对试点工作的重视，根本上是对司法所工作重要性的认可。加强调查研究。从了解的情况看，不同试点地区的经济状况、司法所队伍建设情况、基层工作相关政策落实程度等都不尽相同，同一省的不同地市、不同县区情况也存在差异。我们要进一步加强调研，做到底数清、情况明，有针对性地制定方案和措施，切实推进试点工作。加强工作指导。司法部将继续加强对试点工作的指导，各省也要加强与本省试点地区的沟通，及时了解情况、研究解决问题，确保试点工作稳步推进。遇到新的情况问题、发现好的经验做法要及时报告，做到边试点、边总结，努力探索形成可复制、可借鉴、可推广的典型经验，推动试点工作不断深入，取得实效。

同志们，司法协理员制度试点工作关系司法所工作长远发展，关系基层法治建设的成效。希望各试点省份继续发力,持续推进试点工作取得实效。非试点省份要结合本地实际,不等不靠,积极开展试点工作。面对新时代新要求,做好司法行政基层工作任重道远。我们要以更加饱满的工作热情、更加务实的工作作风、更加有效的工作措施,不断推进基层工作创新发展,为建设更高水平的平安中国、法治中国作出应有的贡献。

二、调解工作

贺荣同志在全国调解工作会议上的讲话(新闻稿摘选)

(2023 年 10 月 8 日)

10 月 8 日,最高人民法院、司法部在北京联合召开全国调解工作会议,深入学习贯彻习近平法治思想特别是习近平总书记关于调解工作的重要指示精神,总结交流近年来调解工作取得的成效经验,表彰全国模范人民调解委员会和模范人民调解员,研究部署推进新时代新征程调解工作的任务措施,推动建设更高水平的平安中国、法治中国。中共中央政治局委员、中央政法委书记陈文清出席会议,为受表彰代表颁奖并讲话。最高人民法院党组书记、院长张军,司法部党组书记、部长贺荣出席会议并讲话。

……

贺荣指出,近年来,各级司法行政机关与人民法院等各方面密切配合,充分发挥调解基础性作用,化解大量矛盾纠纷,为维护社会和谐稳定作出积极贡献。做好新时代新征程调解工作,司法行政机关要认真贯彻落实习近平总书记关于调解工作重要指示精神和党中央决策部署,落实陈文清书记讲话要求,坚持党对调解工作的领导,坚持以人民为中心,把政治建设和调解工作深度融合,确保调解工作正确政治方向。要坚持和发展新时代“枫桥经验”,将矛盾纠纷实质化解作为根本任务,在预防排查上采取硬实措施,抓好基层、重点行业领域、涉企涉外等矛盾纠纷化解,切实把问题解决在基层、化解在萌芽状态。要坚持分类指导,加强人民调解规范化建设,健全行政调解工作体制,完善行业性专业性调解制度规则,进一步深化以人民调解为基础、各类调解衔接联动的调解工作格局。要提升调解工作信息化水平,加快建设全国调解工作信息平台,实现调解业务“一网统管”“一网通办”。要加强调解组织和队伍建设,因地制宜推进行业性专业性人民调解组织建设,加强商事调解、律师调解,加大保障力度,强化专业能力和纪律作风建设,培育高素质调解员队伍。要强化协调联动,进一步加强诉调对接,深化访调对接、警调对接,探索检调对接,统筹协调各方面力量资源,合力推动调解工作取得更大实效。

会上,司法部党组成员、副部长左力宣读了《司法部关于表彰全国模范人民调解委员会模范人民调解员的决定》,对 299 个全国模范人民调解委员会和 999 名全国模范人民调解员进行了表彰。10 个单位和个人作了大会交流发言。

中央政法委秘书长闫柏,中央社会工作部副部长、国家信访局局长李文章,最高人民法院审判委员会副部级专职委员刘贵祥,最高人民检察院副检察长葛晓燕,公安部副部长孙茂利出席会议。中央组织部、中央宣传部、中央政法委、全国人大监察和司法委员会、全国人大常委会法制工作委员会、国家发展改革委、公安部、民政部、财政部、人力资源和社会保障部、商务部、国家卫生健康委、国家信访局、中央军委政法委、全国总工会、全国妇联、全国工商联、中国贸促会等单位有关部门负责同志应邀参加会议。

会议在人民大会堂设主会场,在各省(区、市)和新疆生产建设兵团设分会场。受表彰的全国模范人民调解委员会和模范人民调解员代表,各省(区、市)高级人民法院、司法厅(局)和调解协会、律师协会相关负责同志,最高人民法院、司法部有关部门负责同志等参加会议。

第五部分　关于加强司法行政基层工作的文件

一、司法所工作

司法部关于印发《司法所外观标识规范》的通知

（2019年8月28日　司发通〔2019〕89号）

各省、自治区、直辖市司法厅（局），新疆生产建设兵团司法局：

《司法所外观标识规范》已经2019年8月16日第33次部长办公室会议审议通过，现印发给你们。请结合各地实际，认真组织实施，逐步实现司法所外观标识统一规范。

附件：《司法所外观标识规范》

司法所外观标识规范

说　明

为方便群众办事，便于群众监督，进一步加强司法所规范化建设，树立司法所规范统一的整体形象，制定本规范。

本规范适用于司法所，分为基础部分和应用部分。基础部分主要就司法行政徽、标准色、专用字三个基本要素以及这些基本要素的组合进行规范，应用部分主要就外部建筑环境进行规范。

目　　录

A　基础部分

基础部分包括司法行政徽、标准色、专用字三个基本要素以及这些基本要素的组合规范。

A－01　司法行政徽

按照《司法部关于启用司法行政徽章的通知》(司发通〔2006〕79号)和《司法部关于印发〈司法行政徽章使用管理办法(试行)〉的通知》(司发通〔2006〕80号)规定,规范使用司法行政徽。

司法行政徽可按照比例缩放,但不得改变原图案。

A－02　司法行政徽标识规范

司法行政徽必须严格按图中规范的要求制作使用。

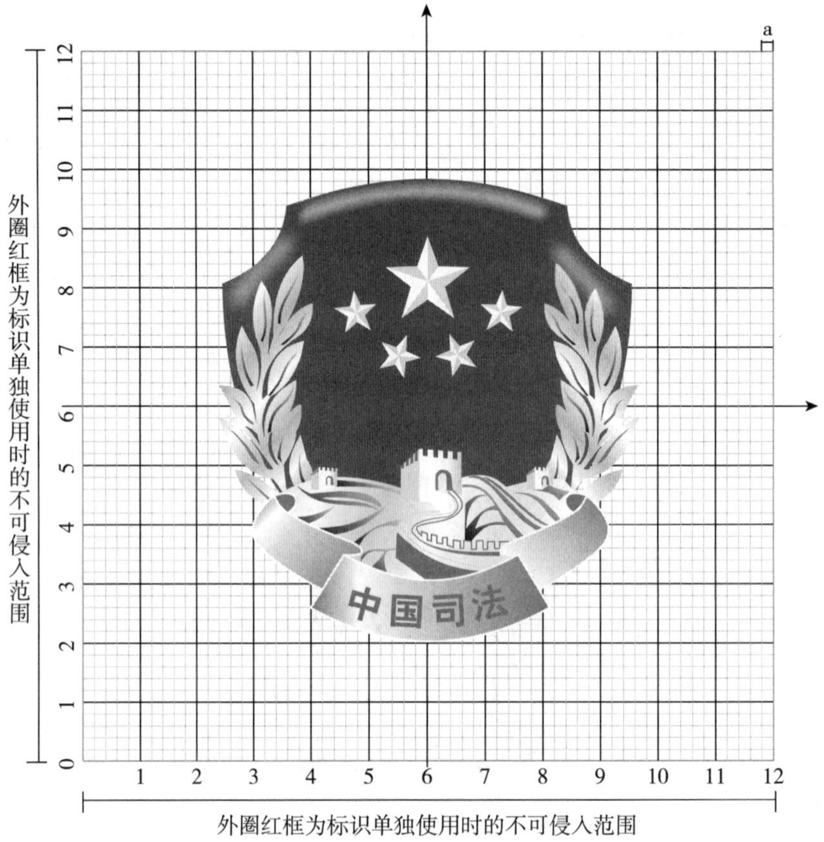

A－03　标准组合图形（一）

方正大黑　**中国司法**

Arial Bold　**CHINA JUSTICE**

A－04　标准组合图形(一)规范

司法行政徽、专用字必须严格按图中规范的要求制作使用。

A－05　标准组合图形(二)规范

必须严格遵守各要素之间的相互位置和比例关系,不得随意更改。

外圈红框为标识单独使用时的不可侵入范围

外圈红框为标识单独使用时的不可侵入范围

A -06　标准组合图形(三)规范

此组合适用于竖式组合规范。

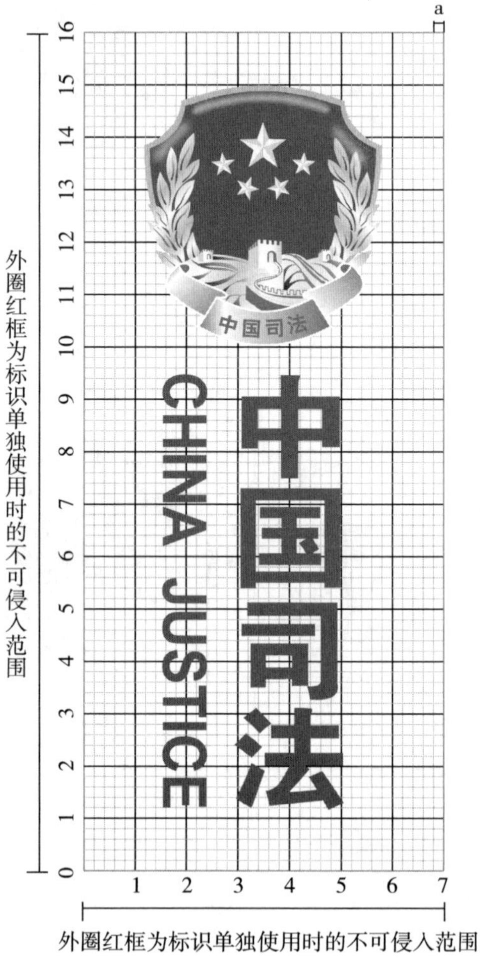

A－07　司法行政徽的表现形式及最小使用尺寸

司法行政徽特定的三种表现形式:正稿、单色稿、负稿。除正稿外,其他形式在应用时,可根据实际情况选用本规范中规定的标准色。标识的最小使用尺寸为 8mm。

正稿

单色稿

负稿

8mm

最小使用尺寸

A-08　标准色

蓝色(司法蓝),源于浩瀚的大海和无垠的蓝天,象征祥和、包容、理性,寓意司法所服务为民、敬业奉献,为群众带来祥和安宁,维护社会和谐稳定。

银白色,源于司法行政徽的主色。

蓝色
C100 M65 Y0 K0
R0 G73 B150
PANTONE 2945C

银白色
C0 M0 Y0 K15
R227 G230 B233
PANTONE 7451U

B　整体应用

规范司法所外观标识应用，树立司法所良好形象。少数民族自治地区的司法所标识标牌文字按当地有关规定执行。

B－01　门楣

门楣是司法所外观的主要组成部分。尺寸可根据具体情况按比例缩放，但不得改变颜色和字体。

银白色
C0 M0 Y0 K15
R227 G230 B233
PANTONE 7451U

蓝色
C100 M65 Y0 K0
R0 G73 B150
PANTONE 2945C

B-02 墙裙

墙裙从地面起向上。上部色带宽150mm,银白色条宽50mm。

单位：mm

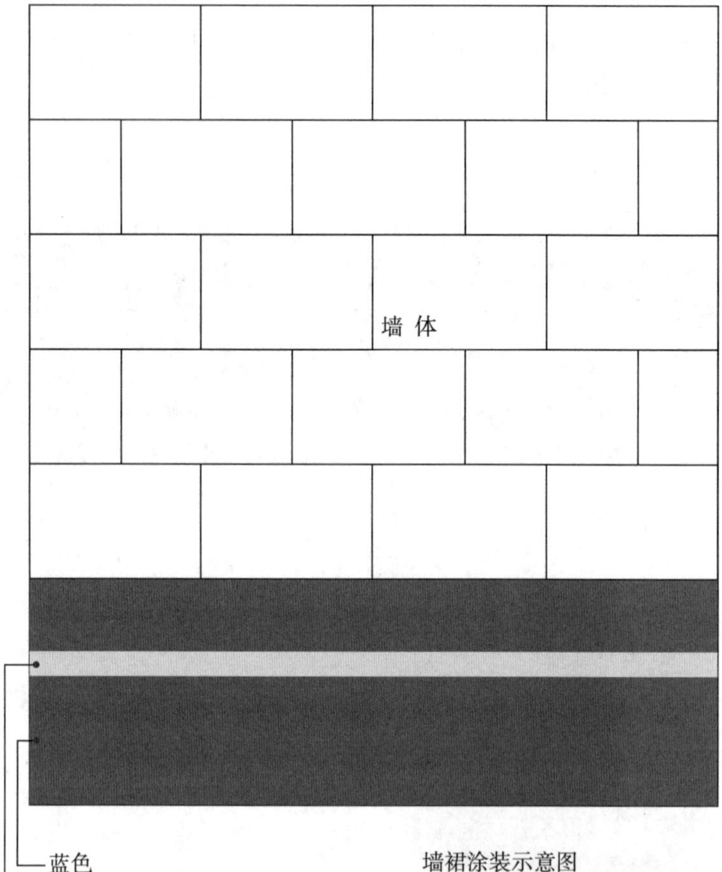

蓝色
C100 M65 Y0 K0
R0 G73 B150
PANTONE 2945C

银白色
C0 M0 Y0 K15
R227 G230 B233
PANTONE 7451U

墙裙涂装示意图

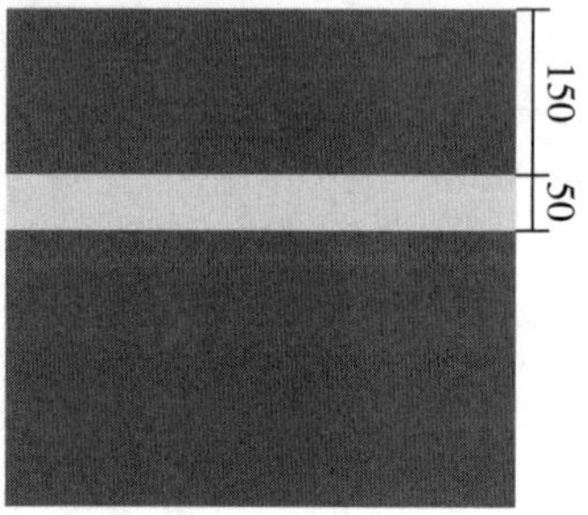

B－03　窗户

沿窗框上下边缘绘制,上面色带 150mm,下面色带 100mm。

窗户突出墙体,应沿上下突出部分绘制。

单位：mm

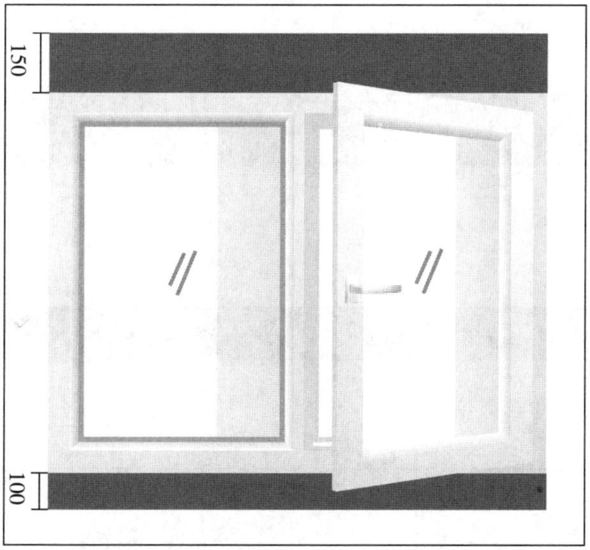

B-04　檐口和外墙线

适用于檐口、封檐板或墙体顶部,突出墙体的外墙线。

檐口宽度按照实际分隔线,若无分隔线,檐口宽度为200mm。

外墙线按实际宽度绘制。

单位:mm

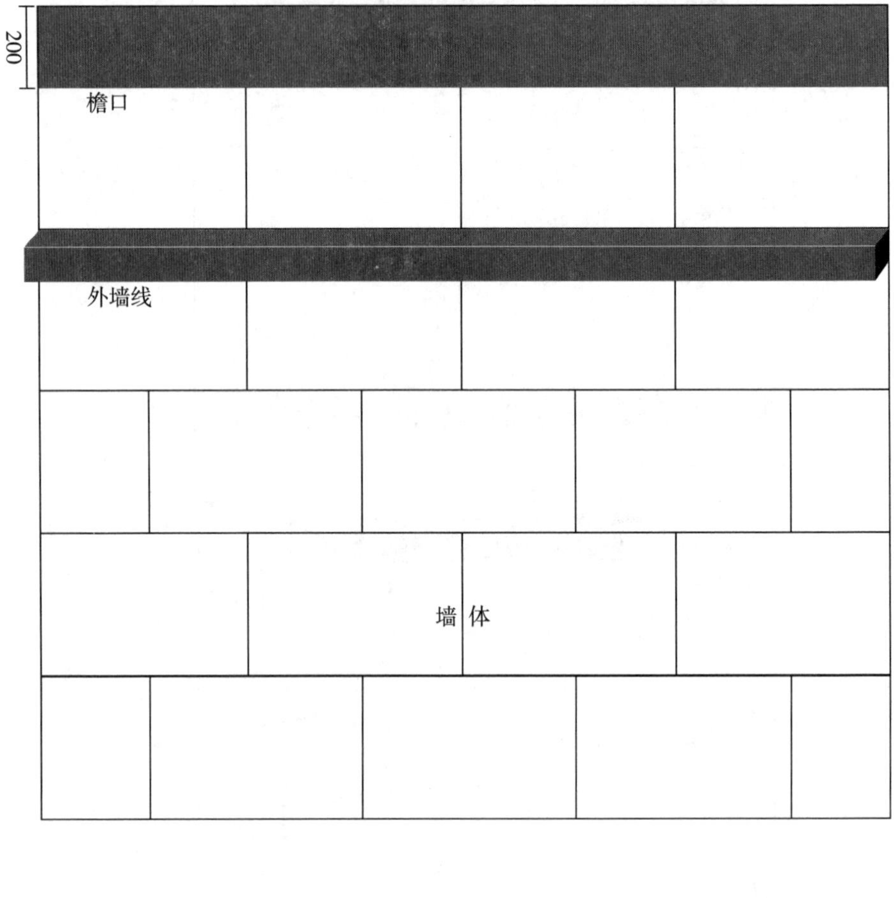

B－05　玻璃防撞条

尺寸:高150mm,标识居中放置于每个单元格。

当单元格长度不足300mm时可不添加标识。

工艺:高精喷绘或高精写真。

具体结合实际,高度不变,长度不受限制,不得改变基本标识结构、颜色和字体。

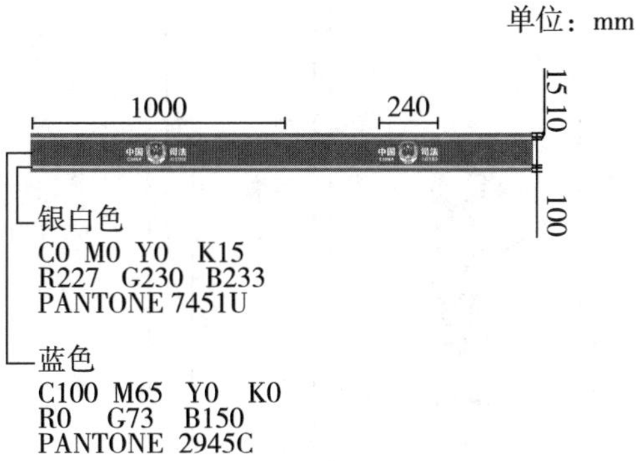

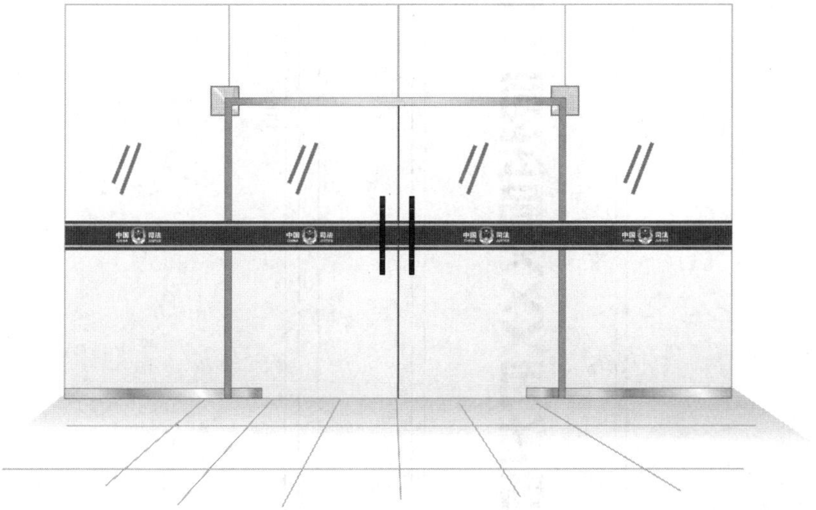

B－06　竖式标牌

司法所前竖式外挂标牌,白底黑字,悬挂于正门左侧合适位置,可结合实际按比例放大,但不得改变颜色和字体。

材质:涂指纹漆或拉丝不锈钢。

规格:2000mm×400mm×40mm。

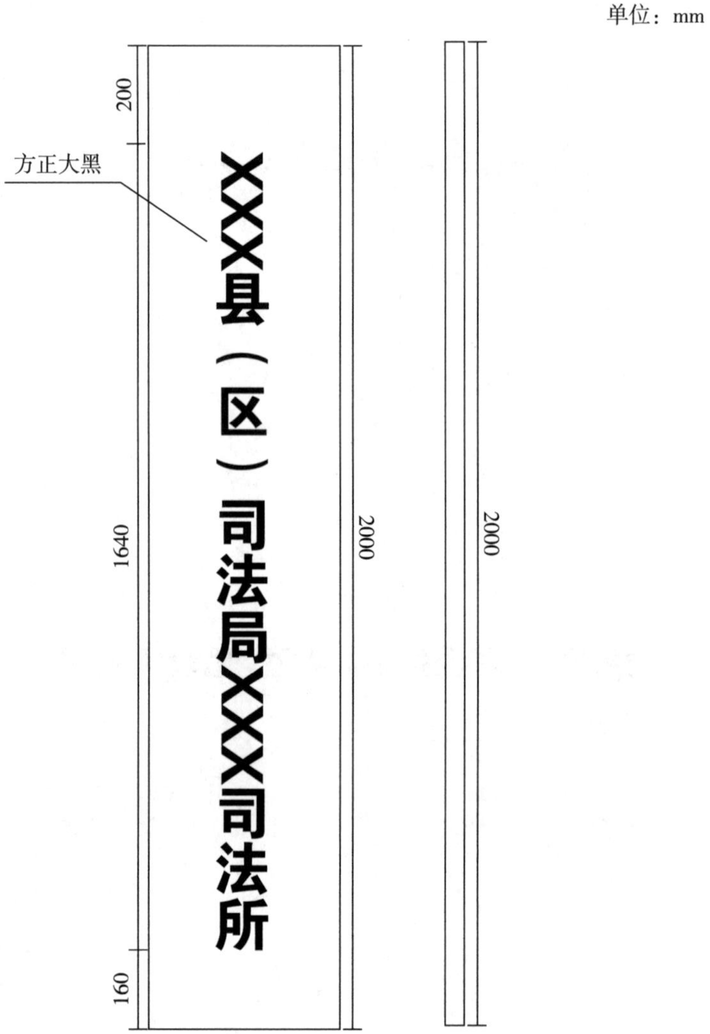

B－07　标识灯箱

整体为上白下蓝，字体为方正大黑。

材质：铝合金铝型材边框底座，双面亚克力板，内设3只30W电感式日光灯管及3个镇流器。

工艺：箱体整体吸塑、丝印。

规格：500mm×800mm×150mm。

B－08　位置指示牌

规格:2650mm×750mm 画面尺寸。

材质:铝型材边框、立柱,内设 3 只 40W 电感式日光灯管及 3 个镇流器。

工艺:亚克力板吸塑、丝印。

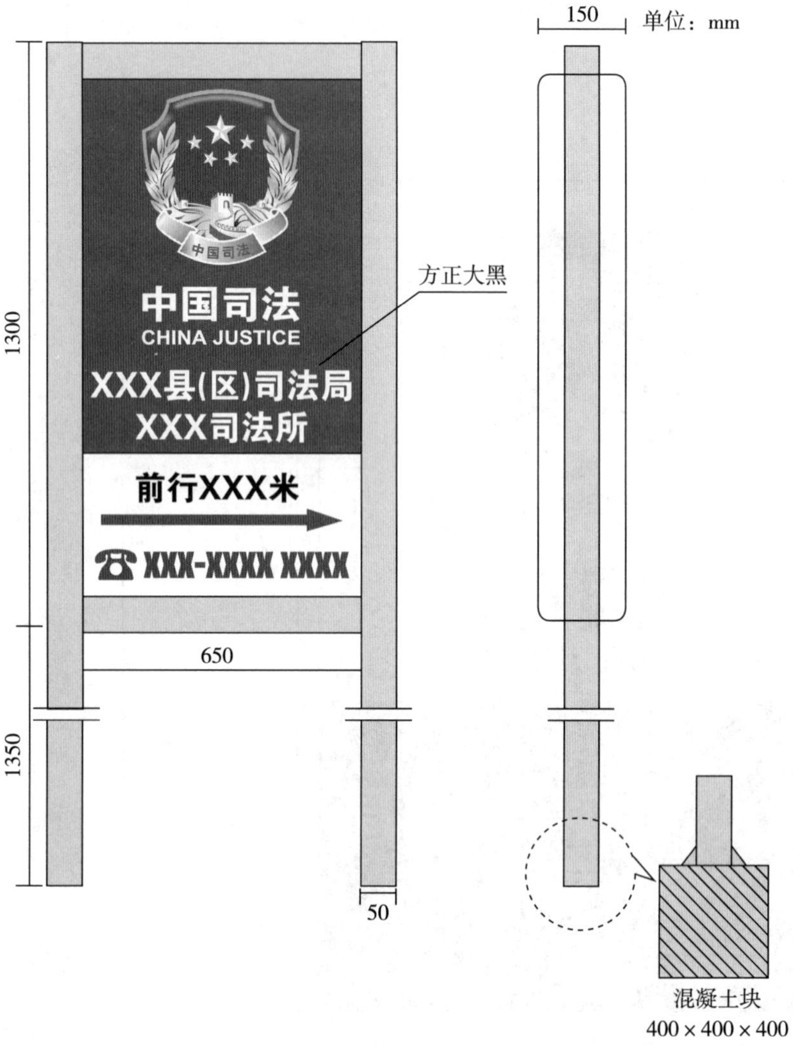

B－09　工作时间牌

规格:600mm×800mm 画面尺寸。

工艺:拉丝不锈钢,涂指纹漆,图文丝印或 UV 喷绘。

单位:mm

C　应用举例

司法所外观标识应用举例。

C－01　整体应用效果图

适用于两层及以上建筑。

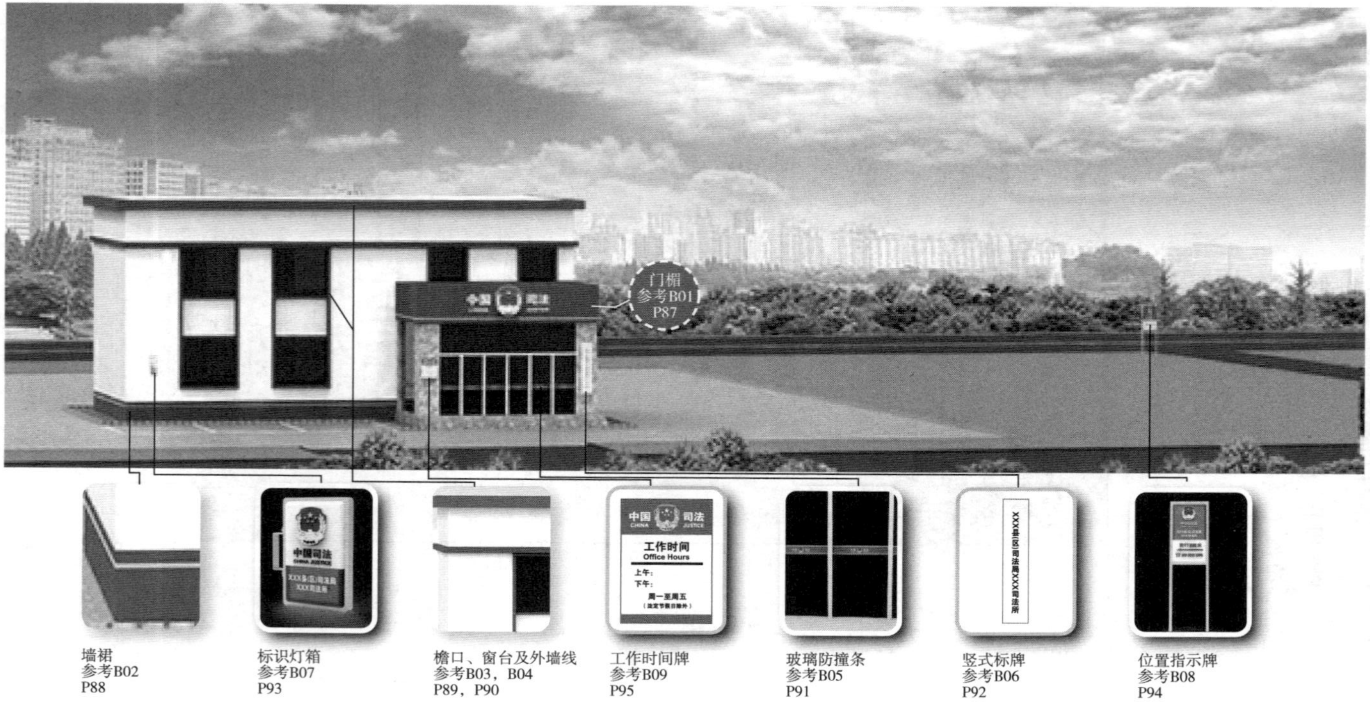

C－02 改造应用举例

北京市东城区司法局东四司法所

平房

改造应用举例

现状

海南省陵水黎族自治县司法局英州司法所

平房

改造应用举例

现状

黑龙江省牡丹江市东宁县司法局大肚川司法所

平房

改造应用举例

现状

重庆市璧山区司法局青杠司法所

独立楼房

改造应用举例

现状

宁夏回族自治区平罗县司法局崇岗司法所

独立楼房

改造应用举例

现状

安徽省五河县司法局沫河口司法所

独立院落

改造应用举例

现状

四川省达州市通川区司法局复兴司法所
街区商业用房

改造应用举例

现状

北京市西城区司法局新街口司法所
街区商业用房

改造应用举例

现状

最高人民法院　最高人民检察院　公安部 司法部关于印发《中华人民共和国社区矫正法实施办法》的通知

（2020年6月18日　司发通〔2020〕59号）

各省、自治区、直辖市高级人民法院、人民检察院、公安厅（局）、司法厅（局），新疆维吾尔自治区高级人民法院生产建设兵团分院、新疆生产建设兵团人民检察院、公安局、司法局、监狱管理局：

为做好《中华人民共和国社区矫正法》的贯彻实施，进一步推进和规范社区矫正工作，最高人民法院、最高人民检察院、公安部、司法部对2012年1月10日印发的《社区矫正实施办法》进行了修订，制定了《中华人民共和国社区矫正法实施办法》。现予以印发，请认真贯彻执行。对执行中遇到的问题，请分别及时报告最高人民法院、最高人民检察院、公安部、司法部。

中华人民共和国社区矫正法实施办法

第一条　为了推进和规范社区矫正工作，根据《中华人民共和国刑法》《中华人民共和国刑事诉讼法》《中华人民共和国社区矫正法》等有关法律规定，制定本办法。

第二条　社区矫正工作坚持党的绝对领导，实行党委政府统一领导、司法行政机关组织实施、相关部门密切配合、社会力量广泛参与、检察机关法律监督的领导体制和工作机制。

第三条　地方人民政府根据需要设立社区矫正委员会，负责统筹协调和指导本行政区域内的社区矫正工作。

司法行政机关向社区矫正委员会报告社区矫正工作开展情况，提请社区矫正委员会协调解决社区矫正工作中的问题。

第四条 司法行政机关依法履行以下职责:

(一)主管本行政区域内社区矫正工作;

(二)对本行政区域内设置和撤销社区矫正机构提出意见;

(三)拟定社区矫正工作发展规划和管理制度,监督检查社区矫正法律法规和政策的执行情况;

(四)推动社会力量参与社区矫正工作;

(五)指导支持社区矫正机构提高信息化水平;

(六)对在社区矫正工作中作出突出贡献的组织、个人,按照国家有关规定给予表彰、奖励;

(七)协调推进高素质社区矫正工作队伍建设;

(八)其他依法应当履行的职责。

第五条 人民法院依法履行以下职责:

(一)拟判处管制、宣告缓刑、决定暂予监外执行的,可以委托社区矫正机构或者有关社会组织对被告人或者罪犯的社会危险性和对所居住社区的影响,进行调查评估,提出意见,供决定社区矫正时参考;

(二)对执行机关报请假释的,审查执行机关移送的罪犯假释后对所居住社区影响的调查评估意见;

(三)核实并确定社区矫正执行地;

(四)对被告人或者罪犯依法判处管制、宣告缓刑、裁定假释、决定暂予监外执行;

(五)对社区矫正对象进行教育,及时通知并送达法律文书;

(六)对符合撤销缓刑、撤销假释或者暂予监外执行收监执行条件的社区矫正对象,作出判决、裁定和决定;

(七)对社区矫正机构提请逮捕的,及时作出是否逮捕的决定;

(八)根据社区矫正机构提出的减刑建议作出裁定;

(九)其他依法应当履行的职责。

第六条 人民检察院依法履行以下职责:

(一)对社区矫正决定机关、社区矫正机构或者有关社会组织的调查评估活动实行法律监督;

（二）对社区矫正决定机关判处管制、宣告缓刑、裁定假释、决定或者批准暂予监外执行活动实行法律监督；

（三）对社区矫正法律文书及社区矫正对象交付执行活动实行法律监督；

（四）对监督管理、教育帮扶社区矫正对象的活动实行法律监督；

（五）对变更刑事执行、解除矫正和终止矫正的活动实行法律监督；

（六）受理申诉、控告和举报，维护社区矫正对象的合法权益；

（七）按照刑事诉讼法的规定，在对社区矫正实行法律监督中发现司法工作人员相关职务犯罪，可以立案侦查直接受理的案件；

（八）其他依法应当履行的职责。

第七条　公安机关依法履行以下职责：

（一）对看守所留所服刑罪犯拟暂予监外执行的，可以委托开展调查评估；

（二）对看守所留所服刑罪犯拟暂予监外执行的，核实并确定社区矫正执行地；对符合暂予监外执行条件的，批准暂予监外执行；对符合收监执行条件的，作出收监执行的决定；

（三）对看守所留所服刑罪犯批准暂予监外执行的，进行教育，及时通知并送达法律文书；依法将社区矫正对象交付执行；

（四）对社区矫正对象予以治安管理处罚；到场处置经社区矫正机构制止无效，正在实施违反监督管理规定或者违反人民法院禁止令等违法行为的社区矫正对象；协助社区矫正机构处置突发事件；

（五）协助社区矫正机构查找失去联系的社区矫正对象；执行人民法院作出的逮捕决定；被裁定撤销缓刑、撤销假释和被决定收监执行的社区矫正对象逃跑的，予以追捕；

（六）对裁定撤销缓刑、撤销假释，或者对人民法院、公安机关决定暂予监外执行收监的社区矫正对象，送交看守所或者监狱执行；

（七）执行限制社区矫正对象出境的措施；

（八）其他依法应当履行的职责。

第八条　监狱管理机关以及监狱依法履行以下职责：

（一）对监狱关押罪犯拟提请假释的，应当委托进行调查评估；对监狱关押罪犯拟暂予监外执行的，可以委托进行调查评估；

（二）对监狱关押罪犯拟暂予监外执行的，依法核实并确定社区矫正执行

地;对符合暂予监外执行条件的,监狱管理机关作出暂予监外执行决定;

(三)对监狱关押罪犯批准暂予监外执行的,进行教育,及时通知并送达法律文书;依法将社区矫正对象交付执行;

(四)监狱管理机关对暂予监外执行罪犯决定收监执行的,原服刑或者接收其档案的监狱应当立即将罪犯收监执行;

(五)其他依法应当履行的职责。

第九条 社区矫正机构是县级以上地方人民政府根据需要设置的,负责社区矫正工作具体实施的执行机关。社区矫正机构依法履行以下职责:

(一)接受委托进行调查评估,提出评估意见;

(二)接收社区矫正对象,核对法律文书、核实身份、办理接收登记,建立档案;

(三)组织入矫和解矫宣告,办理入矫和解矫手续;

(四)建立矫正小组、组织矫正小组开展工作,制定和落实矫正方案;

(五)对社区矫正对象进行监督管理,实施考核奖惩;审批会客、外出、变更执行地等事项;了解掌握社区矫正对象的活动情况和行为表现;组织查找失去联系的社区矫正对象,查找后依情形作出处理;

(六)提出治安管理处罚建议,提出减刑、撤销缓刑、撤销假释、收监执行等变更刑事执行建议,依法提请逮捕;

(七)对社区矫正对象进行教育帮扶,开展法治道德等教育,协调有关方面开展职业技能培训、就业指导,组织公益活动等事项;

(八)向有关机关通报社区矫正对象情况,送达法律文书;

(九)对社区矫正工作人员开展管理、监督、培训,落实职业保障;

(十)其他依法应当履行的职责。

设置和撤销社区矫正机构,由县级以上地方人民政府司法行政部门提出意见,按照规定的权限和程序审批。社区矫正日常工作由县级社区矫正机构具体承担;未设置县级社区矫正机构的,由上一级社区矫正机构具体承担。省、市两级社区矫正机构主要负责监督指导、跨区域执法的组织协调以及与同级社区矫正决定机关对接的案件办理工作。

第十条 司法所根据社区矫正机构的委托,承担社区矫正相关工作。

第十一条 社区矫正机构依法加强信息化建设,运用现代信息技术开展监督管理和教育帮扶。

社区矫正工作相关部门之间依法进行信息共享，人民法院、人民检察院、公安机关、司法行政机关依法建立完善社区矫正信息交换平台，实现业务协同、互联互通，运用现代信息技术及时准确传输交换有关法律文书，根据需要实时查询社区矫正对象交付接收、监督管理、教育帮扶、脱离监管、被治安管理处罚、被采取强制措施、变更刑事执行、办理再犯罪案件等情况，共享社区矫正工作动态信息，提高社区矫正信息化水平。

第十二条　对拟适用社区矫正的，社区矫正决定机关应当核实社区矫正对象的居住地。社区矫正对象在多个地方居住的，可以确定经常居住地为执行地。没有居住地，居住地、经常居住地无法确定或者不适宜执行社区矫正的，应当根据有利于社区矫正对象接受矫正、更好地融入社会的原则，确定社区矫正执行地。被确定为执行地的社区矫正机构应当及时接收。

社区矫正对象的居住地是指其实际居住的县（市、区）。社区矫正对象的经常居住地是指其经常居住的，有固定住所、固定生活来源的县（市、区）。

社区矫正对象应如实提供其居住、户籍等情况，并提供必要的证明材料。

第十三条　社区矫正决定机关对拟适用社区矫正的被告人、罪犯，需要调查其社会危险性和对所居住社区影响的，可以委托拟确定为执行地的社区矫正机构或者有关社会组织进行调查评估。社区矫正机构或者有关社会组织收到委托文书后应当及时通知执行地县级人民检察院。

第十四条　社区矫正机构、有关社会组织接受委托后，应当对被告人或者罪犯的居所情况、家庭和社会关系、犯罪行为的后果和影响、居住地村（居）民委员会和被害人意见、拟禁止的事项、社会危险性、对所居住社区的影响等情况进行调查了解，形成调查评估意见，与相关材料一起提交委托机关。调查评估时，相关单位、部门、村（居）民委员会等组织、个人应当依法为调查评估提供必要的协助。

社区矫正机构、有关社会组织应当自收到调查评估委托函及所附材料之日起十个工作日内完成调查评估，提交评估意见。对于适用刑事案件速裁程序的，应当在五个工作日内完成调查评估，提交评估意见。评估意见同时抄送执行地县级人民检察院。需要延长调查评估时限的，社区矫正机构、有关社会组织应当与委托机关协商，并在协商确定的期限内完成调查评估。因被告人或者罪犯的姓名、居住地不真实、身份不明等原因,社区矫正机构、有关社会组织无法进行调查评估的,应当及时向委托机关说明情况。社区矫正决定机关对调查评估意见的采信情况,应当在相关法律文书中说明。

对调查评估意见以及调查中涉及的国家秘密、商业秘密、个人隐私等信息,应当保密,不得泄露。

第十五条 社区矫正决定机关应当对社区矫正对象进行教育,书面告知其到执行地县级社区矫正机构报到的时间期限以及逾期报到或者未报到的后果,责令其按时报到。

第十六条 社区矫正决定机关应当自判决、裁定或者决定生效之日起五日内通知执行地县级社区矫正机构,并在十日内将判决书、裁定书、决定书、执行通知书等法律文书送达执行地县级社区矫正机构,同时抄送人民检察院。收到法律文书后,社区矫正机构应当在五日内送达回执。

社区矫正对象前来报到时,执行地县级社区矫正机构未收到法律文书或者法律文书不齐全,应当先记录在案,为其办理登记接收手续,并通知社区矫正决定机关在五日内送达或者补齐法律文书。

第十七条 被判处管制、宣告缓刑、裁定假释的社区矫正对象到执行地县级社区矫正机构报到时,社区矫正机构应当核对法律文书、核实身份,办理登记接收手续。对社区矫正对象存在因行动不便、自行报到确有困难等特殊情况的,社区矫正机构可以派员到其居住地等场所办理登记接收手续。

暂予监外执行的社区矫正对象,由公安机关、监狱或者看守所依法移送至执行地县级社区矫正机构,办理交付接收手续。罪犯原服刑地与居住地不在同一省、自治区、直辖市,需要回居住地暂予监外执行的,原服刑地的省级以上监狱管理机关或者设区的市一级以上公安机关应当书面通知罪犯居住地的监狱管理机关、公安机关,由其指定一所监狱、看守所接收社区矫正对象档案,负责办理其收监、刑满释放等手续。对看守所留所服刑罪犯暂予监外执行,原服刑地与居住地在同一省、自治区、直辖市的,可以不移交档案。

第十八条 执行地县级社区矫正机构接收社区矫正对象后,应当建立社区矫正档案,包括以下内容:

(一)适用社区矫正的法律文书;

(二)接收、监管审批、奖惩、收监执行、解除矫正、终止矫正等有关社区矫正执行活动的法律文书；

（三）进行社区矫正的工作记录；

（四）社区矫正对象接受社区矫正的其他相关材料。

接受委托对社区矫正对象进行日常管理的司法所应当建立工作档案。

第十九条　执行地县级社区矫正机构、受委托的司法所应当为社区矫正对象确定矫正小组，与矫正小组签订矫正责任书，明确矫正小组成员的责任和义务，负责落实矫正方案。

矫正小组主要开展下列工作：

（一）按照矫正方案，开展个案矫正工作；

（二）督促社区矫正对象遵纪守法，遵守社区矫正规定；

（三）参与对社区矫正对象的考核评议和教育活动；

（四）对社区矫正对象走访谈话，了解其思想、工作和生活情况，及时向社区矫正机构或者司法所报告；

（五）协助对社区矫正对象进行监督管理和教育帮扶；

（六）协助社区矫正机构或者司法所开展其他工作。

第二十条　执行地县级社区矫正机构接收社区矫正对象后，应当组织或者委托司法所组织入矫宣告。

入矫宣告包括以下内容：

（一）判决书、裁定书、决定书、执行通知书等有关法律文书的主要内容；

（二）社区矫正期限；

（三）社区矫正对象应当遵守的规定、被剥夺或者限制行使的权利、被禁止的事项以及违反规定的法律后果；

（四）社区矫正对象依法享有的权利；

（五）矫正小组人员组成及职责；

（六）其他有关事项。

宣告由社区矫正机构或者司法所的工作人员主持，矫正小组成员及其他相关人员到场，按照规定程序进行。宣告后，社区矫正对象应当在书面材料上签字，确认已经了解所宣告的内容。

第二十一条　社区矫正机构应当根据社区矫正对象被判处管制、宣告缓刑、假释和暂予监外执行的不同裁判内容和犯罪类型、矫正阶段、再犯罪风险等情况,进行综合评估,划分不同类别,实施分类管理。

社区矫正机构应当把社区矫正对象的考核结果和奖惩情况作为分类管理的依据。

社区矫正机构对不同类别的社区矫正对象,在矫正措施和方法上应当有所区别,有针对性地开展监督管理和教育帮扶工作。

第二十二条 执行地县级社区矫正机构、受委托的司法所要根据社区矫正对象的性别、年龄、心理特点、健康状况、犯罪原因、悔罪表现等具体情况,制定矫正方案,有针对性地消除社区矫正对象可能重新犯罪的因素,帮助其成为守法公民。

矫正方案应当包括社区矫正对象基本情况、对社区矫正对象的综合评估结果、对社区矫正对象的心理状态和其他特殊情况的分析、拟采取的监督管理、教育帮扶措施等内容。

矫正方案应当根据分类管理的要求、实施效果以及社区矫正对象的表现等情况,相应调整。

第二十三条 执行地县级社区矫正机构、受委托的司法所应当根据社区矫正对象的个人生活、工作及所处社区的实际情况,有针对性地采取通信联络、信息化核查、实地查访等措施,了解掌握社区矫正对象的活动情况和行为表现。

第二十四条 社区矫正对象应当按照有关规定和社区矫正机构的要求,定期报告遵纪守法、接受监督管理、参加教育学习、公益活动和社会活动等情况。发生居所变化、工作变动、家庭重大变故以及接触对其矫正可能产生不利影响人员等情况时,应当及时报告。被宣告禁止令的社区矫正对象应当定期报告遵守禁止令的情况。

暂予监外执行的社区矫正对象应当每个月报告本人身体情况。保外就医的,应当到省级人民政府指定的医院检查,每三个月向执行地县级社区矫正机构、受委托的司法所提交病情复查情况。执行地县级社区矫正机构根据社区矫正对象的病情及保证人等情况,可以调整报告身体情况和提交复查情况的期限。延长一个月至三个月以下的,报上一级社区矫正机构批准;延长三个月以上的,逐级上报省级社区矫正机构批准。批准延长的,执行地县级社区矫正机构应当及时通报同级人民检察院。

社区矫正机构根据工作需要,可以协调对暂予监外执行的社区矫正对象进行病情诊断、妊娠检查或者生活不能自理的鉴别。

第二十五条　未经执行地县级社区矫正机构批准，社区矫正对象不得接触其犯罪案件中的被害人、控告人、举报人，不得接触同案犯等可能诱发其再犯罪的人。

第二十六条　社区矫正对象未经批准不得离开所居住市、县。确有正当理由需要离开的，应当经执行地县级社区矫正机构或者受委托的司法所批准。

社区矫正对象外出的正当理由是指就医、就学、参与诉讼、处理家庭或者工作重要事务等。

前款规定的市是指直辖市的城市市区、设区的市的城市市区和县级市的辖区。在设区的同一市内跨区活动的，不属于离开所居住的市、县。

第二十七条　社区矫正对象确需离开所居住的市、县的，一般应当提前三日提交书面申请，并如实提供诊断证明、单位证明、入学证明、法律文书等材料。

申请外出时间在七日内的，经执行地县级社区矫正机构委托，可以由司法所批准，并报执行地县级社区矫正机构备案；超过七日的，由执行地县级社区矫正机构批准。执行地县级社区矫正机构每次批准外出的时间不超过三十日。

因特殊情况确需外出超过三十日的，或者两个月内外出时间累计超过三十日的，应报上一级社区矫正机构审批。上一级社区矫正机构批准社区矫正对象外出的，执行地县级社区矫正机构应当及时通报同级人民检察院。

第二十八条　在社区矫正对象外出期间，执行地县级社区矫正机构、受委托的司法所应当通过电话通讯、实时视频等方式实施监督管理。

执行地县级社区矫正机构根据需要，可以协商外出目的地社区矫正机构协助监督管理，并要求社区矫正对象在到达和离开时向当地社区矫正机构报告，接受监督管理。外出目的地社区矫正机构在社区矫正对象报告后，可以通过电话通讯、实地查访等方式协助监督管理。

社区矫正对象应在外出期限届满前返回居住地，并向执行地县级社区矫正机构或者司法所报告，办理手续。因特殊原因无法按期返回的，应及时向社区矫正机构或者司法所报告情况。发现社区矫正对象违反外出管理规定的，社区矫正机构应当责令其立即返回，并视情节依法予以处理。

第二十九条　社区矫正对象确因正常工作和生活需要经常性跨市、县活动的，应当由本人提出书面申请，写明理由、经常性去往市县名称、时间、频次等，同时提供相应证明,由执行地县级社区矫正机构批准,批准一次的有效期为六个月。在批准的期限内,社区矫正对象到批准市、县活动的,可以通过电话、微信等方式报告活动情况。到期后,社区矫正对象仍需要经常性跨市、县活动的,应当重新提出申请。

第三十条 社区矫正对象因工作、居所变化等原因需要变更执行地的,一般应当提前一个月提出书面申请,并提供相应证明材料,由受委托的司法所签署意见后报执行地县级社区矫正机构审批。

执行地县级社区矫正机构收到申请后,应当在五日内书面征求新执行地县级社区矫正机构的意见。新执行地县级社区矫正机构接到征求意见函后,应当在五日内核实有关情况,作出是否同意接收的意见并书面回复。执行地县级社区矫正机构根据回复意见,作出决定。执行地县级社区矫正机构对新执行地县级社区矫正机构的回复意见有异议的,可以报上一级社区矫正机构协调解决。

经审核,执行地县级社区矫正机构不同意变更执行地的,应在决定作出之日起五日内告知社区矫正对象。同意变更执行地的,应对社区矫正对象进行教育,书面告知其到新执行地县级社区矫正机构报到的时间期限以及逾期报到或者未报到的后果,责令其按时报到。

第三十一条 同意变更执行地的,原执行地县级社区矫正机构应当在作出决定之日起五日内,将有关法律文书和档案材料移交新执行地县级社区矫正机构,并将有关法律文书抄送社区矫正决定机关和原执行地县级人民检察院、公安机关。新执行地县级社区矫正机构收到法律文书和档案材料后,在五日内送达回执,并将有关法律文书抄送所在地县级人民检察院、公安机关。

同意变更执行地的,社区矫正对象应当自收到变更执行地决定之日起七日内,到新执行地县级社区矫正机构报到。新执行地县级社区矫正机构应当核实身份、办理登记接收手续。发现社区矫正对象未按规定时间报到的,新执行地县级社区矫正机构应当立即通知原执行地县级社区矫正机构,由原执行地县级社区矫正机构组织查找。未及时办理交付接收,造成社区矫正对象脱管漏管的,原执行地社区矫正机构会同新执行地社区矫正机构妥善处置。

对公安机关、监狱管理机关批准暂予监外执行的社区矫正对象变更执行地的,公安机关、监狱管理机关在收到社区矫正机构送达的法律文书后,应与新执行地同级公安机关、监狱管理机关办理交接。新执行地的公安机关、监狱管理机关应指定一所看守所、监狱接收社区矫正对象档案，负责办理其收监、刑满释放等手续。看守所、监狱在接收档案之日起五日内，应当将有关情况通报新执行地县级社区矫正机构。对公安机关批准暂予监外执行的社区矫正对象在同一省、自治区、直辖市变更执行地的，可以不移交档案。

第三十二条　社区矫正机构应当根据有关法律法规、部门规章和其他规范性文件，建立内容全面、程序合理、易于操作的社区矫正对象考核奖惩制度。

社区矫正机构、受委托的司法所应当根据社区矫正对象认罪悔罪、遵守有关规定、服从监督管理、接受教育等情况，定期对其考核。对于符合表扬条件、具备训诫、警告情形的社区矫正对象，经执行地县级社区矫正机构决定，可以给予其相应奖励或者处罚，作出书面决定。对于涉嫌违反治安管理行为的社区矫正对象，执行地县级社区矫正机构可以向同级公安机关提出建议。社区矫正机构奖励或者处罚的书面决定应当抄送人民检察院。

社区矫正对象的考核结果与奖惩应当书面通知其本人，定期公示，记入档案，做到准确及时、公开公平。社区矫正对象对考核奖惩提出异议的，执行地县级社区矫正机构应当及时处理，并将处理结果告知社区矫正对象。社区矫正对象对处理结果仍有异议的，可以向人民检察院提出。

第三十三条　社区矫正对象认罪悔罪、遵守法律法规、服从监督管理、接受教育表现突出的，应当给予表扬。

社区矫正对象接受社区矫正六个月以上并且同时符合下列条件的，执行地县级社区矫正机构可以给予表扬：

（一）服从人民法院判决，认罪悔罪；

（二）遵守法律法规；

（三）遵守关于报告、会客、外出、迁居等规定，服从社区矫正机构的管理；

（四）积极参加教育学习等活动，接受教育矫正的。

社区矫正对象接受社区矫正期间，有见义勇为、抢险救灾等突出表现，或者帮助他人、服务社会等突出事迹的，执行地县级社区矫正机构可以给予表扬。对于符合法定减刑条件的，由执行地县级社区矫正机构依照本办法第四十二条的规定，提出减刑建议。

第三十四条　社区矫正对象具有下列情形之一的，执行地县级社区矫正机构应当给予训诫：

(一)不按规定时间报到或者接受社区矫正期间脱离监管,未超过十日的;

(二)违反关于报告、会客、外出、迁居等规定,情节轻微的;

(三)不按规定参加教育学习等活动,经教育仍不改正的;

(四)其他违反监督管理规定,情节轻微的。

第三十五条 社区矫正对象具有下列情形之一的,执行地县级社区矫正机构应当给予警告:

(一)违反人民法院禁止令,情节轻微的;

(二)不按规定时间报到或者接受社区矫正期间脱离监管,超过十日的;

(三)违反关于报告、会客、外出、迁居等规定,情节较重的;

(四)保外就医的社区矫正对象无正当理由不按时提交病情复查情况,经教育仍不改正的;

(五)受到社区矫正机构两次训诫,仍不改正的;

(六)其他违反监督管理规定,情节较重的。

第三十六条 社区矫正对象违反监督管理规定或者人民法院禁止令,依法应予治安管理处罚的,执行地县级社区矫正机构应当及时提请同级公安机关依法给予处罚,并向执行地同级人民检察院抄送治安管理处罚建议书副本,及时通知处理结果。

第三十七条 电子定位装置是指运用卫星等定位技术,能对社区矫正对象进行定位等监管,并具有防拆、防爆、防水等性能的专门的电子设备,如电子定位腕带等,但不包括手机等设备。

对社区矫正对象采取电子定位装置进行监督管理的,应当告知社区矫正对象监管的期限、要求以及违反监管规定的后果。

第三十八条 发现社区矫正对象失去联系的,社区矫正机构应当立即组织查找,可以采取通信联络、信息化核查、实地查访等方式查找,查找时要做好记录,固定证据。查找不到的,社区矫正机构应当及时通知公安机关,公安机关应当协助查找。社区矫正机构应当及时将组织查找的情况通报人民检察院。

查找到社区矫正对象后,社区矫正机构应当根据其脱离监管的情形,给予相应处置。虽能查找到社区矫正对象下落但其拒绝接受监督管理的,社区矫正机构应当视情节依法提请公安机关予以治安管理处罚,或者依法提请撤销缓刑、撤销假释、对暂予监外执行的收监执行。

第三十九条　社区矫正机构根据执行禁止令的需要，可以协调有关的部门、单位、场所、个人协助配合执行禁止令。

对禁止令确定需经批准才能进入的特定区域或者场所，社区矫正对象确需进入的，应当经执行地县级社区矫正机构批准，并通知原审人民法院和执行地县级人民检察院。

第四十条　发现社区矫正对象有违反监督管理规定或者人民法院禁止令等违法情形的，执行地县级社区矫正机构应当调查核实情况，收集有关证据材料，提出处理意见。

社区矫正机构发现社区矫正对象有撤销缓刑、撤销假释或者暂予监外执行收监执行的法定情形的，应当组织开展调查取证工作，依法向社区矫正决定机关提出撤销缓刑、撤销假释或者暂予监外执行收监执行建议，并将建议书抄送同级人民检察院。

第四十一条　社区矫正对象被依法决定行政拘留、司法拘留、强制隔离戒毒等或者因涉嫌犯新罪、发现判决宣告前还有其他罪没有判决被采取强制措施的，决定机关应当自作出决定之日起三日内将有关情况通知执行地县级社区矫正机构和执行地县级人民检察院。

第四十二条　社区矫正对象符合法定减刑条件的，由执行地县级社区矫正机构提出减刑建议书并附相关证据材料，报经地（市）社区矫正机构审核同意后，由地（市）社区矫正机构提请执行地的中级人民法院裁定。

依法应由高级人民法院裁定的减刑案件，由执行地县级社区矫正机构提出减刑建议书并附相关证据材料，逐级上报省级社区矫正机构审核同意后，由省级社区矫正机构提请执行地的高级人民法院裁定。

人民法院应当自收到减刑建议书和相关证据材料之日起三十日内依法裁定。

社区矫正机构减刑建议书和人民法院减刑裁定书副本，应当同时抄送社区矫正执行地同级人民检察院、公安机关及罪犯原服刑或者接收其档案的监狱。

第四十三条　社区矫正机构、受委托的司法所应当充分利用地方人民政府及其有关部门提供的教育帮扶场所和有关条件，按照因人施教的原则，有针对性地对社区矫正对象开展教育矫正活动。

社区矫正机构、司法所应当根据社区矫正对象的矫正阶段、犯罪类型、现实表现等实际情况,对其实施分类教育;应当结合社区矫正对象的个体特征、日常表现等具体情况,进行个别教育。

社区矫正机构、司法所根据需要可以采用集中教育、网上培训、实地参观等多种形式开展集体教育;组织社区矫正对象参加法治、道德等方面的教育活动;根据社区矫正对象的心理健康状况,对其开展心理健康教育、实施心理辅导。

社区矫正机构、司法所可以通过公开择优购买服务或者委托社会组织执行项目等方式,对社区矫正对象开展教育活动。

第四十四条 执行地县级社区矫正机构、受委托的司法所按照符合社会公共利益的原则,可以根据社区矫正对象的劳动能力、健康状况等情况,组织社区矫正对象参加公益活动。

第四十五条 执行地县级社区矫正机构、受委托的司法所依法协调有关部门和单位,根据职责分工,对遇到暂时生活困难的社区矫正对象提供临时救助;对就业困难的社区矫正对象提供职业技能培训和就业指导;帮助符合条件的社区矫正对象落实社会保障措施;协助在就学、法律援助等方面遇到困难的社区矫正对象解决问题。

第四十六条 社区矫正对象在缓刑考验期内,有下列情形之一的,由执行地同级社区矫正机构提出撤销缓刑建议:

(一)违反禁止令,情节严重的;

(二)无正当理由不按规定时间报到或者接受社区矫正期间脱离监管,超过一个月的;

(三)因违反监督管理规定受到治安管理处罚,仍不改正的;

(四)受到社区矫正机构两次警告,仍不改正的;

(五)其他违反有关法律、行政法规和监督管理规定,情节严重的情形。

社区矫正机构一般向原审人民法院提出撤销缓刑建议。如果原审人民法院与执行地同级社区矫正机构不在同一省、自治区、直辖市的,可以向执行地人民法院提出建议,执行地人民法院作出裁定的,裁定书同时抄送原审人民法院。

社区矫正机构撤销缓刑建议书和人民法院的裁定书副本同时抄送社区矫正执行地同级人民检察院。

第四十七条 社区矫正对象在假释考验期内,有下列情形之一的,由执行地同级社区矫正机构提出撤销假释建议:

（一）无正当理由不按规定时间报到或者接受社区矫正期间脱离监管，超过一个月的；

（二）受到社区矫正机构两次警告，仍不改正的；

（三）其他违反有关法律、行政法规和监督管理规定，尚未构成新的犯罪的。

社区矫正机构一般向原审人民法院提出撤销假释建议。如果原审人民法院与执行地同级社区矫正机构不在同一省、自治区、直辖市的，可以向执行地人民法院提出建议，执行地人民法院作出裁定的，裁定书同时抄送原审人民法院。

社区矫正机构撤销假释的建议书和人民法院的裁定书副本同时抄送社区矫正执行地同级人民检察院、公安机关、罪犯原服刑或者接收其档案的监狱。

第四十八条　被提请撤销缓刑、撤销假释的社区矫正对象具备下列情形之一的，社区矫正机构在提出撤销缓刑、撤销假释建议书的同时，提请人民法院决定对其予以逮捕：

（一）可能逃跑的；

（二）具有危害国家安全、公共安全、社会秩序或者他人人身安全现实危险的；

（三）可能对被害人、举报人、控告人或者社区矫正机构工作人员等实施报复行为的；

（四）可能实施新的犯罪的。

社区矫正机构提请人民法院决定逮捕社区矫正对象时，应当提供相应证据，移送人民法院审查决定。

社区矫正机构提请逮捕、人民法院作出是否逮捕决定的法律文书，应当同时抄送执行地县级人民检察院。

第四十九条　暂予监外执行的社区矫正对象有下列情形之一的，由执行地县级社区矫正机构提出收监执行建议：

（一）不符合暂予监外执行条件的；

（二）未经社区矫正机构批准擅自离开居住的市、县，经警告拒不改正，或者拒不报告行踪，脱离监管的；

（三）因违反监督管理规定受到治安管理处罚，仍不改正的；

（四）受到社区矫正机构两次警告的；

(五)保外就医期间不按规定提交病情复查情况,经警告拒不改正的;

(六)暂予监外执行的情形消失后,刑期未满的;

(七)保证人丧失保证条件或者因不履行义务被取消保证人资格,不能在规定期限内提出新的保证人的;

(八)其他违反有关法律、行政法规和监督管理规定,情节严重的情形。

社区矫正机构一般向执行地社区矫正决定机关提出收监执行建议。如果原社区矫正决定机关与执行地县级社区矫正机构在同一省、自治区、直辖市的,可以向原社区矫正决定机关提出建议。

社区矫正机构的收监执行建议书和决定机关的决定书,应当同时抄送执行地县级人民检察院。

第五十条 人民法院裁定撤销缓刑、撤销假释或者决定暂予监外执行收监执行的,由执行地县级公安机关本着就近、便利、安全的原则,送交社区矫正对象执行地所属的省、自治区、直辖市管辖范围内的看守所或者监狱执行刑罚。

公安机关决定暂予监外执行收监执行的,由执行地县级公安机关送交存放或者接收罪犯档案的看守所收监执行。

监狱管理机关决定暂予监外执行收监执行的,由存放或者接收罪犯档案的监狱收监执行。

第五十一条 撤销缓刑、撤销假释的裁定和收监执行的决定生效后,社区矫正对象下落不明的,应当认定为在逃。

被裁定撤销缓刑、撤销假释和被决定收监执行的社区矫正对象在逃的,由执行地县级公安机关负责追捕。撤销缓刑、撤销假释裁定书和对暂予监外执行罪犯收监执行决定书,可以作为公安机关追逃依据。

第五十二条 社区矫正机构应当建立突发事件处置机制,发现社区矫正对象非正常死亡、涉嫌实施犯罪、参与群体性事件的,应当立即与公安机关等有关部门协调联动、妥善处置,并将有关情况及时报告上一级社区矫正机构,同时通报执行地人民检察院。

第五十三条 社区矫正对象矫正期限届满,且在社区矫正期间没有应当撤销缓刑、撤销假释或者暂予监外执行收监执行情形的,社区矫正机构依法办理解除矫正手续。

社区矫正对象一般应当在社区矫正期满三十日前,作出个人总结,执行地县级社区矫正机构应当根据其在接受社区矫正期间的表现等情况作出书面鉴定,与安置帮教工作部门做好衔接工作。

执行地县级社区矫正机构应当向社区矫正对象发放解除社区矫正证明书,并书面通知社区矫正决定机关,同时抄送执行地县级人民检察院和公安机关。

公安机关、监狱管理机关决定暂予监外执行的社区矫正对象刑期届满的,由看守所、监狱依法为其办理刑满释放手续。

社区矫正对象被赦免的,社区矫正机构应当向社区矫正对象发放解除社区矫正证明书,依法办理解除矫正手续。

第五十四条　社区矫正对象矫正期满,执行地县级社区矫正机构或者受委托的司法所可以组织解除矫正宣告。

解矫宣告包括以下内容:

(一)宣读对社区矫正对象的鉴定意见;

(二)宣布社区矫正期限届满,依法解除社区矫正;

(三)对判处管制的,宣布执行期满,解除管制;对宣告缓刑的,宣布缓刑考验期满,原判刑罚不再执行;对裁定假释的,宣布考验期满,原判刑罚执行完毕。

宣告由社区矫正机构或者司法所工作人员主持,矫正小组成员及其他相关人员到场,按照规定程序进行。

第五十五条　社区矫正机构、受委托的司法所应当根据未成年社区矫正对象的年龄、心理特点、发育需要、成长经历、犯罪原因、家庭监护教育条件等情况,制定适应未成年人特点的矫正方案,采取有益于其身心健康发展、融入正常社会生活的矫正措施。

社区矫正机构、司法所对未成年社区矫正对象的相关信息应当保密。对未成年社区矫正对象的考核奖惩和宣告不公开进行。对未成年社区矫正对象进行宣告或者处罚时,应通知其监护人到场。

社区矫正机构、司法所应当选任熟悉未成年人身心特点,具有法律、教育、心理等专业知识的人员负责未成年人社区矫正工作,并通过加强培训、管理,提高专业化水平。

第五十六条　社区矫正工作人员的人身安全和职业尊严受法律保护。

对任何干涉社区矫正工作人员执法的行为,社区矫正工作人员有权拒绝,并按照规定如实记录和报告。对于侵犯社区矫正工作人员权利的行为,社区矫正工作人员有权提出控告。

社区矫正工作人员因依法履行职责遭受不实举报、诬告陷害、侮辱诽谤,致使名誉受到损害的,有关部门或者个人应当及时澄清事实,消除不良影响,并依法追究相关单位或者个人的责任。

对社区矫正工作人员追究法律责任,应当根据其行为的危害程度、造成的后果,以及责任大小予以确定,实事求是,过罚相当。社区矫正工作人员依法履职的,不能仅因社区矫正对象再犯罪而追究其法律责任。

第五十七条 有关单位对人民检察院的书面纠正意见在规定的期限内没有回复纠正情况的,人民检察院应当督促回复。经督促被监督单位仍不回复或者没有正当理由不纠正的,人民检察院应当向上一级人民检察院报告。

有关单位对人民检察院的检察建议在规定的期限内经督促无正当理由不予整改或者整改不到位的,检察机关可以将相关情况报告上级人民检察院,通报被建议单位的上级机关、行政主管部门或者行业自律组织等,必要时可以报告同级党委、人大,通报同级政府、纪检监察机关。

第五十八条 本办法所称"以上""内",包括本数;"以下""超过"不包括本数。

第五十九条 本办法自2020年7月1日起施行。最高人民法院、最高人民检察院、公安部、司法部2012年1月10日印发的《社区矫正实施办法》(司发通〔2012〕12号)同时废止。

司法部关于表彰全国模范司法所和全国司法所模范个人的决定

（2021 年 10 月 27 日　司发通〔2021〕66 号）

各省、自治区、直辖市司法厅（局），新疆生产建设兵团司法局：

近年来，各级司法行政机关坚持以习近平新时代中国特色社会主义思想为指导，全面贯彻落实党的十九大和十九届二中、三中、四中、五中全会精神，深入学习贯彻习近平法治思想和习近平总书记关于加强基层基础工作的重要指示精神，认真贯彻落实党中央关于全面依法治国的决策部署，始终坚持强基导向，全面加强司法所建设，充分发挥司法所职能作用，为维护社会和谐稳定、促进社会公平正义、服务经济社会发展、保障人民安居乐业作出了积极贡献，司法行政基层战线涌现出一大批司法所先进集体和先进个人。

为表彰先进，充分发挥先进典型的示范引领作用，激励全国司法所和广大基层司法行政工作者奋勇争先、建功立业，经各省（区、市）司法厅（局）推荐，司法部决定，授予北京市西城区什刹海街道司法所等 597 个司法所“全国模范司法所”称号，授予北京市东城区东四街道司法所所长王永恒等 796 名同志“全国司法所模范个人”称号。希望受到表彰的集体和个人珍惜荣誉，再接再厉，在新征程上为推动司法行政事业改革发展再立新功。

司法部号召各级司法行政机关和广大司法行政干警向受到表彰的集体和个人学习。学习他们听党指挥、立场坚定、对党绝对忠诚的政治品格，不忘初心、牢记使命、始终心系群众的公仆情怀，恪尽职守、担当作为、永远争创一流的执着追求，尊崇法律、践行法治、守护公平正义的法治精神，严于律己、克己奉公、永葆清正廉洁的高尚情操。各级司法行政机关和广大司法行政干警要更加紧密地团结在以习近平同志为核心的党中央周围，坚持以习近平新时代中国特色社会主义思想为指导，深入学习贯彻习近平法治思想和习近平总书记“七一”重要讲话精神，增强“四个意识”、坚定“四个自信”、做到“两个维护”，锐意进取、扎实工作,切实加强司法所工作,奋力推进新时代司法行政工作高质量发展,不断夯实司法行政基层基础,努力为建设更高水平的平安中国、法治中国,为全面建成社会主义现代化强国、实现中华民族伟大复兴的中国梦作出新的更大贡献。

附件:1. 全国模范司法所名单(597 个)

2. 全国司法所模范个人名单(796 名)

附件 1

全国模范司法所名单

(597 个)

北　京

北京市西城区什刹海街道司法所

北京市朝阳区朝外街道司法所

北京市海淀区清河街道司法所

北京市房山区西潞街道司法所

北京市通州区梨园镇司法所

天　津

天津市南开区司法局水上公园司法所

天津市津南区司法局辛庄司法所

天津市西青区司法局辛口司法所

天津市北辰区司法局经济技术开发区司法所

天津市蓟州区司法局州河湾司法所

河　北

河北省新乐市司法局长寿司法所

河北省石家庄市栾城区司法局城关司法所

河北省石家庄市鹿泉区司法局石井司法所

河北省灵寿县司法局三圣院司法所

河北省承德县司法局下板城街道司法所
河北省围场满族蒙古族自治县司法局围场司法所
河北省张家口市崇礼区司法局四台嘴司法所
河北省涿鹿县司法局涿鹿司法所
河北省秦皇岛市抚宁区司法局大新寨司法所
河北省秦皇岛市海港区司法局东环路司法所
河北省滦南县司法局街道办司法所
河北省唐山市丰南区司法局黄各庄司法所
河北省遵化市司法局建明司法所
河北省唐山市曹妃甸区司法局滨海司法所
河北省香河县司法局安平司法所
河北省文安县司法局左各庄司法所
河北省廊坊市广阳区司法局万庄司法所
河北省高碑店市司法局肖官营司法所
河北省涿州市司法局百尺竿司法所
河北省唐县司法局都亭司法所
河北省望都县司法局赵庄司法所
河北省黄骅市司法局滕庄子司法所
河北省肃宁县司法局尚村司法所
河北省沧州市运河区司法局市场司法所
河北省故城县司法局三朗司法所
河北省景县司法局王瞳司法所
河北省邢台市襄都区司法局大梁庄司法所
河北省邢台市任泽区司法局西固城司法所
河北省沙河市司法局桥东司法所
河北省武安市司法局大同司法所
河北省涉县司法局井店司法所
河北省邯郸市邯山区司法局浴新南司法所
河北省邯郸市复兴区司法局百家村司法所
河北省定州市司法局明月店司法所

河北雄安新区雄县司法局苟各庄司法所

山　西

山西省太原市小店区司法局北格司法所

山西省太原市万柏林区司法局千峰司法所

山西省大同市云冈区司法局和瑞司法所

山西省浑源县司法局永安司法所

山西省灵丘县司法局东河南司法所

山西省阳泉市矿区司法局赛鱼司法所

山西省长治市上党区司法局韩店司法所

山西省沁源县司法局郭道司法所

山西省襄垣县司法局善福司法所

山西省高平市司法局北城司法所

山西省山阴县司法局马营庄司法所

山西省定襄县司法局晋昌司法所

山西省五台县司法局沟南司法所

山西省柳林县司法局李家湾司法所

山西省汾阳市司法局杏花村司法所

山西省祁县司法局东观司法所

山西省榆社县司法局箕城司法所

山西省洪洞县司法局万安司法所

山西省大宁县司法局昕水司法所

山西省永济市司法局栲栳司法所

山西省绛县司法局卫庄司法所

山西省垣曲县司法局新城司法所

内蒙古

内蒙古自治区呼和浩特市玉泉区司法局昭君路司法所

内蒙古自治区和林格尔县司法局盛乐镇司法所

内蒙古自治区包头市东河区司法局东兴司法所

内蒙古自治区陈巴尔虎旗司法局呼和诺尔司法所

内蒙古自治区扎兰屯市司法局繁荣司法所

内蒙古自治区科尔沁右翼前旗司法局科尔沁司法所
内蒙古自治区科尔沁左翼中旗司法局门达司法所
内蒙古自治区克什克腾旗司法局经棚司法所
内蒙古自治区宁城县司法局八里罕司法所
内蒙古自治区东乌珠穆沁旗司法局嘎达布其司法所
内蒙古自治区丰镇市司法局新城区司法所
内蒙古自治区鄂尔多斯市康巴什区司法局青春山街道司法所
内蒙古自治区巴彦淖尔市临河区司法局乌兰图克司法所
内蒙古自治区乌拉特中旗司法局温更司法所
内蒙古自治区乌海市海南区司法局拉僧仲司法所
内蒙古自治区阿拉善左旗司法局腾格里额里斯司法所

辽　宁

辽宁省沈阳市和平区司法局南湖司法所
辽宁省沈阳市浑南区司法局王滨司法所
辽宁省大连市西岗区司法局香炉礁司法所
辽宁省大连市甘井子区司法局南关岭司法所
辽宁省海城市司法局牛庄司法所
辽宁省岫岩满族自治县司法局哈达碑司法所
辽宁省抚顺市东洲区司法局章党镇司法所
辽宁省桓仁满族自治县司法局桓仁司法所
辽宁省丹东市振安区司法局楼房司法所
辽宁省黑山县司法局大虎山司法所
辽宁省凌海市司法局温滴楼司法所
辽宁省营口市西市区司法局清华司法所
辽宁省阜新市太平区司法局高德司法所
辽宁省辽阳市太子河区司法局祁家司法所
辽宁省昌图县司法局泉头司法所
辽宁省调兵山市司法局晓明司法所
辽宁省凌源市司法局四合当司法所
辽宁省喀左县司法局利州司法所

辽宁省盘山县司法局古城子司法所
辽宁省建昌县司法局牤牛营子司法所
辽宁省兴城市司法局药王司法所

吉　林

吉林省长春市南关区司法局富裕司法所
吉林省长春市双阳区司法局双营司法所
吉林省公主岭市司法局怀德司法所
吉林省永吉县司法局口前司法所
吉林省桦甸市司法局常山司法所
吉林省梨树县司法局梨树司法所
吉林省辽源市龙山区司法局北寿司法所
吉林省通化市二道江区司法局五道江司法所
吉林省白山市浑江区司法局新建司法所
吉林省前郭县司法局前郭尔罗斯司法所
吉林省白城市洮北区司法局林海司法所
吉林省珲春市司法局英安司法所
吉林省敦化市司法局胜利司法所
吉林省梅河口市司法局海龙司法所

黑龙江

黑龙江省哈尔滨市道里区司法局正阳河司法所
黑龙江省哈尔滨市香坊区司法局新香坊司法所
黑龙江省哈尔滨市阿城区司法局金城司法所
黑龙江省巴彦县司法局巴彦港司法所
黑龙江省齐齐哈尔市建华区司法局文化司法所
黑龙江省讷河市司法局通江司法所
黑龙江省宁安市司法局海浪司法所
黑龙江省海林市司法局城区司法所
黑龙江省桦川县司法局苏家店司法所
黑龙江省桦南县司法局明义司法所
黑龙江省大庆市大同区司法局林源司法所

黑龙江省杜尔伯特蒙古族自治县司法局一心司法所
黑龙江省虎林市司法局杨岗司法所
黑龙江省宝清县司法局夹信子司法所
黑龙江省伊春市乌翠区司法局乌马河司法所
黑龙江省七台河市新兴区司法局兴富司法所
黑龙江省绥滨县司法局北岗司法所
黑龙江省北安市司法局兆麟司法所
黑龙江省青冈县司法局靖城司法所
黑龙江省绥棱县司法局上集司法所
黑龙江省呼玛县司法局白银纳司法所

上　海

上海市浦东新区司法局唐镇司法所
上海市长宁区司法局程家桥司法所
上海市嘉定区司法局菊园司法所
上海市松江区司法局广富林司法所

江　苏

江苏省南京市江宁区司法局上峰司法所
江苏省南京市溧水区司法局柘塘司法所
江苏省宜兴市司法局官林司法所
江苏省新沂市司法局棋盘司法所
江苏省常州市钟楼区司法局五星司法所
江苏省张家港市司法局锦丰司法所
江苏省苏州市姑苏区司法局虎丘司法所
江苏省南通市崇川区司法局秦灶司法所
江苏省海安市司法局李堡司法所
江苏省灌云县司法局伊山司法所
江苏省连云港市海州区司法局新东司法所
江苏省涟水县司法局高沟司法所
江苏省盐城市大丰区司法局南阳司法所
江苏省响水县司法局陈家港司法所

江苏省高邮市司法局送桥司法所
江苏省镇江市丹徒区司法局宜城司法所
江苏省兴化市司法局开发区司法所
江苏省泰州市姜堰区司法局溱潼司法所
江苏省沭阳县司法局马厂司法所
江苏省泗阳县司法局三庄司法所

浙　江

浙江省杭州市拱墅区司法局祥符司法所
浙江省淳安县司法局临岐司法所
浙江省宁波市海曙区司法局石碶司法所
浙江省宁波市鄞州区司法局云龙司法所
浙江省乐清市司法局大荆司法所
浙江省泰顺县司法局三魁司法所
浙江省德清县司法局阜溪司法所
浙江省长兴县司法局太湖司法所
浙江省海宁市司法局长安司法所
浙江省桐乡市司法局乌镇司法所
浙江省绍兴市柯桥区司法局钱清司法所
浙江省绍兴市上虞区司法局梁湖司法所
浙江省兰溪市司法局永昌司法所
浙江省磐安县司法局尖山司法所
浙江省衢州市衢江区司法局全旺司法所
浙江省江山市司法局贺村司法所
浙江省岱山县司法局高亭司法所
浙江省台州市黄岩区司法局宁溪司法所
浙江省三门县司法局亭旁司法所
浙江省丽水市莲都区司法局碧湖司法所
浙江省缙云县司法局舒洪司法所

安　徽

安徽省长丰县司法局双墩司法所

安徽省合肥市蜀山区司法局三里庵司法所
安徽省淮北市烈山区司法局烈山司法所
安徽省亳州市谯城区司法局大杨司法所
安徽省涡阳县司法局义门司法所
安徽省砀山县司法局良梨司法所
安徽省宿州市埇桥区司法局时村司法所
安徽省固镇县司法局新马桥司法所
安徽省界首市司法局光武司法所
安徽省颍上县司法局古城司法所
安徽省淮南市司法局高新区三和司法所
安徽省定远县司法局炉桥司法所
安徽省六安市金安区司法局中市司法所
安徽省金寨县司法局白塔畈司法所
安徽省马鞍山市花山区司法局桃源司法所
安徽省南陵县司法局许镇司法所
安徽省宁国市司法局汪溪司法所
安徽省旌德县司法局白地司法所
安徽省枞阳县司法局钱铺司法所
安徽省池州市贵池区司法局梅龙司法所
安徽省岳西县司法局天堂司法所
安徽省黄山市黄山区司法局三口司法所
安徽省黄山市徽州区司法局西溪南司法所

福　建

福建省福州市晋安区司法局鼓山司法所
福建省福州市仓山区司法局金山司法所
福建省厦门市翔安区司法局新圩司法所
福建省厦门市湖里区司法局殿前司法所
福建省漳浦县司法局深土司法所
福建省云霄县司法局东厦司法所
福建省泉州台商投资区东园司法所

福建省泉州市泉港区司法局涂岭司法所
福建省明溪县司法局城关司法所
福建省三明市三元区司法局列东司法所
福建省仙游县司法局赖店司法所
福建省武夷山市司法局吴屯司法所
福建省建瓯市司法局房道司法所
福建省上杭县司法局古田司法所
福建省龙岩市新罗区司法局北城司法所
福建省宁德市蕉城区司法局金涵司法所
福建省屏南县司法局古峰司法所

江　西

江西省南昌市西湖区司法局桃花司法所
江西省南昌市青山湖区司法局塘山司法所
江西省南昌县司法局广福司法所
江西省修水县司法局山口司法所
江西省瑞昌市司法局花园司法所
江西省彭泽县司法局定山司法所
江西省共青城市司法局甘露司法所
江西省乐平市司法局塔山司法所
江西省上栗县司法局彭高司法所
江西省萍乡市安源区司法局城郊司法所
江西省分宜县司法局杨桥司法所
江西省贵溪市司法局雷溪司法所
江西省赣州市章贡区司法局东外司法所
江西省瑞金市司法局泽覃司法所
江西省万载县司法局鹅峰司法所
江西省上高县司法局泗溪司法所
江西省德兴市司法局李宅司法所
江西省玉山县司法局冰溪司法所
江西省吉水县司法局黄桥司法所

江西省泰和县司法局塘洲司法所
江西省新干县司法局潭丘司法所
江西省宜黄县司法局二都司法所
江西省广昌县司法局长桥司法所

山　东

山东省济南市长清区司法局平安司法所
山东省商河县司法局玉皇庙司法所
山东省青岛市崂山区司法局中韩司法所
山东省莱西市司法局水集司法所
山东省淄博市博山区司法局源泉司法所
山东省沂源县司法局南鲁山司法所
山东省枣庄市薛城区司法局沙沟司法所
山东省利津县司法局陈庄司法所
山东省龙口市司法局东莱司法所
山东省莱州市司法局平里店司法所
山东省高密市司法局柴沟司法所
山东省诸城市司法局密州司法所
山东省泗水县司法局中册司法所
山东省金乡县司法局兴隆司法所
山东省泰安市泰山区司法局邱家店司法所
山东省宁阳县司法局磁窑司法所
山东省威海市环翠区司法局嵩山司法所
山东省日照市东港区司法局三庄司法所
山东省临沂市兰山区司法局银雀山司法所
山东省临沂市罗庄区司法局罗庄司法所
山东省德州市德城区司法局新华司法所
山东省宁津县司法局宁城司法所
山东省聊城市茌平区司法局乐平铺司法所
山东省莘县司法局朝城司法所
山东省无棣县司法局信阳司法所

山东省博兴县司法局吕艺司法所
山东省菏泽市牡丹区司法局王浩屯司法所
山东省单县司法局谢集司法所

河　南

河南省郑州市金水区司法局花园路司法所
河南省郑州市新密市司法局平陌司法所
河南省开封市顺河回族区司法局东郊司法所
河南省栾川县司法局赤土店司法所
河南省洛阳市孟津区司法局会盟司法所
河南省洛阳市洛龙区司法局开元路司法所
河南省舞钢市司法局庙街司法所
河南省叶县司法局叶邑司法所
河南省林州市司法局横水司法所
河南省安阳市北关区司法局红旗路司法所
河南省淇县司法局高村司法所
河南省新乡市红旗区司法局小店司法所
河南省延津县司法局东屯司法所
河南省温县司法局黄河司法所
河南省修武县司法局周庄司法所
河南省焦作市马村区司法局马村司法所
河南省台前县司法局夹河司法所
河南省长葛市司法局后河司法所
河南省漯河市召陵区司法局召陵司法所
河南省义马市司法局新区司法所
河南省渑池县司法局陈村司法所
河南省方城县司法局杨集司法所
河南省南阳市宛城区司法局瓦店司法所
河南省西峡县司法局五里桥司法所
河南省夏邑县司法局罗庄司法所
河南省睢县司法局白楼司法所

河南省信阳市浉河区司法局金牛山司法所
河南省息县司法局曹黄林司法所
河南省商水县司法局城郊司法所
河南省项城市司法局贾岭司法所
河南省泌阳县司法局马谷田司法所
河南省汝南县司法局三门闸司法所
河南省上蔡县司法局邵店司法所
河南省济源产城融合示范区司法局承留司法所
河南省滑县司法局白道口司法所
河南省长垣市司法局常村司法所
河南省永城市司法局太丘司法所
河南省鹿邑县司法局谷阳司法所

湖　北

湖北省武汉市江汉区司法局前进司法所
湖北省武汉市黄陂区司法局盘龙城司法所
湖北省阳新县司法局三溪司法所
湖北省南漳县司法局李庙司法所
湖北省宜城市司法局小河司法所
湖北省公安县司法局斗湖堤司法所
湖北省松滋市司法局王家桥司法所
湖北省宜昌市夷陵区司法局太平溪司法所
湖北省五峰土家族自治县司法局长乐坪司法所
湖北省郧西县司法局安家司法所
湖北省竹山县司法局擂鼓司法所
湖北省安陆市司法局经济开发区司法所
湖北省云梦县司法局曾店司法所
湖北省京山市司法局新市司法所
湖北省鄂州市华容区司法局段店司法所
湖北省红安县司法局觅儿寺(经济开发区)司法所
湖北省麻城市司法局乘马岗司法所

湖北省赤壁市司法局神山司法所
湖北省随县司法局吴山司法所
湖北省恩施市司法局崔家坝司法所

湖　南

湖南省长沙市天心区司法局黑石铺司法所
湖南省长沙市岳麓区司法局雨敞坪司法所
湖南省浏阳市司法局永安司法所
湖南省衡山县司法局开云司法所
湖南省衡阳市雁峰区司法局天马山司法所
湖南省常宁市司法局三角塘司法所
湖南省茶陵县司法局思聪司法所
湖南省株洲市荷塘区司法局桂花司法所
湖南省湘乡市司法局山枣司法所
湖南省洞口县司法局花古司法所
湖南省邵阳市大祥区司法局檀江司法所
湖南省新宁县司法局马头桥司法所
湖南省岳阳市君山区司法局柳林洲司法所
湖南省岳阳县司法局杨林街司法所
湖南省常德市武陵区司法局穿紫河司法所
湖南省桃源县司法局漳江司法所
湖南省安乡县司法局黄山岗司法所
湖南省张家界市永定区司法局永定司法所
湖南省益阳市赫山区司法局泉交河司法所
湖南省郴州市北湖区司法局人民路司法所
湖南省郴州市苏仙区司法局坳上司法所
湖南省桂阳县司法局鹿峰司法所
湖南省永州市零陵区司法局邮亭圩司法所
湖南省祁阳市司法局龙山司法所
湖南省中方县司法局泸阳司法所
湖南省洪江市司法局安江司法所

湖南省芷江侗族自治县司法局公坪司法所
湖南省娄底市娄星区司法局水洞底司法所
湖南省凤凰县司法局落潮井司法所
湖南省龙山县司法局水田坝司法所

广　东

广东省广州市白云区司法局永平司法所
广东省广州市荔湾区司法局多宝司法所
广东省广州市天河区司法局天河南司法所
广东省深圳市龙华区龙华街道司法所
广东省珠海市横琴镇司法所
广东省汕头市潮阳区司法局海门司法所
广东省佛山市南海区司法局狮山司法所
广东省韶关市南雄市司法局乌迳司法所
广东省和平县司法局阳明司法所
广东省梅县区司法局城东司法所
广东省平远县司法局八尺司法所
广东省惠州市惠城区司法局龙丰司法所
广东省东莞市司法局大朗分局
广东省中山市司法局小榄分局
广东省江门市蓬江区司法局白沙司法所
广东省阳春市司法局马水司法所
广东省吴川市司法局黄坡司法所
广东省廉江市司法局石城司法所
广东省高州市司法局南塘司法所
广东省肇庆市高要区司法局乐城司法所
广东省德庆县司法局马圩司法所
广东省清远市清城区司法局凤城司法所
广东省潮州市湘桥区司法局西新司法所
广东省惠来县司法局溪西司法所
广东省云浮市云城区司法局安塘司法所

广　西

广西壮族自治区宾阳县司法局新桥司法所
广西壮族自治区南宁市青秀区司法局刘圩司法所
广西壮族自治区鹿寨县司法局中渡司法所
广西壮族自治区融水苗族自治县司法局三防司法所
广西壮族自治区平乐县司法局桥亭司法所
广西壮族自治区全州县司法局才湾司法所
广西壮族自治区梧州市龙圩区司法局大坡司法所
广西壮族自治区北海市海城区司法局中街司法所
广西壮族自治区东兴市司法局马路司法所
广西壮族自治区灵山县司法局太平司法所
广西壮族自治区桂平市司法局蒙圩司法所
广西壮族自治区玉林市玉州区司法局城西司法所
广西壮族自治区博白县司法局龙潭司法所
广西壮族自治区乐业县司法局雅长司法所
广西壮族自治区钟山县司法局两安司法所
广西壮族自治区河池市宜州区司法局德胜司法所
广西壮族自治区都安瑶族自治县司法局澄江司法所
广西壮族自治区来宾市兴宾区司法局凤凰司法所
广西壮族自治区扶绥县司法局中东司法所

海　南

海南省海口市美兰区司法局新埠司法所
海南省三亚市司法局育才司法所
海南省东方市司法局四更司法所
海南省昌江黎族自治县司法局海尾司法所
海南省琼中黎族苗族自治县司法局黎母山司法所

重　庆

重庆市万州区司法局长岭司法所
重庆市涪陵区司法局蔺市司法所
重庆市渝中区司法局石油路司法所

重庆市江北区司法局观音桥司法所
重庆市沙坪坝区司法局磁器口司法所
重庆市南岸区司法局铜元局司法所
重庆市巴南区司法局鱼洞司法所
重庆市长寿区司法局长寿湖司法所
重庆市江津区司法局珞璜司法所
重庆市合川区司法局钓鱼城司法所
重庆市大足区司法局三驱司法所
重庆市武隆区司法局仙女山司法所
重庆市丰都县司法局仙女湖司法所
重庆市忠县司法局新生司法所
重庆市酉阳土家族苗族自治县司法局板溪司法所
重庆市彭水苗族土家族自治县司法局汉葭司法所

四　川

四川省成都市青羊区司法局苏坡司法所
四川省成都市成华区司法局万年场司法所
四川省成都市青白江区司法局大弯司法所
四川省成都市温江区司法局万春司法所
四川省成都市郫都区司法局唐昌司法所
四川省自贡市贡井区司法局艾叶司法所
四川省荣县司法局双古司法所
四川省攀枝花市西区司法局格里坪司法所
四川省盐边县司法局渔门司法所
四川省泸州市纳溪区司法局天仙司法所
四川省叙永县司法局江门司法所
四川省德阳市司法局经济技术开发区分局旌东司法所
四川省绵竹市司法局孝德司法所
四川省什邡市司法局雍城司法所
四川省三台县司法局刘营司法所
四川省梓潼县司法局宝石司法所

四川省广元市利州区司法局白朝司法所
四川省青川县司法局木鱼司法所
四川省苍溪县司法局云峰司法所
四川省广元市朝天区司法局朝天司法所
四川省遂宁市船山区司法局南津路司法所
四川省蓬溪县司法局三凤司法所
四川省隆昌市司法局金鹅司法所
四川省威远县司法局新店司法所
四川省峨眉山市司法局黄湾司法所
四川省乐山市市中区司法局通江司法所
四川省南充市嘉陵区司法局火花司法所
四川省南充市高坪区司法局白塔司法所
四川省仪陇县司法局日兴司法所
四川省兴文县司法局僰王山司法所
四川省长宁县司法局硐底司法所
四川省江安县司法局四面山司法所
四川省华蓥市司法局阳和司法所
四川省宣汉县司法局南坝司法所
四川省渠县司法局静边司法所
四川省大竹县司法局杨家司法所
四川省通江县司法局广纳司法所
四川省南江县司法局下两司法所
四川省平昌县司法局同州司法所
四川省石棉县司法局安顺场司法所
四川省雅安市雨城区司法局青江司法所
四川省丹棱县司法局杨场司法所
四川省眉山市彭山区司法局江口司法所
四川省资阳市雁江区司法局宝莲司法所
四川省九寨沟县司法局漳扎司法所
四川省金川县司法局安宁司法所

四川省汶川县司法局映秀司法所
四川省白玉县司法局阿察司法所
四川省会东县司法局新街司法所

贵　州

贵州省贵阳市花溪区司法局孟关司法所
贵州省贵阳市白云区司法局麦架司法所
贵州省清镇市司法局新店司法所
贵州省遵义市红花岗区司法局金鼎山司法所
贵州省遵义市汇川区司法局板桥司法所
贵州省绥阳县司法局枧坝司法所
贵州省盘州市司法局亦资司法所
贵州省六盘水市六枝特区司法局九龙司法所
贵州省关岭布依族苗族自治县司法局关索司法所
贵州省紫云苗族布依族自治县司法局猫营司法所
贵州省黔西市司法局锦绣司法所
贵州省毕节市纳雍县司法局羊场司法所
贵州省江口县司法局闵孝司法所
贵州省印江土家族苗族自治县司法局合水司法所
贵州省凯里市司法局开怀司法所
贵州省黎平县司法局罗里司法所
贵州省都匀市司法局文峰司法所
贵州省福泉市司法局马场坪司法所
贵州省平塘县司法局通州司法所
贵州省兴义市司法局威舍司法所
贵州省安龙县司法局普坪司法所
贵州省册亨县司法局高洛司法所

云　南

云南省昆明市盘龙区司法局滇源司法所
云南省曲靖市麒麟区司法局三宝司法所
云南省新平彝族傣族自治县司法局平甸司法所

云南省腾冲市司法局芒棒司法所
云南省保山市隆阳区司法局水寨司法所
云南省昭通市昭阳区司法局龙泉司法所
云南省丽江市古城区司法局大研司法所
云南省普洱市思茅区司法局倚象司法所
云南省景东彝族自治县司法局曼等司法所
云南省耿马傣族佤族自治县司法局勐撒司法所
云南省楚雄市司法局苍岭司法所
云南省牟定县司法局凤屯司法所
云南省建水县司法局南庄司法所
云南省开远市司法局灵泉司法所
云南省麻栗坡县司法局下金厂司法所
云南省景洪市司法局允景洪司法所
云南省大理市司法局湾桥司法所
云南省弥渡县司法局弥城司法所
云南省瑞丽市司法局姐相司法所
云南省兰坪白族普米族自治县司法局金顶司法所
云南省泸水市司法局洛本卓司法所
云南省德钦县司法局霞若司法所

西　藏

西藏自治区那曲市色尼区司法局古露司法所
西藏自治区当雄县司法局当曲卡司法所

陕　西

陕西省西安市雁塔区司法局大雁塔司法所
陕西省西安市临潼区司法局代王司法所
陕西省西安市长安区司法局五台司法所
陕西省宝鸡市陈仓区司法局慕仪司法所
陕西省千阳县司法局水沟司法所
陕西省礼泉县司法局骏马司法所
陕西省彬州市司法局新民司法所

陕西省铜川市耀州区司法局董家河司法所
陕西省渭南市临渭区司法局站南司法所
陕西省大荔县司法局朝邑司法所
陕西省延安市宝塔区司法局枣园司法所
陕西省延安市安塞区司法局沿河湾司法所
陕西省榆林市榆阳区司法局青山路司法所
陕西省定边县司法局定边司法所
陕西省汉中市汉台区司法局北关司法所
陕西省勉县司法局周家山司法所
陕西省平利县司法局老县司法所
陕西省石泉县司法局池河司法所
陕西省山阳县司法局十里铺司法所
陕西省柞水县司法局小岭司法所
陕西省西咸新区沣西新城司法局钓台司法所

甘　肃

甘肃省兰州市七里河区司法局西湖司法所
甘肃省兰州市西固区司法局陈坪司法所
甘肃省天水市秦州区司法局皂郊司法所
甘肃省清水县司法局永清司法所
甘肃省嘉峪关市司法局朝阳司法所
甘肃省古浪县司法局大靖司法所
甘肃省天祝藏族自治县司法局天堂司法所
甘肃省永昌县司法局水源司法所
甘肃省金塔县司法局东坝司法所
甘肃省瓜州县司法局渊泉司法所
甘肃省张掖市甘州区司法局乌江司法所
甘肃省民乐县司法局六坝司法所
甘肃省庆阳市西峰区司法局安定路司法所
甘肃省环县司法局洪德司法所
甘肃省灵台县司法局西屯司法所

甘肃省庄浪县司法局良邑司法所
甘肃省白银市白银区司法局强湾司法所
甘肃省临洮县司法局八里铺司法所
甘肃省陇南市武都区司法局坪垭司法所
甘肃省永靖县司法局刘家峡司法所
甘肃省迭部县司法局腊子口司法所

青　海

青海省西宁市城北区司法局马坊司法所
青海省西宁市湟中区司法局上新庄司法所
青海省互助土族自治县司法局林川司法所
青海省门源回族自治县司法局东川司法所
青海省贵南县司法局塔秀司法所
青海省德令哈市司法局柯鲁柯司法所
青海省同仁市司法局年都乎司法所

宁　夏

宁夏回族自治区银川市西夏区司法局怀远路司法所
宁夏回族自治区石嘴山市大武口区司法局朝阳司法所
宁夏回族自治区吴忠市利通区司法局高闸司法所
宁夏回族自治区西吉县司法局将台堡司法所
宁夏回族自治区海原县司法局三河司法所

新　疆

新疆维吾尔自治区伊宁县英塔木镇司法所
新疆维吾尔自治区沙湾市司法局乌兰乌苏司法所
新疆维吾尔自治区福海县司法局福海司法所
新疆维吾尔自治区克拉玛依市独山子区司法局金山路司法所
新疆维吾尔自治区博乐市达勒特镇司法所
新疆维吾尔自治区吉木萨尔县司法局二工司法所
新疆维吾尔自治区乌鲁木齐市沙依巴克区司法局扬子江路司法所
新疆维吾尔自治区哈密市伊州区司法局二堡司法所
新疆维吾尔自治区吐鲁番市高昌区司法局老城路司法所

新疆维吾尔自治区焉耆回族自治县司法局五号渠司法所
新疆维吾尔自治区温宿县司法局城镇司法所
新疆维吾尔自治区阿瓦提县塔木托格拉克镇司法所
新疆维吾尔自治区阿图什市松他克乡司法所
新疆维吾尔自治区麦盖提县央塔克乡司法所
新疆维吾尔自治区泽普县司法局古勒巴格司法所
新疆维吾尔自治区和田市司法局古江巴格司法所
新疆维吾尔自治区洛浦县司法局布亚司法所

新疆兵团

新疆生产建设兵团第三师图木舒克市司法局五十一团司法所
新疆生产建设兵团第五师双河市司法局八十六团司法所
新疆生产建设兵团第十三师司法局红星一场司法所

附件 2

全国司法所模范个人名单

（796 名）

北　京

王永恒	北京市东城区东四街道司法所所长
周颖超	北京市丰台区花乡司法所所长
徐长禄	北京市石景山区八宝山街道司法所所长
刘亚非(女)	北京市门头沟区龙泉镇司法所所长
吕明凤(女)	北京市昌平区北七家镇司法所副所长
朱英东(女)	北京市大兴区庞各庄镇司法所所长
金长云	北京市怀柔区雁栖镇司法所所长
刘海涛	北京市平谷区大华山镇司法所所长
徐新节(女)	北京市延庆区儒林街道司法所所长

天　津

关　颖(女,满族)	天津市滨海新区司法局海滨司法所干部

高　娜(女)	天津市和平区司法局小白楼司法所副所长
任　峰	天津市河西区司法局友谊路司法所所长
杨利麟(回族)	天津市红桥区司法局咸阳北路司法所所长
李祝国	天津市东丽区司法局军粮城司法所所长
董淑磊	天津市西青区司法局赤龙南司法所负责人
青章乐(女)	天津市武清区司法局东蒲洼司法所副所长
郭海涛	天津市宁河区司法局宁河司法所副所长
河　北	
刘春景(女)	河北省石家庄市裕华区司法局方村司法所所长
雷敬桥(女)	河北省晋州市司法局总十庄司法所所长
龚焕章	河北省石家庄市藁城区司法局贾市庄司法所所长
梁　杰(女)	河北省石家庄市桥西区司法局友谊司法所所长
白万军	河北省丰宁满族自治县司法局大滩司法所所长
于海龙	河北省隆化县司法局山湾司法所所长
张　莹(女)	河北省承德市双桥区司法局西大街司法所所长
王树花(女)	河北省怀安县司法局柴沟堡司法所所长
李娟娟(女)	河北省张家口市桥西区司法局明德南司法所干部
王　琦(女)	河北省张家口市下花园区司法局城镇司法所所长
任思奇	河北省张北县司法局油篓沟司法所所长
崔丽伟(女)	河北省卢龙县司法局潘庄司法所所长
马　旭	河北省青龙满族自治县司法局祖山司法所所长
孙力靖(女)	河北省秦皇岛市山海关区司法局路南司法所所长
檀　伟(女)	河北省乐亭县司法局乐安司法所所长
李晓明	河北省唐山市路南区司法局稻地司法所所长
董大永	河北省迁安市司法局杨店子司法所所长
张晓娜(女)	河北省唐山市开平区司法局双桥司法所所长
王　超	河北省三河市司法局黄土庄司法所所长
王亚楠	河北省霸州市司法局堂二里司法所所长
胡胜男(女)	河北省廊坊市安次区司法局光明西道司法所所长
杜义峰	河北省安国市司法局药都司法所所长

胡喜超	河北省博野县司法局北杨司法所干部
李红星	河北省保定市满城区司法局方顺桥司法所所长
陈　丹(女)	河北省涞源县司法局金家井司法所所长
刘金庆	河北省海兴县司法局香坊司法所所长
杨炳江	河北省吴桥县司法局杨家寺司法所所长
杨忠华	河北省泊头市司法局解放司法所所长
朱　萌	河北省安平县司法局西两洼司法所所长
郑灿春	河北省阜城县司法局崔庙司法所所长
张晓民	河北省武邑县司法局武邑司法所所长
朱红敏(女)	河北省衡水市桃城区司法局中华大街司法所所长
张素莉(女)	河北省内丘县司法局内丘司法所所长
杜志博	河北省隆尧县司法局牛家桥司法所所长
关军民	河北省平乡县司法局节固司法所所长
任将杰	河北省清河县司法局连庄司法所所长
王梅俏(女)	河北省馆陶县司法局王桥司法所副所长
路利国	河北省邯郸市峰峰矿区司法局义井司法所所长
贾海波	河北省曲周县司法局城关司法所所长
薛　凯	河北省邯郸市永年区司法局西苏司法所所长
刘更田	河北省辛集市司法局位伯司法所所长
李晓成	河北雄安新区安新县司法局龙化司法所所长

山　西

张瑞莲(女)	山西省太原市小店区司法局坞城司法所所长
张筱京(女)	山西省太原市迎泽区司法局庙前司法所所长
王剑芳(女)	山西省太原市万柏林区司法局长风西街司法所所长
焦晓燕(女)	山西省广灵县司法局壶泉司法所所长
李栋东	山西省大同市云州区司法局倍加造司法所所长
王　何	山西省阳高县司法局龙泉司法所所长
侯洪波	山西省平定县司法局冠山司法所所长
丁贵祥	山西省阳泉市城区司法局上站司法所所长
王　芳(女)	山西省长治市潞州区司法局堠北庄司法所所长

王振兵　　山西省长治市上党区司法局韩店司法所所长
杨　勇　　山西省沁县司法局杨安司法所所长
申玉华　　山西省泽州县司法局金村司法所所长
路素忠　　山西省陵川县司法局附城司法所所长
解晓银(女)　　山西省朔州市朔城区司法局张蔡庄司法所干部
张凤娇(女)　　山西省朔州市平鲁区司法局阻虎司法所所长
王文生　　山西省岢岚县司法局宋家沟司法所所长
白云吉　　山西省保德县司法局冯家川司法所所长
张　南　　山西省五台县司法局台城司法所所长
王　佩(女)　　山西省方山县司法局积翠司法所所长
马艳辉(女)　　山西省中阳县司法局枝柯司法所所长
李瑞龙　　山西省临县司法局八堡司法所所长
王海燕(女)　　山西省昔阳县司法局大寨司法所干部
孙建芳(女)　　山西省晋中市太谷区司法局胡村司法所所长
何文阁　　山西省灵石县司法局两渡司法所所长
邓文静(女)　　山西省临汾市尧都区司法局汾河司法所干部
李平安　　山西省襄汾县司法局西贾司法所所长
梁永志　　山西省隰县司法局龙泉司法所所长
刘花花(女)　　山西省芮城县司法局学张司法所所长
李晓文(女)　　山西省新绛县司法局古交司法所所长
赵瑞霞(女)　　山西省河津市司法局下化司法所干部

内蒙古

莫日根其木格(女,蒙古族)　　内蒙古自治区呼和浩特市赛罕区司法局昭乌达南路司法所所长
赵伟娜(女,蒙古族)　　内蒙古自治区呼和浩特市回民区司法局通道街司法所所长
苏玉准　　内蒙古自治区包头市昆都仑区司法局团结司法所所长
刘永明　　内蒙古自治区固阳县司法局下湿壕司法所所长
张　宁　　内蒙古自治区满洲里市司法局北区司法所所长
满　全(蒙古族)　　内蒙古自治区鄂温克族自治旗司法局锡尼河西司法所

所长
许海华　内蒙古自治区扎赉特旗司法局巴彦扎拉嘎司法所所长
薛志强　内蒙古自治区乌兰浩特市司法局五一司法所所长
石秀华(女)　内蒙古自治区通辽市科尔沁区司法局霍林河司法所所长
青格乐吐(蒙古族)　内蒙古自治区科尔沁左翼后旗司法局巴彦毛都司法所所长
那顺陶格陶(蒙古族)　内蒙古自治区阿鲁科尔沁旗司法局巴彦温都尔司法所所长
麻庆元(蒙古族)　内蒙古自治区赤峰市元宝山区司法局平庄司法所所长
那布其(女,蒙古族)　内蒙古自治区西乌珠穆沁旗司法局巴彦花司法所所长
郭　芳(女)　内蒙古自治区太仆寺旗司法局永丰司法所所长
王福才　内蒙古自治区察哈尔右翼后旗司法局土牧尔台司法所所长
赵智明　内蒙古自治区乌兰察布市集宁区司法局白海子司法所所长
阿命布拉格(蒙古族)　内蒙古自治区乌审旗司法局嘎鲁图司法所所长
刘　军　内蒙古自治区鄂托克前旗司法局敖勒召其司法所所长
曹宗诚　内蒙古自治区巴彦淖尔市临河区司法局白脑包司法所所长
冯　燕(女)　内蒙古自治区乌海市海勃湾区司法局新华西司法所所长
解永锋　内蒙古自治区乌海市海南区司法局拉僧庙司法所所长
刘阿明　内蒙古自治区阿拉善左旗司法局巴润别立司法所所长

辽　宁

沈中华　辽宁省沈阳市沈河区司法局风雨坛司法所所长
王　军　辽宁省沈阳市沈北新区司法局辉山司法所所长
刘铁山　辽宁省新民市司法局公主屯司法所所长
邢孝通　辽宁省大连市普兰店区司法局丰荣司法所所长
杨　斌　辽宁省瓦房店市司法局九龙司法所所长
于长征　辽宁省庄河市司法局城关司法所所长

蔡文辉(满族)	辽宁省岫岩满族自治县司法局苏子沟司法所所长
李铁忠(满族)	辽宁省清原满族自治县司法局南山城司法所所长
马　宁	辽宁省新宾满族自治县司法局永陵司法所所长
金胜鸿(满族)	辽宁省本溪满族自治县司法局草河掌司法所所长
何其生(满族)	辽宁省桓仁满族自治县司法局黑沟司法所所长
单　雪(女)	辽宁省东港市司法局北井子司法所所长
鞠进波(满族)	辽宁省宽甸满族自治县司法局青山沟司法所所长
崔百仲(满族)	辽宁省北镇市司法局富屯司法所所长
曹善学	辽宁省营口市鲅鱼圈区司法局芦屯司法所所长
李　锋	辽宁省营口市西市区司法局渔市司法所干部
慕　岩(女)	辽宁省阜新蒙古族自治县司法局城区司法所所长
梁锦辉	辽宁省彰武县司法局四堡子司法所所长
李　毫	辽宁省辽阳市宏伟区司法局长征司法所干部
赵海涛	辽宁省辽阳市文圣区司法局罗大台司法所所长
刘瑞杰(女)	辽宁省昌图县司法局双庙子司法所所长
张玉琢(女)	辽宁省建平县司法局叶柏寿司法所所长
王艳红(女)	辽宁省朝阳市双塔区司法局光明司法所所长
王和芳(女)	辽宁省盘锦市双台子区司法局红旗司法所所长
张　鹏	辽宁省盘锦市兴隆台区司法局新工司法所所长
宛　雷	辽宁省葫芦岛市司法局杨家杖子街道司法所所长
吉　林	
冀玮力(女)	吉林省长春市朝阳区司法局清和司法所所长
刘　剑(女)	吉林省长春市二道区司法局东盛司法所所长
赵　齐(女)	吉林省德惠市司法局夏家店司法所所长
宋林阳(女)	吉林省吉林市丰满区司法局红旗司法所所长
李　昶(女)	吉林省舒兰市司法局吉舒司法所所长
刘　磊	吉林省磐石市司法局松山司法所所长
毕　蕾(女)	吉林省四平市铁西区司法局地直司法所所长
杨领志	吉林省双辽市司法局辽西司法所负责人
刘金海	吉林省东丰县司法局那丹伯司法所所长

孙　敏(女)　　吉林省东辽县司法局凌云司法所所长
刘庆华(女)　　吉林省通化市二道江区司法局五道江司法所所长
付金霞(女)　　吉林省集安市司法局台上司法所所长
韩慧颖(女)　　吉林省前郭县司法局长山司法所干部
赵宇欣(女)　　吉林省长岭县司法局长岭司法分局分局长
荆志勇　　吉林省大安市司法局丰收司法所所长
李　彬　　吉林省镇赉县司法局东屏司法所负责人
葛鸿飞　　吉林省延吉市司法局建工司法所所长
崔香玉(女,朝鲜族)　吉林省汪清县司法局春阳司法所所长
盖增元　　吉林省长白山管委会池北区司法所所长
王红霞(女)　　吉林省梅河口市司法局山城司法所负责人

黑龙江

陈惠民　　黑龙江省哈尔滨市南岗区司法局松花江司法所所长
赍丝己(女)　　黑龙江省哈尔滨市道外区司法局大兴司法所所长
刘义宝　　黑龙江省哈尔滨市平房区司法局联盟司法所所长
田柏林　　黑龙江省哈尔滨市呼兰区司法局二八司法所所长
冯培津　　黑龙江省木兰县司法局木兰司法所所长
李素勋　　黑龙江省宾县司法局宾州司法所所长
姜宏智　　黑龙江省齐齐哈尔市铁锋区司法局通东司法所所长
孙　录　　黑龙江省甘南县司法局平阳司法所所长
刘长伟　　黑龙江省泰来县司法局克利司法所所长
管海龙　　黑龙江省绥芬河市司法局阜宁司法所所长
陈连翠(女)　　黑龙江省牡丹江市东安区司法局兴隆司法所所长
宫岚巍(女)　　黑龙江省佳木斯市前进区司法局站前司法所所长
卜祥龙　　黑龙江省抚远市司法局海清司法所负责人
孟祥艳(女)　　黑龙江省大庆市萨尔图区司法局东风司法所所长
王彦军　　黑龙江省肇州县司法局双发司法所所长
刘　莹(女)　　黑龙江省肇源县司法局头台司法所所长
付立红(女)　　黑龙江省鸡西市城子河区司法局城子河司法所所长
娄金山　　黑龙江省集贤县司法局丰乐司法所所长

王　亮	黑龙江省铁力市司法局双丰司法所所长
宋昱鑫	黑龙江省七台河市桃山区司法局桃东司法所所长
张春景(女)	黑龙江省鹤岗市东山区司法局蔬园乡司法所所长
李继秋	黑龙江省孙吴县司法局腰屯司法所所长
张　浩	黑龙江省绥化市北林区司法局津河司法所所长
张春雨	黑龙江省望奎县司法局宏达社区司法所所长
褚晓刚	黑龙江省肇东市司法局朝阳司法所所长
于信利(女)	黑龙江省塔河县司法局古驿司法所所长
上　海	
陈志坚	上海市徐汇区司法局漕河泾司法所所长
姜慧萍(女)	上海市闵行区司法局颛桥司法所所长
朱新建	上海市金山区司法局亭林司法所所长
段体明	上海市崇明区司法局堡镇司法所所长
韩慧琳(女)	上海市静安区司法局石门二路司法所所长
竺冬森	上海市宝山区司法局月浦司法所所长
潘志毅	上海市普陀区司法局长寿路司法所所长
倪文勇	上海市杨浦区司法局江浦路司法所所长
江　苏	
朱宏伟	江苏省南京市栖霞区司法局马群司法所所长
唐大林	江苏省南京市六合区司法局马鞍司法所所长
曹伟洪	江苏省江阴市司法局申港司法所干部
何建忠	江苏省无锡市滨湖区司法局河埒司法所所长
许光强	江苏省徐州经济技术开发区司法分局金山桥司法所所长
韩立国	江苏省邳州市司法局宿羊山司法所所长
芮云凯	江苏省溧阳市司法局埭头司法所所长
李志强	江苏省常州经济开发区司法局横山桥司法所所长
朱建东	江苏省苏州市相城区司法局元和司法所所长
叶静芳(女)	江苏省常熟市司法局琴川司法所所长
吴建平	江苏省如皋市司法局长江司法所所长
顾海鹏	江苏省如东县司法局马塘司法所所长

翟月艳(女)	江苏省东海县司法局平明司法所所长
李圣德	江苏省连云港市赣榆区司法局塔山司法所所长
张其军	江苏省淮安市淮阴区司法局王家营司法所所长
张玉华(女)	江苏省盱眙县司法局古桑司法所所长
张　琴(女)	江苏省建湖县司法局庆丰司法所所长
曹　姝(女)	江苏省阜宁县司法局阜城司法所所长
戚凤祥	江苏省宝应县司法局柳堡司法所所长
岑广胜	江苏省仪征市司法局铜山司法所所长
徐金生	江苏省扬中市司法局新坝司法所所长
陆冬平	江苏省丹阳市司法局界牌司法所所长
杨石磊	江苏省泰兴市司法局延令司法所所长
王　真(女)	江苏省泰州市海陵区司法局城南司法所所长
管秋菊(女)	江苏省宿迁市宿豫区司法局大兴司法所所长
王小艳(女)	江苏省宿迁市宿城区司法局屠园司法所干部
浙　江	
王环阳	浙江省杭州市滨江区司法局长河司法所所长
单　一	浙江省杭州市临平区司法局临平司法所所长
陆玉莲(女)	浙江省杭州市富阳区司法局场口司法所所长
陈水生	浙江省桐庐县司法局城南司法所所长
盛锦杯	浙江省宁波市江北区司法局甬江司法所所长
陈冠海	浙江省宁波市镇海区司法局庄市司法所所长
朱颜嫣(女)	浙江省余姚市司法局马渚司法所所长
马　武	浙江省慈溪市司法局胜山司法所所长
林鸿麟	浙江省温州市鹿城区司法局五马司法所所长
叶敏策	浙江省温州市瓯海区司法局梧田司法所所长
黄小叶(女)	浙江省温州市龙湾区司法局状元司法所所长
王高跳	浙江省瑞安市司法局塘下司法所所长
费云峰	浙江省湖州市吴兴区司法局埭溪司法所所长
沈施文	浙江省安吉县司法局孝丰司法所所长
周国忠	浙江省嘉兴市南湖区司法局余新司法所所长

杜西西(女)	浙江省嘉兴市秀洲区司法局洪合司法所所长
郦鸿燕(女)	浙江省诸暨市司法局枫桥司法所所长
钱　力	浙江省嵊州市司法局浦口司法所所长
董剑锋	浙江省新昌县司法局沃洲司法所所长
包程威	浙江省东阳市司法局横店司法所所长
王珏强	浙江省义乌市司法局上溪司法所所长
吴妙娟(女)	浙江省武义县司法局壶山司法所所长
徐金根	浙江省衢州市柯城区司法局万田司法所所长
叶　进	浙江省龙游县司法局横山司法所干部
车学军	浙江省嵊泗县司法局菜园司法所所长
彭华炳	浙江省台州市路桥区司法局路桥司法所所长
王丹丹(女)	浙江省临海市司法局永丰司法所所长
赵敏娇(女)	浙江省天台县司法局白鹤司法所所长
吕海洁(女)	浙江省丽水市莲都区司法局紫金司法所所长
江伟军	浙江省青田县司法局腊口司法所所长
安　徽	
秦媛媛(女)	安徽省合肥市瑶海区司法局胜利路司法所所长
刘劲松	安徽省庐江县司法局汤池司法所所长
申　力(女)	安徽省淮北市相山区司法局西办司法所所长
高　宇	安徽省濉溪县司法局临涣司法所所长
张亚非	安徽省蒙城县司法局岳坊司法所所长
孙　虎	安徽省灵璧县司法局下楼司法所所长
杨庆国	安徽省五河县司法局沱湖司法所所长
高焕廷	安徽省蚌埠市禹会区司法局长青司法所所长
张　森	安徽省太和县司法局宫集司法所所长
周　锋	安徽省阜阳市颍东区司法局正午司法所所长
韩　妍(女)	安徽省淮南市大通区司法局洛河司法所所长
季　辉	安徽省寿县司法局炎刘司法所所长
张友才	安徽省全椒县司法局六镇司法所所长
刘汉校	安徽省天长市司法局石梁司法所所长

崔明虎	安徽省霍邱县司法局岔路司法所所长
张金国	安徽省六安市叶集区司法局城区司法所所长
夏克宗	安徽省当涂县司法局太白司法所所长
张毕昇	安徽省和县司法局香泉司法所所长
刘青草(女)	安徽省无为市司法局泉塘司法所所长
李应耿	安徽省芜湖市繁昌区司法局新港司法所所长
黄开军	安徽省郎溪县司法局建平司法所所长
李建华	安徽省铜陵市义安区司法局新桥司法所所长
吴惠兰(女)	安徽省铜陵市郊区司法局桥南司法所所长
邹贤振	安徽省青阳县司法局丁桥司法所所长
汪根杰	安徽省九华山风景区司法局九华乡司法所所长
陈云教	安徽省桐城市司法局文昌司法所所长
徐先志	安徽省望江县司法局太慈司法所所长
程飞飞	安徽省黄山市屯溪区司法局屯光司法所所长
董光文	安徽省广德市司法局卢村司法所所长
陈　丽(女)	安徽省宿松县司法局长铺司法所所长

福　建

程文松	福建省福州市马尾区司法局罗星司法所所长
王秀强	福建省福州市长乐区司法局湖南司法所所长
林　强	福建省福清市司法局渔溪司法所所长
池　瑶(女)	福建省厦门市思明区司法局嘉莲司法所所长
梁小华	福建省厦门市海沧区司法局新阳司法所所长
林白莲(女)	福建省石狮市司法局灵秀司法所所长
陈丽婷(女)	福建省南安市司法局省新司法所所长
王云山	福建省漳州市长泰区司法局枋洋司法所所长
刘进喜	福建省东山县司法局陈城司法所所长
黄金娥(女)	福建省三明市沙县区司法局凤岗司法所所长
吴先进	福建省永安市司法局曹远司法所所长
方海英(女)	福建省莆田市城厢区司法局龙桥司法所所长
刘伟忠	福建省莆田市涵江区司法局涵东司法所所长

陈　鹏	福建省莆田市秀屿区司法局平海司法所所长
李炳松	福建省邵武市司法局吴家塘司法所所长
杨万敏	福建省顺昌县司法局双溪司法所所长
黄望望	福建省光泽县司法局止马司法所所长
周　毅	福建省龙岩市新罗区司法局南城司法所所长
朱玉琼(女)	福建省武平县司法局平川司法所副所长
吴莲莹(女)	福建省柘荣县司法局黄柏司法所所长
杨永康	福建省福鼎市司法局点头司法所副所长
翁祖良	福建省平潭综合实验区司法办公室东庠司法所所长
江　西	
熊国樑	江西省安义县司法局鼎湖司法所所长
王永祥	江西省进贤县司法局架桥司法所所长
杨洪星	江西省南昌市新建区司法局石岗司法所所长
熊玉民	江西省南昌市青云谱区司法局青云谱司法所所长
桂家知	江西省德安县司法局聂桥司法所干部
张　伟	江西省瑞昌市司法局南义司法所干部
孔玉阳	江西省湖口县司法局双钟司法所所长
程子挺	江西省浮梁县司法局峙滩司法所所长
陈柳红(女)	江西省景德镇市珠山区司法局竟成司法所所长
何中元	江西省萍乡市湘东区司法局排上司法所所长
廖　超	江西省芦溪县司法局芦溪司法所副所长
钟　卉(女)	江西省新余市渝水区司法局界水司法所所长
李磊磊	江西省新余市渝水区司法局人和司法所副所长
杨　征	江西省贵溪市司法局罗河司法所所长
于继邦	江西省石城县司法局珠坑司法所所长
戴　俊	江西省大余县司法局池江司法所所长
刘常青	江西省上犹县司法局梅水司法所副所长
谢运城	江西省于都县司法局贡江司法所所长
钟富明	江西省全南县司法局金龙司法所所长
范　俊	江西省丰城市司法局段潭司法所所长

范舒云(女)	江西省高安市司法局田南司法所所长
周　琦(女)	江西省上饶市广信区司法局皂头司法所副所长
周才区	江西省余干县司法局杨埠司法所所长
陈康君	江西省玉山县司法局怀玉司法所干部
彭　丹(女)	江西省遂川县司法局新江司法所所长
罗化冰(女)	江西省吉安市吉州区司法局白塘司法所所长
刘定军	江西省安福县司法局寮塘司法所所长
付　瑶(女)	江西省金溪县司法局对桥司法所所长
严志英(女)	江西省南丰县司法局琴城司法所所长
何莹莹(女)	江西省抚州市东乡区司法局金峰司法所所长
罗　波	江西省乐安县司法局谷岗司法所所长
山　东	
孙　迎	山东省济南市历下区司法局东关司法所所长
蒋爱娟(女)	山东省济南市槐荫区司法局振兴街司法所所长
陈法强	山东省平阴县司法局锦水司法所所长
温书兴	山东省青岛市城阳区司法局城阳司法所所长
张布国	山东省青岛市李沧区司法局沧口司法所所长
李　震	山东省青岛市黄岛区司法局长江路司法所所长
郝桂敏(女)	山东省淄博市临淄区司法局雪宫司法所所长
岳文双(女)	山东省高青县司法局芦湖司法所所长
王　玲(女)	山东省枣庄市市中区司法局齐村司法所所长
刘　栋	山东省东营市河口区司法局义和司法所所长
王相亮	山东省广饶县司法局稻庄司法所所长
邓介平	山东省海阳市司法局凤城司法所所长
贾鹏德	山东省招远市司法局阜山司法所所长
赵延涛	山东省烟台市经济技术开发区八角司法所所长
杨建军	山东省潍坊市坊子区司法局凤凰司法所所长
张庆祥	山东省寿光市司法局文家司法所所长
吕建华	山东省昌乐县司法局鄌郚司法所所长
姜守绅	山东省济宁市任城区司法局李营司法所所长

李媛媛(女)	山东省曲阜市司法局鲁城司法所所长
张守志	山东省梁山县司法局梁山街道司法所所长
张心贞	山东省泰安市岱岳区司法局山口司法所所长
李　敏(女)	山东省肥城市司法局仪阳司法所所长
张伟虎	山东省威海市文登区司法局开发区司法所所长
郑长午	山东省乳山市司法局诸往司法所所长
高贞贞(女)	山东省日照市岚山区司法局高兴司法所所长
于家波	山东省五莲县司法局中至司法所所长
秦启晗	山东省兰陵县司法局芦柞司法所所长
于艳琳(女)	山东省沂南县司法局界湖司法所所长
彭志珍(女)	山东省临沭县司法局郑山司法所所长
王　强	山东省德州市陵城区司法局郑家寨司法所所长
田瑞鹏	山东省武城县司法局老城司法所所长
孙　超	山东省聊城市东昌府区司法局新区司法所所长
刘文正	山东省阳谷县司法局李台司法所所长
王志红(女)	山东省滨州市沾化区司法局富源司法所所长
韩自刚	山东省邹平市司法局好生司法所所长
王佳男	山东省菏泽市定陶区冉堌司法所所长
刘　涛	山东省曹县司法局青菏司法所副所长
肖洪涛	山东省巨野县司法局太平司法所所长
河　南	
王朝燕(女,回族)	河南省郑州市二七区司法局建中街司法所所长
宋知航	河南省郑州市荥阳市司法局豫龙司法所所长
何　涛	河南省郑州市中牟县司法局大孟司法所所长
姚　远	河南省开封市龙亭区司法局柳园口司法所所长
王　华	河南省开封市尉氏县司法局门楼任司法所所长
杨遂生	河南省洛阳市栾川县司法局栾川司法所所长
王　鹏	河南省洛阳市宜阳县司法局香鹿山司法所所长
江海洋	河南省洛阳市新安县司法局城关司法所所长
张延民	河南省平顶山市鲁山县司法局张良司法所副所长

程学良	河南省平顶山市郏县司法局渣园司法所所长
吴世争(女)	河南省平顶山市宝丰县司法局张八桥司法所副所长
蔡新科	河南省安阳市汤阴县司法局宜沟司法所所长
李旖楠(女)	河南省鹤壁市淇滨区司法局大赉店司法所所长
王照斌	河南省新乡市获嘉县司法局照镜司法所所长
杨百峰	河南省新乡市原阳县司法局葛埠口司法所所长
牛永顺	河南省焦作市武陟县司法局北郭司法所所长
程超锋	河南省焦作市解放区司法局王褚司法所所长
张保玲(女)	河南省焦作市司法局城乡一体化示范区分局李万司法所所长
申慧琦(女)	河南省濮阳市清丰县司法局马庄桥司法所所长
李为民	河南省许昌市禹州市司法局神垕司法分局局长
杨帅兵	河南省许昌市襄城县司法局茨沟司法所所长
高家斌	河南省漯河市郾城区司法局孟庙司法所所长
李俊朋(女)	河南省三门峡市陕州区司法局大营司法所所长
南秀丽(女)	河南省三门峡市卢氏县司法局双龙湾司法所所长
王　芳(女)	河南省三门峡市渑池县司法局仰韶司法所所长
姬伟东	河南省南阳市社旗县司法局李店司法所所长
黄银娥(女)	河南省南阳市淅川县司法局上集司法所所长
张道恩	河南省南阳市内乡县司法局灌涨司法所所长
唐　峰	河南省南阳市卧龙区司法局安皋司法所所长
乔家收	河南省商丘市宁陵县司法局阳驿司法所所长
李俊领	河南省商丘市睢阳区司法局勒马司法所所长
徐自福	河南省商丘市民权县司法局程庄司法所所长
李钦斌	河南省信阳市光山县司法局弦山司法所所长
刘华彬	河南省信阳市潢川县司法局仁和司法所所长
冯　哲	河南省信阳市平桥区司法局平西司法所所长
王海峰(回族)	河南省周口市太康县司法局马头司法所所长
杨　刚	河南省周口市沈丘县司法局槐店司法所所长
祝海洋	河南省周口市扶沟县司法局城郊司法所所长

黄　帅	河南省驻马店市确山县司法局李新店司法所所长
张　凯(回族)	河南省驻马店市平舆县司法局老王岗司法所所长
刘　军	河南省驻马店市驿城区司法局老街司法所所长
曹俊锋	河南省驻马店市正阳县司法局雷寨司法所所长
陈艳华(女)	河南省兰考县司法和信访局桐乡司法和信访所所长
何莹莹(女)	河南省汝州市司法局小屯司法所所长
陈　骁	河南省永城市司法局城厢司法所所长
湖　北	
朱晓华	湖北省武汉市江岸区司法局永清司法所副所长
张志飞	湖北省武汉经济技术开发区(汉南区)司法局沌口司法所所长
吴爱琴(女)	湖北省武汉市新洲区司法局邾城司法所所长
陆兰香(女)	湖北省黄石市下陆区司法局东方山司法所所长
张　静(女)	湖北省襄阳市襄州区司法局张湾司法所所长
庚　涛	湖北省保康县司法局后坪司法所所长
章　凯	湖北省荆州市司法局纪南生态文化旅游区分局纪南司法所所长
李小艳(女)	湖北省荆州市沙市区司法局锣场司法所所长
刘定全	湖北省宜都市司法局五眼泉司法所所长
陈中华(女)	湖北省十堰市郧阳区司法局谭家湾司法所所长
张龙宜	湖北省房县司法局门古寺司法所所长
董长文	湖北省孝感市司法局临空司法所所长
周文军	湖北省孝昌县司法局花园司法所所长
黄　坦	湖北省荆门市漳河新区司法局漳河司法所所长
皮兴明	湖北省鄂州市鄂城区司法局碧石渡司法所所长
龚炳江	湖北省罗田县司法局凤山司法所所长
简洪林	湖北省英山县司法局孔家坊司法所所长
邓木云(女)	湖北省武穴市司法局大金司法所所长
卢锦绣	湖北省通城县司法局四庄司法所所长
云　凡	湖北省随州市曾都区司法局西城司法所所长

张家军(土家族)　湖北省巴东县司法局水布垭司法所所长
周　涛(土家族)　湖北省来凤县司法局绿水司法所所长
舒之明　湖北省仙桃市司法局剅河司法所所长
刘淑芳(女)　湖北省潜江市司法局竹根滩司法所所长
何季新　湖北省天门市司法局工业园司法分局局长
崔万举　湖北省神农架林区司法局木鱼司法所副所长

湖　南

胡　君(女)　湖南省长沙市开福区司法局湘雅路司法所所长
杨　柳(女)　湖南省长沙市雨花区司法局侯家塘司法所所长
张伟刚　湖南省长沙市望城区司法局乌山司法所所长
李　克　湖南省宁乡市司法局东湖塘司法所所长
刘晓彬　湖南省衡南县司法局松江司法所负责人
吴佳佳(女)　湖南省衡阳市珠晖区司法局苗圃司法所所长
戴玥青(女)　湖南省衡阳市蒸湘区司法局蒸湘司法所所长
唐小荷(女,土家族)　湖南省株洲市渌口区司法局南洲司法所所长
黄小平　湖南省炎陵县司法局下村司法所所长
曾　晶(女,苗族)　湖南省湘潭市雨湖区司法局雨湖路司法所所长
邓文文　湖南省邵东市司法局大禾塘司法所所长
张　双(女)　湖南省邵阳县司法局五峰铺司法所所长
李宏伟　湖南省武冈市司法局迎春亭司法所所长
张正军　湖南省岳阳市云溪区司法局陆城司法所所长
李　旭　湖南省平江县司法局向家司法所所长
王　政　湖南省临湘市司法局坦渡司法所所长
肖友泉　湖南省常德市武陵区司法局南坪司法所所长
陈　文　湖南省汉寿县司法局罐头嘴司法所所长
张婷婷(女)　湖南省临澧县司法局望城司法所所长
厉　欣　湖南省澧县司法局大堰垱司法所所长
卓林桃(女,土家族)　湖南省慈利县司法局零溪司法所所长
李　漪(女)　湖南省沅江市司法局南大司法所所长
杨　健(女)　湖南省益阳市大通湖区司法局千山红司法所所长

曾　彬(女)	湖南省临武县司法局花塘司法所所长
黄志远	湖南省桂东县司法局桥头司法所所长
李小朋	湖南省永兴县司法局黄泥司法所所长
龙振晨	湖南省资兴市司法局兴宁司法所副所长
郭　杰	湖南省东安县司法局井头圩司法所所长
黄志刚(瑶族)	湖南省江华瑶族自治县司法局码市司法所所长
赵慧丽(女)	湖南省宁远县司法局东溪司法所所长
周华文	湖南省江永县司法局兰溪司法所所长
杨仕河(侗族)	湖南省新晃侗族自治县司法局扶罗司法所所长
张克明(土家族)	湖南省溆浦县司法局水东司法所所长
曾祥伟	湖南省沅陵县司法局凉水井司法所干部
张　洁	湖南省靖州苗族侗族自治县司法局新厂司法所所长
曾韶辉(女)	湖南省娄底市娄星区司法局万宝司法所所长
朱央尖	湖南省双峰县司法局走马街司法所所长
李雄飞	湖南省涟源市司法局六亩塘司法所副所长
唐黎明(侗族)	湖南省吉首市司法局石家冲司法所所长
石菊秀(女,苗族)	湖南省保靖县司法局吕洞山司法所所长

广　东

李国红	广东省广州市南沙区司法局东涌司法所所长
郑佳国	广东省广州市增城区司法局永宁司法所所长
马胜佼	广东省广州市海珠区司法局凤阳司法所所长
汤　怀	广东省深圳市福田区梅林街道司法所所长
鲍　辉	广东省深圳市盐田区盐田街道司法所所长
吕光远	广东省珠海市斗门区司法局白蕉司法所所长
谢梅鑫	广东省汕头市澄海区司法局隆都司法所所长
张　洁(女)	广东省汕头市濠江区司法局礐石司法所所长
周一江	广东省佛山市三水区司法局西南司法所所长
萧泽开	广东省佛山市顺德区司法局勒流司法所所长
丘韶财	广东省韶关市武江区司法局西联司法所所长
刘连娣(女)	广东省翁源县司法局翁城司法所所长

刘海林	广东省紫金县司法局紫城司法所所长
冯志萍(女)	广东省东源县司法局新港司法所所长
吴丹晖(女)	广东省连平县司法局油溪司法所所长
张志敏	广东省蕉岭县司法局长潭司法所所长
何　琳(女)	广东省丰顺县司法局丰良司法所所长
吴晓燕(女)	广东省惠州仲恺高新技术产业开发区司法局陈江司法所所长
彭定伟	广东省陆河县河田镇司法所所长
李春梅(女)	广东省东莞市司法局东城分局局长
李艳艳(女)	广东省东莞市司法局高埗分局局长
何　方	广东省中山市司法局火炬高新技术产业开发区司法所干部
简焯霖	广东省江门市新会区司法局睦州司法所所长
王　秋	广东省江门市鹤山市司法局址山司法所所长
张家宝	广东省阳西县司法局织箦司法所副所长
王诗文(女)	广东省湛江市霞山区司法局爱国司法所所长
潘　民	广东省遂溪县司法局洋青司法所副所长
黄世安	广东省信宜市司法局金垌司法所所长
卢少芳(女)	广东省肇庆市鼎湖区司法局坑口司法所所长
石　雄	广东省封开县司法局长安司法所所长
王志刚	广东省广宁县司法局横山司法所所长
梁传晋	广东省英德市司法局英城司法所所长
林烈勇	广东省潮州市潮安区司法局庵埠司法所所长
黄泽淳	广东省惠来县司法局隆江司法所所长
张坤辉	广东省罗定市司法局蒲塘司法所所长
广　西	
欧德明	广西壮族自治区南宁市西乡塘区司法局北湖司法所所长
危锋林	广西壮族自治区南宁市武鸣区司法局城厢司法所所长
杨翔宇	广西壮族自治区三江侗族自治县司法局林溪司法所所长
雷　华(女)	广西壮族自治区柳州市柳南区司法局潭西司法所所长

潘云燕(女)	广西壮族自治区柳州市鱼峰区司法局五里亭司法所所长
周庆平	广西壮族自治区灌阳县司法局新街司法所所长
叶艳萍(女)	广西壮族自治区桂林市临桂区司法局黄沙司法所所长
秦新福	广西壮族自治区灵川县司法局定江司法所所长
陈　伟	广西壮族自治区苍梧县司法局沙头司法所所长
刘　炜	广西壮族自治区合浦县司法局西场司法所所长
苏　君	广西壮族自治区上思县司法局平福司法所负责人
刘光华	广西壮族自治区浦北县司法局张黄司法所负责人
周芳洁(女)	广西壮族自治区贵港市覃塘区司法局蒙公司法所所长
韦雄昌	广西壮族自治区贵港市港北区司法局港城司法所所长
李　国	广西壮族自治区北流市司法局大伦司法所负责人
庞运集	广西壮族自治区兴业县司法局城隍司法所所长
黄亮成	广西壮族自治区平果市司法局果化司法所所长
黄铃翔(女)	广西壮族自治区百色市西林县司法局西平司法所所长
刘艳红	广西壮族自治区田林县司法局浪平司法所负责人
王　钢	广西壮族自治区昭平县司法局黄姚司法所所长
覃　宇(女)	广西壮族自治区巴马瑶族自治县司法局那社司法所所长
牙　峻	广西壮族自治区天峨县司法局下老司法所所长
黄贵明	广西壮族自治区武宣县司法局三里司法所所长
潘　侃	广西壮族自治区象州县司法局罗秀司法所所长
赵东蝶(女)	广西壮族自治区大新县司法局雷平司法所负责人
海　南	
洪万儒	海南省儋州市司法局峨蔓司法所所长
李丹虹(女)	海南省琼海市司法局博鳌司法所所长
郑儒建	海南省澄迈县司法局老城司法所所长
张喜林(女)	海南省定安县司法局龙湖司法所所长
庞秀清(女)	海南省陵水黎族自治县司法局三才司法所负责人
林仕高	海南省保亭黎族苗族自治县司法局城镇司法所负责人
李　巍	海南省白沙黎族自治县司法局牙叉司法所所长

重　庆

李绍旭　　重庆市黔江区司法局城南司法所所长
范　蜜(女)　　重庆市大渡口区司法局新山村司法所所长
黎学知(女)　　重庆市九龙坡区司法局渝州路司法所所长
赵媛媛(女)　　重庆市渝北区司法局龙山司法所所长
孙良卫(女)　　重庆市永川区司法局卫星湖司法所所长
张　稳　　重庆市南川区司法局德隆司法所干部
李双波　　重庆市綦江区司法局赶水司法所所长
熊　森　　重庆市璧山区司法局大兴司法所所长
戴安碧(女)　　重庆市铜梁区司法局围龙司法所副所长
唐红全　　重庆市潼南区司法局新胜司法所所长
赵玉松　　重庆市荣昌区司法局昌州司法所干部
黄险峰　　重庆市梁平区司法局双桂司法所所长
鲁光红　　重庆市城口县司法局修齐司法所所长
徐立学　　重庆市垫江县司法局桂溪司法所干部
刘　丹　　重庆市云阳县司法局龙角司法所干部
杨兴明　　重庆市奉节县司法局永安司法所所长
向　毅(土家族)　重庆市石柱土家族自治县司法局悦崃司法所所长
欧　鸥(女,土家族)　　重庆市秀山县土家族苗族自治县司法局雅江司法所干部
赖维均　　重庆市两江新区金山司法所所长
包湘莉(女)　　重庆市高新区曾家司法所所长

四　川

吴　奇　　四川省成都市锦江区司法局三圣司法所所长
王山鹤(女)　　四川省成都市青羊区司法局苏坡司法所所长
陈　恒　　四川省成都市龙泉驿区司法局十陵司法所所长
焦　杰　　四川省成都市新都区司法局军屯司法所所长
马建贵　　四川省简阳市司法局射洪坝司法所所长
贺　杰　　四川省彭州市司法局丹景山司法所所长
张翔宇　　四川省富顺县司法局富世司法所所长

刘　希(女)	四川省自贡市自流井区司法局郭家坳司法所所长
曾祥伟	四川省攀枝花市仁和区司法局同德司法所所长
杨筱洁(女,彝族)	四川省米易县司法局攀莲司法所干部
罗　超	四川省泸州市江阳区司法局华阳司法所所长
粟兴科	四川省合江县司法局法王寺司法所副所长
周　梦	四川省德阳市旌阳区司法局天元司法所所长
尚　怡(女)	四川省中江县司法局兴隆司法所所长
肖　莹(女)	四川省绵阳市仙海水利风景区司法所所长
李　茜(女)	四川省绵阳市游仙区司法局小枧司法所所长
谢云霞(女)	四川省北川羌族自治县司法局永安司法所所长
王晶莉(女)	四川省剑阁县司法局下寺司法所所长
王俪历(女)	四川省广元市昭化区司法局元坝司法所所长
罗　倩(女)	四川省青川县司法局木鱼司法所所长
李　爽	四川省旺苍县司法局三江司法所所长
亢　琪(女)	四川省射洪市司法局金华司法所所长
向　阳	四川省蓬溪县司法局赤城司法所所长
范　虹(女)	四川省内江市东兴区司法局顺河司法所副所长
吴应刚	四川省资中县司法局狮子司法所所长
周　池	四川省犍为县司法局孝姑司法所所长
王家驹	四川省马边彝族自治县司法局苏坝司法所所长
罗　磊	四川省南充市顺庆区司法局新建司法所所长
殷丽琼(女)	四川省阆中市司法局二龙司法所所长
钟国魂	四川省南部县司法局蜀北司法所所长
冯薪颖(女)	四川省西充县司法局南台司法所干部
胡　婷(女)	四川省蓬安县司法局相如司法所所长
陈朝金	四川省宜宾市叙州区司法局南岸司法所所长
牟兴华(女)	四川省宜宾市司法局三江新区分局白沙湾司法所所长
杨凤姣(女)	四川省高县司法局文江司法所所长
曾琦雅(女)	四川省广安市广安区司法局中桥司法所干部
张川华	四川省广安市前锋区司法局奎阁司法所所长

邹昊燃	四川省达州市达川区司法局麻柳司法所所长
曾　渝(女)	四川省达州市通川区司法局复兴司法所干部
于　明	四川省万源市司法局沙滩司法所所长
张　霞(女)	四川省开江县司法局永兴司法所所长
廖孝华(女)	四川省巴中市巴州区司法局回风司法所所长
何小华(女)	四川省巴中市恩阳区司法局渔溪司法所干部
荣　惠(女)	四川省平昌县司法局灵山司法所干部
李原平	四川省雅安市名山区司法局百丈司法所所长
吴少丽(女)	四川省天全县司法局始阳司法所干部
吴卫国	四川省眉山市东坡区司法局太和司法所干部
王　翔	四川省洪雅县司法局中山司法所所长
刘洋源(女)	四川省仁寿县司法局禄加司法所干部
毛　强	四川省乐至县司法局大佛司法所副所长
马　杰(回族)	四川省壤塘县司法局石里司法所干部
茹雪梅(女,藏族)	四川省马尔康市司法局马尔康司法所所长
谢友如(羌族)	四川省茂县司法局叠溪司法所所长
丁真彭德(藏族)	四川省泸定县司法局岚安司法所干部
吴青青(女,藏族)	四川省稻城县司法局香格里拉司法所干部
倪智高(彝族)	四川省西昌市高草司法所所长
田作伍(女,彝族)	四川省雷波县司法局马颈子司法所干部
王　琳(女)	四川省越西县司法局越城司法所所长
贵　州	
韦　艳(女)	贵州省贵阳市南明区司法局后巢司法所所长
廖素婷(女)	贵州省贵阳市观山湖区司法局观山司法所所长
吴　榕(女)	贵州省修文县司法局洒坪司法所负责人
王　兵	贵州省息烽县司法局西山司法所所长
王　丽(女)	贵州省遵义市红花岗区司法局迎红司法所所长
冉茂国(土家族)	贵州省余庆县司法局子营司法所负责人
陈　华(仡佬族)	贵州省遵义市新蒲新区管理委员会司法局新中司法所所长

谢兴平　　　　　　贵州省绥阳县司法局风华司法所干部
管　琳(布依族)　贵州省盘州市司法局柏果司法所所长
李晓庆(女)　　　贵州省六盘水市水城区司法局都格司法所所长
郭　雍(女,穿青人)　贵州省安顺市西秀区司法局东关司法所干部
梁龙林　　　　　　贵州省镇宁布依族苗族自治县司法局募役司法所所长
许琼先(女)　　　贵州省毕节市七星关区司法局观音桥司法所所长
刘　鑫　　　　　　贵州省大方县司法局凤山司法所干部
马敏竹(女,回族)　贵州省威宁彝族回族苗族自治县司法局羊街司法所干部
王乐乐　　　　　　贵州省赫章县司法局罗州司法所干部
吴　德(苗族)　　贵州省松桃苗族自治县司法局太平营司法所所长
颜小兰(女,苗族)　贵州省思南县司法局思唐司法所所长
杜　强(土家族)　贵州省德江县司法局长堡司法所所长
王昭月(女,回族)　贵州省凯里市司法局广场路司法所所长
石昌鹏(侗族)　　贵州省黎平县司法局龙额司法所干部
吴祝江(女,侗族)　贵州省从江县司法局贯洞司法所所长
林　娥(女,壮族)　贵州省贵定县司法局云雾司法所干部
李天智(水族)　　贵州省独山县司法局麻万司法所所长
石祝萍(女)　　　贵州省惠水县司法局好花红司法所干部
申　滔(仡佬族)　贵州省荔波县司法局黎明关司法所干部
王昀隆　　　　　　贵州省贞丰县司法局龙场司法所所长
陈　星(布依族)　贵州省晴隆县司法局沙子司法所所长
冯家志　　　　　　贵州省普安县司法局盘水街道司法所所长
张鸿飞　　　　　　贵州省望谟县司法局郊纳司法所所长

云　南

李丽卿(女)　　　云南省昆明市西山区司法局棕树营司法所所长
刘婷婷(女,彝族)　云南省禄劝彝族苗族自治县司法局茂山司法所所长
陶　娟(女)　　　云南省曲靖市沾益区司法局盘江区司法所所长
刘武卫　　　　　　云南省富源县司法局富村司法所所长
陈加平(彝族)　　云南省峨山彝族自治县司法局小街司法所所长

马明英(女)　　　云南省华宁县司法局宁州司法所所长
蒋绍岗(佤族)　　云南省施甸县司法局太平司法所所长
熊世柱(苗族)　　云南省昌宁县司法局勐统司法所所长
李克均　　　　　云南省威信县司法局扎西司法所干部
娄利斯(女)　　　云南省盐津县司法局落雁司法所所长
木向红(女,纳西族)　云南省丽江市古城区司法局束河司法所所长
李冬梅(女,彝族) 云南省景谷傣族彝族自治县司法局碧安司法所所长
何　玲(女,哈尼族)　云南省镇沅彝族哈尼族拉祜族自治县司法局者东司法所所长
罗银松(回族)　　云南省镇康县司法局勐捧司法所所长
周　记(女)　　　云南省耿马傣族佤族自治县司法局四排山司法所所长
张玉梁(彝族)　　云南省大姚县司法局龙街司法所所长
张春海　　　　　云南省元谋县司法局黄瓜园司法所所长
王　跃　　　　　云南省个旧市司法局鸡街司法所所长
张明里(女,哈尼族)　云南省绿春县司法局大兴司法所所长
何　强　　　　　云南省砚山县司法局江那司法所所长
姚仁兵(壮族)　　云南省文山市司法局古木司法所所长
李奕娇(女,拉祜族)　云南省勐海县司法局勐混司法所负责人
玉　应(女,傣族) 云南省景洪市司法局勐罕司法所所长
冯春堂　　　　　云南省巍山彝族回族自治县司法局大仓司法所所长
洪灿澎(白族)　　云南省鹤庆县司法局金墩司法所所长
苏晓刚　　　　　云南省芒市司法局三台山司法所所长
许　华(女)　　　云南省瑞丽市司法局勐卯司法所所长
刘　竹(女)　　　云南省泸水市司法局六库司法所所长
杨甜峰(女,怒族) 云南省兰坪白族普米族自治县司法局啦井司法所所长
鲁茸敦巴(男,藏族)　云南省德钦县司法局羊拉司法所所长

西　藏

索朗次仁(藏族)　西藏自治区日喀则市昂仁县司法局亚木司法所所长
索朗加措(藏族)　西藏自治区阿里地区革吉县司法局亚热司法所干部
央　宗(女,藏族) 西藏自治区山南市乃东区司法局昌珠司法所所长

陕　西

张　涛	陕西省西安市灞桥区司法局红旗司法所所长
温　仙	陕西省西安市鄠邑区司法局渭丰司法所所长
郭君平	陕西省西安市高新技术产业开发区细柳司法所所长
化军强	陕西省宝鸡市凤翔区司法局横水司法所所长
蒋伟峰	陕西省陇县司法局东南司法所所长
李　佳	陕西省眉县司法局汤峪司法所所长
苏　莹(女)	陕西省咸阳市渭城区司法局新兴司法所所长
李　珺(女)	陕西省三原县司法局陵前司法所所长
崔　健	陕西省旬邑县司法局太村司法所所长
张延斌	陕西省宜君县司法局五里镇司法所干部
袁　武	陕西省渭南市华州区司法局柳枝司法所所长
柳永茂	陕西省合阳县司法局同家庄司法所所长
董彭生	陕西省澄城县司法局交道司法所所长
陈光生	陕西省甘泉县司法局美水司法所所长
游晓晨	陕西省黄龙县司法局界头庙司法所所长
李　博	陕西省吴起县司法局铁边城司法所副所长
杨　帆	陕西省绥德县司法局石家湾司法所所长
杜　啸	陕西省米脂县司法局印斗司法所所长
高锦宏	陕西省榆林市横山区司法局塔湾司法所负责人
王小娥(女)	陕西省西乡县司法局柳树司法所所长
殷培智	陕西省洋县司法局华阳司法所所长
唐嘉瑞	陕西省宁强县司法局高寨子司法所所长
张开国	陕西省旬阳县司法局白柳司法所所长
田庭凤(女)	陕西省岚皋县司法局四季司法所所长
邓　军	陕西省汉阴县司法局平梁司法所干部
王笔荣	陕西省商洛市商州区司法局杨峪河司法所所长
程　龙	陕西省商南县司法局富水司法所所长
薛　楠	陕西省韩城市司法局芝阳司法所负责人
马晓文	陕西省杨陵区司法局揉谷司法所干部

刘海侠(女)	陕西省西咸新区沣东新城司法局斗门司法所所长
甘　肃	
郭德唐	甘肃省兰州市红古区司法局海石湾司法所干部
杨　鹏	甘肃省皋兰县司法局黑石川司法所干部
曹小英(女)	甘肃省兰州市七里河区司法局西站司法所所长
张智军	甘肃省武山县司法局滩歌司法所所长
伏双吉	甘肃省秦安县司法局兴丰司法所干部
李军空	甘肃省嘉峪关市司法局峪泉镇司法所所长
郭发鹏	甘肃省永昌县司法局朱王堡司法所所长
张文菊(女)	甘肃省金昌市金川区司法局滨河路司法所所长
刘　贵	甘肃省古浪县司法局大靖司法所干部
达一静(女)	甘肃省武威市凉州区司法局东关街司法所干部
王建文	甘肃省酒泉市肃州区司法局新城司法所所长
谭振宏(女)	甘肃省敦煌市司法局沙州司法所所长
刘宗春	甘肃省临泽县司法局蓼泉司法所所长
周国佑	甘肃省山丹县司法局李桥司法所所长
陈新煜(女)	甘肃省肃南裕固族自治县司法局红湾司法所所长
段倩倩(女)	甘肃省合水县司法局西华池司法所干部
昔宁平	甘肃省宁县司法局焦村司法所干部
汪明敏	甘肃省平凉市崆峒区司法局峡门司法所副所长
马伟伟	甘肃省华亭市司法局东华司法所所长
张凯垣	甘肃省泾川县司法局城市社区管委会司法所所长
宋　平	甘肃省靖远县司法局乌兰司法所所长
盛勇群	甘肃省会宁县司法局郭城驿司法所干部
朱文华(女)	甘肃省陇西县司法局巩昌司法所副所长
后爱珍(女)	甘肃省漳县司法局武阳司法所所长
牟　青	甘肃省文县司法局碧口司法所所长
卢保成	甘肃省礼县司法局沙金司法所干部
王晓刚	甘肃省临夏市司法局东区司法所所长
章法龙	甘肃省东乡族自治县司法局达板司法所所长

陈江林(藏族)　　甘肃省舟曲县司法局拱坝司法所所长
马旭晖(女,藏族) 甘肃省碌曲县司法局玛艾司法所所长

青　海

丁雪娜(女)　　青海省西宁市城西区司法局虎台司法所所长
张奇元　　青海省西宁市城东区司法局韵家口司法所所长
王森德　　青海省海东市平安区司法局巴藏沟司法所所长
张晓东　　青海省化隆回族自治县司法局群科司法所所长
昂智海(藏族)　　青海省海北州祁连县司法局扎麻什司法所所长
周措吉(女,藏族) 青海省海南州同德县司法局唐谷司法所所长
乌兰巴特尔(蒙古族)　青海省海西州乌兰县司法局希里沟司法所所长
肉旦加(藏族)　　青海省黄南州泽库县司法局和日司法所所长
公加才仁(藏族)　青海省玉树州治多县司法局索加司法所所长
杨柔卓玛(女,藏族)　青海省果洛州玛多县司法局玛查理司法所干部

宁　夏

杨婉茹(女)　　宁夏回族自治区银川市兴庆区司法局解放西街司法所所长
张春杨(回族)　　宁夏回族自治区灵武市司法局郝家桥司法所所长
陈　雨(女)　　宁夏回族自治区平罗县司法局黄渠桥司法所副所长
李永斌　　宁夏回族自治区盐池县司法局花马池司法所所长
黑　珊(女,回族) 宁夏回族自治区同心县司法局兴隆司法所所长
沙晓玲(女,回族) 宁夏回族自治区泾源县司法局兴盛司法所所长
韩　广　　宁夏回族自治区彭阳县司法局红河司法所所长
金　明(回族)　　宁夏回族自治区海原县司法局李旺司法所所长

新　疆

陈　俊(女)　　新疆维吾尔自治区伊宁市达达木图镇司法所所长
曲玲艳(女)　　新疆维吾尔自治区奎屯市司法局乌鲁木齐西路司法所所长
杨　彬　　新疆维吾尔自治区沙湾市司法局大泉司法所所长
詹晓云(女)　　新疆维吾尔自治区乌苏市司法局新市区司法所所长
韩保文　　新疆维吾尔自治区阿勒泰市司法局巴里巴盖司法所所长

赛力克·依力米扎克(哈萨克族)　新疆维吾尔自治区哈巴河县司法局齐巴尔司法所所长
宋海落　新疆维吾尔自治区克拉玛依市独山子区司法局金山路司法所所长
朱子峰　新疆维吾尔自治区克拉玛依市克拉玛依区司法局五五新镇司法所所长
卢建英(女)　新疆维吾尔自治区精河县精河镇司法所所长
翟永成　新疆维吾尔自治区温泉县哈日布呼镇司法所所长
孙　亮　新疆维吾尔自治区昌吉市司法局北京南路司法所所长
魏艳春(女)　新疆维吾尔自治区奇台县东湾镇司法所所长
张晓燕(女)　新疆维吾尔自治区乌鲁木齐市经济技术开发区(头屯河区)司法局北站片区司法所副所长
杨　静(女)　新疆维吾尔自治区乌鲁木齐市沙依巴克区司法局和田街片区司法所副所长
卢　芬(女)　新疆维吾尔自治区伊吾县司法局伊吾司法所干部
杜雨虹(女)　新疆维吾尔自治区哈密市伊州区司法局城北司法所所长
外力·吾斯曼(维吾尔族)　新疆维吾尔自治区吐鲁番市高昌区艾丁湖乡司法所所长
曹　莽　新疆维吾尔自治区库尔勒市司法局建设司法所所长
乃比江·热依木(维吾尔族)　新疆维吾尔自治区若羌县司法局吾塔木司法所所长
阿依古丽·阿吾提(女,维吾尔族)　新疆维吾尔自治区沙雅县司法局古勒巴格司法所所长
吾玛依乐·亚森(女,维吾尔族)　新疆维吾尔自治区新和县新和镇司法所所长
巩银芳(女)　新疆维吾尔自治区阿合奇县司法局阿合奇司法所所长
艾尼瓦尔江·台外库里(维吾尔族)　新疆维吾尔自治区伽师县英买里乡司法所所长
姑丽加玛丽·买买提(女,维吾尔族)　新疆维吾尔自治区叶城县喀格勒克镇司法所副所长

麦提图尔荪·阿力木(维吾尔族)	新疆维吾尔自治区策勒县司法局固拉合玛司法所所长
热伊莱姆·阿卜杜热伊木(女,维吾尔族)	新疆维吾尔自治区于田县司法局阿热勒司法所所长

新疆兵团

杜　峰	新疆生产建设兵团第一师阿拉尔市司法局十六团司法所负责人
胡　艳(女)	新疆生产建设兵团第六师五家渠市司法局一〇二团司法所所长
蒙　雷	新疆生产建设兵团第八师石河子市司法局一四三团司法所副所长
温　睿	新疆生产建设兵团第九师司法局一六五团司法所负责人
徐湘芸(女)	新疆生产建设兵团第十师北屯市司法局一八一团司法所副所长

全国司法所工作规范

(2021 年 12 月 9 日　中华人民共和国
司法行政行业标准 SF/T 0084—2021)

目　次

前　言

本文件按照 GB/T 1.1—2020《标准化工作导则　第 1 部分：标准化文件的结构和起草规则》的规定起草。

本文件由司法部人民参与和促进法治局提出。

本文件由司法部信息中心归口。

本文件起草单位：司法部人民参与和促进法治局、司法部信息中心。

全国司法所工作规范

1 范围

本文件规定了司法所工作原则、党的建设、工作职责、工作保障、工作制度要求。

本文件适用于全国司法所工作的组织实施和指导管理。同时可用于指导各省(区、市)司法行政机关依据本文件的要求制定具体实施细则。

2 规范性引用文件

下列文件中的内容通过文中的规范性引用而构成本文件必不可少的条款。其中,注日期的引用文件,仅该日期对应的版本适用于本文件;不注日期的引用文件,其最新版本(包括所有的修改单)适用于本文件。

SF/T 0017 全国司法所管理信息系统技术规范

SF/T 0032 全国刑事法律援助服务规范

SF/T 0058 全国民事行政法律援助服务规范

财行〔2017〕515 号 财政部 司法部《司法行政机关财务管理办法》

司法部令第 137 号 基层法律服务所管理办法

司法部令第 138 号 基层法律服务工作者管理办法

司发通〔2019〕89 号 司法部关于印发《司法所外观标识规范》的通知

司发通〔2020〕59 号 最高人民法院、最高人民检察院、公安部、司法部关于印发《中华人民共和国社区矫正法实施办法》的通知

3 术语和定义

下列术语和定义适用于本文件。

3.1

司法所工作 work of judicial offices

基层政法工作的重要组成部分。司法所作为司法行政机关的最基层单位,是重要的基层法治工作机构,在县(市、区)司法局的管理、指导和监督下开展工作,具体承担指导调解工作、参与基层普法依法治理、组织提供基层公

共法律服务、受委托承担社区矫正、协调开展刑满释放人员安置帮教等相关工作，参与推进辖区内基层法治建设，维护人民群众合法权益，维护社会和谐稳定。

4　工作原则

司法所工作应坚持以下原则：

a）坚持党的绝对领导，深入贯彻落实习近平法治思想，牢牢把握司法所工作的正确政治方向；

b）坚持以人民为中心，深入践行为民服务宗旨，不断增强人民群众的获得感、幸福感、安全感；

c）坚持围绕中心，服务大局，立足新发展阶段，努力为基层经济社会高质量发展提供法律服务和法治保障；

d）坚持依法履职，公正执法，强化管理，切实提升司法所工作能力和水平；

e）坚持与时俱进，着力推进新时代司法所工作理念、工作机制和方式方法创新，不断满足人民群众新期待新需求。

5　党的建设

司法所应切实加强党的建设，工作内容包括：

a）司法所有正式党员 3 人以上的，应成立党支部。正式党员不足 3 人的，应按规定成立联合党支部；

b）加强司法所党支部标准化、规范化建设，充分发挥党支部战斗堡垒作用；

c）严格执行党的组织生活制度，定期召开支部委员会会议，组织党员按期参加党员大会、党小组会和上党课；

d）强化对党员的教育管理监督，引导党员加强政治理论学习和党性锻炼，充分发挥党员先锋模范作用；

e）切实加强纪律作风建设，教育引导全体工作人员严格遵守廉洁自律规范，严于律己、廉洁从政、服务为民。

6 工作职责

6.1 指导调解工作

6.1.1 目标要求

目标要求应包括：

a)人民调解组织网络健全,制度完善,保障到位；

b)人民调解员队伍政治合格,结构合理,熟悉业务,依法履职；

c)矛盾纠纷排查全面及时,调解工作扎实有效；

d)行政调解和行业性专业性调解工作规范有序开展；

e)推动形成以人民调解为基础,人民调解、行政调解、行业性专业性调解、司法调解优势互补、有机衔接和协调联动的大调解工作格局。

6.1.2 工作内容

6.1.2.1 基本要求

指导辖区人民调解、行政调解和行业性专业性调解工作,参与调处矛盾纠纷。

6.1.2.2 指导人民调解

指导人民调解工作,工作内容应包括：

a)指导人民调解组织依法设立,及时进行委员选任和换届,将组织名称、人员组成、工作地址和联系方式等情况报县级司法行政机关；

b)指导人民调解组织做好人民调解员选聘、公示和管理等工作,推动专职人民调解员队伍建设,培训辖区内人民调解员；

c)指导督促人民调解组织完善管理制度和工作制度,规范人民调解组织名称、印章、徽章、标识、文书卷宗、档案管理和统计报送等工作；

d)指导人民调解组织开展矛盾纠纷普遍排查,依法及时就地做好矛盾纠纷调解工作,通过调解工作宣传法律、法规和政策,弘扬社会主义核心价值观；

e)解答和处理人民调解组织或者纠纷当事人就人民调解工作有关问题的咨询、请示和投诉,纠正违法和不当的调解活动,维护当事人和人民调解员合法权益；

f)定期分析研判辖区内矛盾纠纷特点和规律,加强人民调解工作的总结、交流和宣传,选编典型案例,推广调解工作经验；

g)推动落实人民调解组织场所、设施和经费等工作保障,协助做好人民调解员补贴发放和救助抚恤等工作。

6.1.2.3　指导行政调解和行业性专业性调解

根据需要指导行政调解和行业性专业性调解工作,工作内容应包括:

a)指导乡镇(街道)具有行政调解职能的部门和行政调解组织开展行政调解工作,协助做好调解员选聘和培训等工作;

b)会同乡镇(街道)相关职能部门,共同指导行业性专业性调解组织规范开展调解工作;

c)指导做好行政调解和行业性专业性调解统计工作。

6.1.2.4　参与调处矛盾纠纷

参与调处矛盾纠纷,工作内容应包括:

a)协助乡镇(街道)党委政府或受乡镇(街道)党委政府委托调解辖区内矛盾纠纷;

b)司法所工作人员可担任乡镇(街道)人民调解委员会委员或人民调解员调解矛盾纠纷;

c)应辖区内调解组织或有关单位的邀请,参与调解矛盾纠纷。

6.2　参与基层普法依法治理

6.2.1　目标要求

目标要求应包括:

a)习近平法治思想深入人心,基层法治观念普遍增强;

b)"谁执法谁普法"普法责任制进一步落实,普法工作机制进一步健全,普法工作合力基本形成;

c)辖区内社会主义法治文化建设载体丰富、形式多样,人民群众日益增长的法治文化需求不断得到满足;

d)基层法治创建活动深入开展,人民群众参与基层法治建设的积极性不断提升,基层法治建设水平不断提高;

e)法治宣传教育针对性和实效性进一步增强,乡镇(街道)工作人员法治素养和依法办事能力切实提高,社会公众法治意识不断增强。

6.2.2 工作内容

6.2.2.1 基本要求

深入学习宣传贯彻习近平法治思想,开展辖区内法治宣传教育,推动落实“谁执法谁普法”普法责任制,推进基层社会主义法治文化建设,指导推进法治乡村建设。

6.2.2.2 开展法治宣传教育

组织开展法治宣传教育,工作内容应包括:

a)参与拟订本辖区法治宣传教育规划或方案;

b)坚持集中法治宣传教育与经常性法治宣传教育相结合,深化法律进机关、进乡村、进社区、进学校、进企业、进单位、进网络、进家庭等主题活动;

c)指导和推进乡镇(街道)国家工作人员学法用法工作;

d)鼓励引导社会团体和专业组织等社会力量参与法治宣传教育,鼓励引导相关专业人员加入普法志愿者队伍。

6.2.2.3 推动落实“谁执法谁普法”普法责任制

推动落实“谁执法谁普法”普法责任制,工作内容应包括:

a)协助乡镇(街道)党委政府督促有关职能部门建立普法责任清单;

b)推动有关部门及人员落实“以案释法”制度,加强典型案例的收集、整理和报送等工作;

c)指导推动乡镇(街道)各行业和各单位在管理和服务过程中,结合行业特点和特定群体的法律需求,开展法治宣传教育。

6.2.2.4 推进基层社会主义法治文化建设

推进基层社会主义法治文化建设,工作内容应包括:

a)协助乡镇(街道)党委政府建好用好法治文化载体阵地;

b)深入推动法治实践,积极开展法治文化活动,鼓励引导群众开展法治文艺作品创作。

6.2.2.5 指导推进法治乡村(社区)建设

指导推进法治乡村(社区)建设,工作内容应包括:

a)参与推进乡村“法律明白人”培养工程的实施;

b)参与指导村(社区)依法制定修订自治章程、村规民约和居民公约,教育引导群众实现自我约束和自我管理;

c)指导民主法治示范村(社区)创建活动。

6.3 组织提供基层公共法律服务

6.3.1 目标要求

目标要求应包括:

a)基层公共法律服务平台不断健全,运行规范有序;

b)基层公共法律服务事项明晰,社会知晓率不断提高,人民群众多层次、多领域法律服务需求不断得到满足;

c)基层公共法律服务协作沟通机制健全完善,服务更加及时便捷高效;

d)基层公共法律服务方式方法不断创新,服务质量不断提高;

e)基层公共法律服务保障更加有力、更可持续;

f)乡镇(街道)党委政府依法决策和依法治理能力水平不断提升,群众满意度不断提高。

6.3.2 工作内容

6.3.2.1 基本要求

指导辖区内乡镇(街道)公共法律服务工作站工作,协助开展法律援助,推动乡镇(街道)党委政府法律顾问工作,指导村(社区)公共法律服务工作室和村(社区)法律顾问工作,指导监督基层法律服务所和基层法律服务工作者工作。

6.3.2.2 指导乡镇(街道)公共法律服务工作站工作

指导乡镇(街道)公共法律服务工作站工作,工作内容应包括:

a)依托司法所设立乡镇(街道)公共法律服务工作站;

b)指导工作站开展法律咨询、调解和法治宣传服务,提供法律援助、律师、公证、基层法律服务、司法鉴定、仲裁和行政复议等法律业务咨询指引;

c)指导工作站收集研判辖区内法律服务需求信息,发布公共法律服务资讯。

6.3.2.3 协助开展法律援助

协助开展法律援助,工作内容包括:

a)按照 SF/T 0032 中的要求,可接收刑事法律援助申请,并将法律援助申请表、申请人经济状况证明材料、与所申请法律援助事项有关的案件材料等申请材料及时转交所在地法律援助机构审查;

b)按照 SF/T 0058 中的要求,可就民事行政法律援助事项解答法律咨询、接收申请材料并转交所在地法律援助机构审查;司法所工作人员可依法接受法律援助机构的指派或安排,承办民事行政法律援助事项;

c)指导乡镇(街道)法律援助工作站工作,根据法律援助机构委托,组织法律援助宣传和志愿服务工作。

6.3.2.4 推动乡镇(街道)党委政府法律顾问和公职律师工作

推动建立乡镇(街道)党委政府法律顾问和公职律师制度,工作内容应包括:

a)协助指导乡镇(街道)党委政府法律顾问的选聘、联络和考核等日常事务,推动有条件的乡镇(街道)开展公职律师工作;

b)协助乡镇(街道)党委政府组织法律顾问和公职律师对乡镇(街道)党委政府制定涉及公民、法人和其他组织权利义务的规范性文件提出合法性审查意见,对乡镇(街道)党委政府重大决策和重大行政行为提供法律意见和建议;为乡镇(街道)党委政府处置涉法涉诉案件、信访案件和重大突发性事件等提供法律服务。

6.3.2.5 指导村(社区)公共法律服务工作室和村(社区)法律顾问工作

指导村(社区)公共法律服务工作室和村(社区)法律顾问工作,工作内容应包括:

a)协助落实"一村(社区)一法律顾问"制度;

b)参与指导、监督、考核村(社区)公共法律服务工作室及村(社区)法律顾问工作;

c)指导有条件的村(社区)依托人民调解委员会、村民委员会(社区居民委员会)和便民服务中心等设立村(社区)公共法律服务工作室;

d)指导村(社区)公共法律服务工作室和村(社区)法律顾问开展宪法法律学习宣传、参与矛盾纠纷化解、为村居民提供法律咨询和法律服务、推动村(社区)依法治理等工作。

6.3.2.6 指导监督基层法律服务所和基层法律服务工作者工作

指导监督基层法律服务所和基层法律服务工作者,工作内容应包括:

a)根据司法部令第 137 号和司法部令第 138 号的规定,承担对基层法律服务所和基层法律服务工作者指导监督的具体工作;

b)组织基层法律服务所和基层法律服务工作者参加法律服务专项活动等。

6.4　受委托承担社区矫正工作

6.4.1　目标要求

目标要求应包括：

a)接受委托承担社区矫正工作事项及要求明确，社区矫正工作机制健全完善；

b)社区矫正工作依法依规开展，规范化和专业化建设不断加强；

c)社区矫正对象的监督管理和教育帮扶措施落实到位，矫正质量不断提高。

6.4.2　工作内容

6.4.2.1　基本要求

按照司发通〔2020〕59号要求，根据社区矫正机构委托，开展调查评估、确定矫正小组、组织入(解)矫宣告、制定和落实矫正方案、开展社区矫正对象日常监督管理和教育帮扶及考核等社区矫正相关工作。

6.4.2.2　开展调查评估

依法接受委托开展调查评估，提出评估意见。

6.4.2.3　确定矫正小组

受社区矫正机构委托，为社区矫正对象确定矫正小组，与矫正小组签订矫正责任书，明确矫正小组成员的责任和义务。

6.4.2.4　组织入矫宣告

受社区矫正机构委托，按照规定程序组织入矫宣告。

6.4.2.5　制定和落实矫正方案

受社区矫正机构委托，根据社区矫正对象的性别、年龄、心理特点、健康状况、犯罪原因和悔罪表现等具体情况，制定和落实矫正方案。

6.4.2.6　开展社区矫正对象日常监督管理

受社区矫正机构委托，开展对社区矫正对象的日常监督管理，工作内容应包括：

a)督促社区矫正对象遵守会客、报告、外出、迁居和保外就医等监督管理规定，服从管理；

b)根据社区矫正对象的个人生活、工作及所处社区的实际情况,了解掌握社区矫正对象的活动情况和行为表现;

c)可批准社区矫正对象在七日内的外出申请,并报社区矫正机构备案,落实社区矫正对象外出期间监督管理措施;

d)做好社区矫正对象七日以上外出和变更执行地申请等审签报批工作。

6.4.2.7 开展社区矫正对象教育帮扶

在社区矫正机构的协调指导下,组织社会工作者和志愿者等社会力量,有针对性地对社区矫正对象开展教育帮扶工作。

6.4.2.8 考核社区矫正对象并提出相关建议

受社区矫正机构委托,对社区矫正对象进行定期考核,并根据其认罪悔罪、遵守有关规定、服从监督管理和接受教育等情况,向社区矫正机构提出奖惩建议、治安管理处罚建议和减刑、撤销缓刑、撤销假释以及收监执行等变更刑事执行建议。

6.4.2.9 组织解除矫正宣告

受社区矫正机构委托,社区矫正对象矫正期满或被赦免的,可按照规定程序组织解除矫正宣告。

6.4.2.10 建立社区矫正工作档案

接受委托对社区矫正对象进行日常管理的司法所应建立工作档案,做好档案移交及保管工作。

6.5 协调开展刑满释放人员安置帮教工作

6.5.1 目标要求

目标要求包括:

a)安置帮教工作机制进一步健全,相关部门作用得到充分发挥;

b)安置帮教政策进一步落实,安置帮教对象更好地融入社会。

6.5.2 工作内容

在当地党委政府领导下,按照县级安置帮教机构要求,协调开展刑满释放人员安置救助和教育帮扶等工作。

6.6 开展相关工作

6.6.1 参与推进辖区基层法治建设

根据依法治县(市、区)办和乡镇(街道)党委政府要求,参与推进辖区基层法治建设相关工作,协调推动各项任务落实。

6.6.2　开展行政执法协调监督工作

探索开展行政执法协调监督有关工作,推进乡镇(街道)严格规范公正文明执法。

6.6.3　开展合法性审核(查)工作

按照有关规定,组织开展乡镇(街道)重大行政决策合法性审查、行政规范性文件合法性审核和重大行政执法决定法制审核等工作。

6.6.4　面向社会收集立法意见建议

引导公众积极参与法律法规规章制定项目征集和立法草案征求意见等活动。

6.6.5　协助做好人民陪审员选任工作

协助做好辖区内人民陪审员制度宣传、人民陪审员候选人资格审查等工作。

6.6.6　应完成法律法规赋予和上级司法行政机关交办的其他事务

7　工作保障

7.1　组织队伍

7.1.1　组织机构

根据基层法治建设实际和人民群众对基层公共法律服务的需求设置司法所。

7.1.2　司法所长

司法所实行所长负责制。

7.1.3　人员配备

人员配备要求应包括:

a)根据辖区面积、人口规模和经济社会发展状况及开展工作需要,配备与司法所工作任务相适应的司法所工作人员;

b)根据实际工作需要,采取招录、聘用、政府购买服务、发展志愿者队伍等多种方式,充实司法所工作力量。

7.1.4　人员要求

人员要求应包括:

a)司法所工作人员具有较高的政治素质,以及履行岗位职责所必备的法律专业知识和业务工作能力;

b)各级司法行政机关根据司法所工作实际,建立健全司法所工作人员职位岗位准入规定;

c)司法所工作人员在执行公务时着装规范,仪表端庄,举止文明。

7.1.5 人员管理

人员管理要求应包括:

a)司法所统筹使用政法专项编制等各类编制资源和人员力量;

b)按照规定条件和程序招录、选调司法所工作人员,优化年龄结构和知识结构。

7.1.6 人员培训

7.1.6.1 分级培训

分级培训要求应包括:

a)司法所工作人员积极参加县(市、区)司法局组织的各类教育培训;

b)地市级司法行政机关加强对辖区内司法所长和司法所业务骨干的培训工作;

c)省(区、市)司法厅(局)按国家有关干部培训规定,根据司法所人员构成实际,统筹制定司法所干部队伍培训规划,加强师资培训,开展示范性培训;

d)各级司法行政机关结合实际,有计划地开展对少数民族地区司法所工作人员的双语培训。

7.1.6.2 培训要求

培训要求应包括:

a)对新录用的司法所工作人员进行岗前培训;

b)司法所干部每年参加培训累计不少于12天或者90小时,其他工作人员达到一定培训时间;

c)应支持司法所工作人员在职攻读学历学位,参加法律职业资格考试,鼓励立足岗位成长成才。

7.1.6.3 培训内容及形式

培训内容及形式包括:

a)培训应适应依法治国新要求和人民群众新期待,重点加强对司法所工

作人员政治理论、政策法规、业务知识、岗位技能和职业道德等方面的教育培训,着力提高司法所队伍履职服务水平;

b)培训可通过精准化培训、专业化训练和实战化教学等形式,广泛开展岗位练兵和技能比武等活动,努力提升司法所队伍整体素质。

7.2 基础设施

7.2.1 建设规划

司法所建设应纳入当地国民经济和社会发展计划,建设项目应纳入当地城市或乡镇建设总体规划并符合有关建设标准要求。

7.2.2 业务用房

业务用房要求应包括:

a)司法所业务用房相对独立,功能设置科学,布局合理,方便群众;

b)司法所业务用房建设内容与其担负的业务职能相适应,包括法律事务接待用房、法律援助业务用房、调解业务用房、社区矫正业务用房、安置帮教业务用房、普法依法治理业务用房和资料档案用房等,满足工作需要;

c)司法所业务用房建设符合国家有关建设标准。

7.2.3 设施装备

应按照现行县级司法行政机关基本业务装备配备指导标准,配备必要的办公通讯设备、执法执勤设备、交通工具和满足服务群众需要的其他设施装备。

7.2.4 外观标识

应按照司发通〔2019〕89 号要求,规范司法所外观标识。

7.3 工作经费

7.3.1 经费保障

司法所人员经费,日常运行公用经费,调解、普法依法治理、基层公共法律服务、社区矫正、安置帮教等办案(业务)经费、业务装备经费和基础设施建设经费等支出应纳入财政预算予以保障,并按照财行〔2017〕515 号文件要求执行。

7.3.2 经费使用

各项经费应严格管理,按程序审批,合法合规使用,提高资金使用效益。

7.4 信息化建设

7.4.1 基本要求

基本要求应包括:

a)司法所具备信息化工作所需的硬件与软件环境;

b)司法所信息应用系统满足与司法行政及其他存在业务协同关系的信息系统的集成对接要求;

c)司法所管理信息系统建设符合 SF/T 0017 及相关标准要求。

7.4.2　信息系统功能

信息系统功能应包括:

a)司法所管理信息系统具有对司法所的组织机构、人员队伍、基础设施、业务工作和规章制度等信息采集、统计和管理功能,基层司法行政工作交流功能,以及综合查询统计分析功能;

b)其他业务应用系统具有对司法所承担的业务工作记录、信息采集和动态管理等功能。

7.4.3　信息系统应用

信息系统应用要求应包括:

a)司法所明确信息系统的管理人员、操作人员及维护人员;

b)工作人员应熟练掌握信息系统应用,提高工作质效。

7.4.4　管理维护

管理维护要求应包括:

a)定期对信息系统进行维护更新,保证信息的及时、准确和有效;

b)信息系统使用和维护符合国家信息安全相关规定和要求。

7.4.5　统计分析

统计分析要求应包括:

a)按照相关要求进行数据采集录入,保证信息采集及时准确;

b)对各项业务数据定期进行汇总分析,制定工作预案,提出工作意见建议报乡镇(街道)党委政府和县(市、区)司法局。

8　工作制度

8.1　所务管理

8.1.1　岗位目标责任制度

应结合司法所承担的职能任务和本所实际,明确目标、细化任务、科学分工、责任到人。

8.1.2 工作例会制度

应定期召开工作例会，进行分析研判，根据情况可邀请县（市、区）司法局或乡镇（街道）党委政府领导参加。

8.1.3 请示报告制度

请示报告制度要求应包括：

a）定期向县（市、区）司法局和乡镇（街道）党委政府请示汇报工作；

b）遇到重大问题和重要情况，及时请示报告。

8.1.4 档案管理制度

应建立健全各类工作档案，按照相关规范要求及时收集整理和立卷归档，有条件的可同时建立电子档案，明确专人负责，分类妥善保管。

8.1.5 保密管理制度

应认真遵守和严格落实各项保密制度，严守国家秘密，不应泄露秘密文件资料信息，不应泄露有关商业秘密和当事人隐私等信息。

8.1.6 应急处置制度

应急处置制度要求应包括：

a）结合工作实际，对可能出现的突发事件等情况做出研判预警，制定应急处置预案，内容一般包括风险隐患分析、处置工作程序、响应措施以及相关单位联络人员和电话等；

b）发生突发事件，如实及时向县（市、区）司法局和乡镇（街道）党委政府报告，并迅速按预案处置。

8.2 监督评价

8.2.1 所务公开制度

所务公开制度要求应包括：

a）自觉接受社会各界和广大人民群众的监督，及时更新公开信息，提升司法所工作透明度；

b）公开工作职能、工作流程和工作规则，以及司法所工作人员职责、职务和联系方式等内容。

8.2.2 工作考核制度

工作考核制度要求包括：

a）县（市、区）司法局负责制定司法所及工作人员考核规定，开展定期考

核,并将考核结果作为评先、评优、奖励、培训、晋升和辞退的主要依据;

b)考核司法所工作,应充分征求乡镇(街道)党委政府意见建议;

c)司法所应对其工作情况定期开展自我评估,并主动接受考核。

8.2.3　工作评价制度

工作评价制度要求包括:

a)县(市、区)司法局应坚持以人民满意为标准,科学制定符合基层工作实际的司法所工作评价体系;

b)司法所应持续关注服务对象及社会公众对司法所工作的评价情况,确保人民群众的意见建议得到及时有效反馈,持续推进司法所工作创新发展;

c)有条件的司法所可利用信息化手段和第三方平台等多种方式开展评价,努力打造人民满意司法所。

参考文献

[1]法治中国建设规划(2020—2025年)

[2]法治政府建设实施纲要(2021—2025年)

[3]法治社会建设实施纲要(2020—2025年)

[4]中共中央　国务院转发《中央宣传部　司法部关于开展法治宣传教育的第八个五年规划(2021—2025年)》的通知

[5]中共中央办公厅　国务院办公厅关于推行法律顾问制度和公职律师公司律师制度的意见(2016年)

[6]中共中央办公厅　国务院办公厅关于加强和改进乡村治理的指导意见(2019年)

[7]中共中央办公厅　国务院办公厅关于加快推进公共法律服务体系建设的意见(2019年)

[8]中央全面依法治国委员会关于加强法治乡村建设的意见(2020年)

[9]中央依法治国办关于开展法治政府建设示范创建活动的意见(2019年)

[10]司发〔2018〕2号.中央政法委　最高人民法院　司法部　民政部　财政部　人力资源社会保障部关于加强人民调解员队伍建设的意见

[11]司发〔2018〕6号.司法部　最高人民法院　公安部关于印发《人民陪

审员选任办法》的通知

[12]司发通〔2010〕224 号. 司法部关于贯彻实施《中华人民共和国人民调解法》的意见

[13]司发通〔2014〕109 号. 司法部关于进一步加强行业性　专业性人民调解工作的意见

[14]司发通〔2018〕103 号. 司法部关于深入推进公共法律服务平台建设的指导意见

[15]司发通〔2019〕97 号. 司法部关于印发《公共法律服务事项清单》的通知

[16]司发通〔2019〕126 号. 司法部关于印发《公共法律服务网络平台　实体平台　热线平台融合发展实施方案》的通知

全国公共法律服务体系建设规划（2021—2025年）（摘选）

（2021年12月30日）

……

五、建成覆盖全业务全时空的法律服务网络

……

（六）推进公共法律服务实体平台有效覆盖。县级公共法律服务中心、乡镇公共法律服务工作站全面建成，管理体制机制健全完善，法律援助、法律咨询、法治宣传、人民调解等功能充分发挥，村（社区）公共法律服务室与村（居）法律顾问工作有效衔接，实现全科服务和转介工作标准化。因地制宜、规范推进省级、市级公共法律服务中心建设。推动乡镇（街道）公共法律服务实体平台与司法所一体规划、一体建设、资源共享，逐步实现“站所合一”。推动在校园、军营、创业园区等设立公共法律服务工作点，创新服务模式，打造服务品牌，引导和鼓励社会力量提供法律咨询、法治宣传、信息查询、转介引导等服务。

……

八、共建现代基层社会治理新格局

……

（二十二）强化司法所在社会治理中的基础性作用。健全完善司法所组织机构，充实工作力量。加强司法所基础设施建设，规范业务用房功能设置，提升业务装备水平，加强信息化应用。强化司法所工作职能，提高司法所统筹推进基层法治建设的能力，发挥司法所化解矛盾纠纷、法治宣传、基层法律服务、法律咨询等服务功能，统筹提供法律援助、律师、公证、司法鉴定、仲裁等法律服务指引。

……

司法部关于印发《司法所规范化建设三年行动方案（2022—2024年）》的通知

（2022年3月21日　司发通〔2022〕13号）

各省、自治区、直辖市司法厅（局），新疆生产建设兵团司法局：

《司法所规范化建设三年行动方案（2022—2024年）》已经2022年3月17日司法部第3次部长办公会议审议通过，现印发你们。请各地结合实际，切实抓好贯彻落实。

司法所规范化建设三年行动方案（2022—2024年）

为深入贯彻落实习近平法治思想，贯彻落实《法治中国建设规划（2020—2025年）》，进一步提高司法所规范化建设水平，充分发挥司法所在推进建设更高水平的平安中国、法治中国中的职能作用，司法部决定在全国开展司法所规范化建设三年行动，特制定本方案。

一、总体要求

（一）指导思想

坚持以习近平新时代中国特色社会主义思想为指导，深入学习贯彻习近平法治思想，全面贯彻落实党的十九大和十九届历次全会精神，深刻领会“两个确立”的决定性意义，增强“四个意识”、坚定“四个自信”、做到“两个维护”，认真贯彻落实党中央关于加强基层基础工作的决策部署，坚持服务为民，坚持系统观念、法治思维、强基导向，以司法所规范化建设为抓手，大力加强司法所组织队伍建设，完善体制机制，优化职能配置，提升保障能力，充分发挥司法所职能作用，推动司法所工作高质量发展，努力为推进建设更高水平的平安中国、法治中国作出积极贡献。

(二)基本原则

——坚持党的绝对领导。把党的领导贯穿于司法所工作的全过程各方面,坚持司法行政讲政治、业务工作重党建,确保党的路线方针政策在司法所工作中得到不折不扣贯彻执行,坚定司法所工作正确政治方向。

——坚持统筹谋划。把司法所规范化建设放在司法行政工作全局来谋划,统筹好当前和长远、质量和效率、"硬件"和"软件"等关系,确保司法所规范化建设有力有序推进。

——坚持问题导向。聚焦影响司法所工作发展的薄弱环节和短板弱项,采取有针对性的措施,因地制宜、突出重点、攻破难点,推动司法所规范化建设水平全面提升。

——坚持注重实效。结合基层群众法律服务需求、当地基层法治建设情况和司法所工作实际,扎实推进司法所规范化建设,确保取得实实在在的效果,全面夯实基层法治建设和司法行政工作的基层基础。

(三)总体目标

通过三年努力,实现司法所政治建设进一步强化,组织机构进一步健全,队伍建设进一步加强,体制机制进一步完善,职能定位进一步优化,保障能力进一步提升,司法所规范化建设水平跃上一个新台阶,司法所在维护人民群众合法权益、促进社会安全稳定、服务经济社会发展、推进基层法治建设中的作用进一步凸显。

(四)年度目标

——2022 年是司法所规范化建设推进年。根据《全国司法所工作规范》和《司法所外观标识规范》要求,全面梳理司法所组织机构、人员力量、队伍素质、基础设施、经费保障等相关情况和存在问题,明确工作举措,有序推进"两个规范"落实,进一步夯实司法所工作基础,以实际行动迎接党的二十大胜利召开。

——2023 年是司法所规范化建设提升年。坚持目标导向、问题导向、效果导向,突出制约司法所建设的瓶颈和难点问题,列出清单、细化措施、逐项销号,健全完善工作机制、工作标准和工作流程,不断优化司法所职能定位,全面提升司法所规范化建设水平。

——2024 年是司法所规范化建设深化年。认真总结司法所规范化建设成效,及时查漏补缺,建立常态长效机制,推出一批可借鉴可推广的典型经验,形成一批实践成果、制度成果、理论成果，全面提升司法所整体工作水平和服务能力。

二、主要任务

（一）政治建设

1. 坚持政治统领。旗帜鲜明讲政治，坚定拥护“两个确立”，坚决做到“两个维护”，筑牢政治忠诚。持续深化理论武装，始终把学习贯彻习近平新时代中国特色社会主义思想作为首要任务，坚持不懈用党的创新理论武装头脑、指导实践、推动工作。建立学习习近平法治思想常态化机制，切实推动学习贯彻习近平法治思想走深走实，入脑入心入行。

2. 加强基层党组织建设。贯彻落实新时代党的建设总要求，切实加强司法所党支部标准化、规范化建设，严格执行党的组织生活制度，定期召开支部委员会会议，组织党员按期参加“三会一课”。推进党史学习教育常态化长效化，加强对党员的教育管理监督、党性锻炼，推进党建与业务工作深度融合，充分发挥党支部战斗堡垒作用和党员先锋模范作用。

3. 加强纪律作风建设。严格遵守政治纪律和政治规矩，不断提高党员干部政治判断力、政治领悟力、政治执行力。严格执行中央八项规定及其实施细则精神，持之以恒纠治“四风”，尊重客观实际和群众需求，努力为人民群众办实事解难题。抓好党风廉政建设，完善监督制约机制，强化日常管理。巩固深化政法队伍教育整顿成果，落实好防止干预司法“三个规定”，确保守住底线、不越红线、不碰高压线，营造风清气正的良好氛围。

（二）业务建设

4. 深入推进矛盾纠纷化解工作。坚持和发展新时代“枫桥经验”，充分发挥调解在化解基层矛盾纠纷中的主渠道、主力军作用，努力实现小事不出村（社区），大事不出乡镇（街道），矛盾纠纷及时就地化解。切实履行司法所在调解工作中的日常指导职责，依法建立健全调解组织网络，加强调解员队伍建设，完善调解工作制度，提升调解工作水平，推动构建以人民调解为基础的大调解工作格局。

5. 组织提供基层公共法律服务。依托司法所推进公共法律服务实体平台建设，推动司法所与乡镇（街道）公共法律服务工作站一体规划、一体建设、资源共享，逐步实现“站所合一”。指导乡镇（街道）公共法律服务工作站工作，综合开展法律咨询、矛盾纠纷化解、法律援助、法律需求指引等工作,探索建立司法所代收行政复议申请等便民机制,实现“一站式”服务,使基层群众能够及时获得便捷高效的公共法律服务。立足司法所贴近群众、了解社情民意的优势,从群众法律服务需求出发,满足群众多层次、多领域法律服务需要。结合重大事件、重大活动和重要时间节点,开展专项法律服务活动,提高法律服务的针对性和精准度。

6. 深入推进基层普法依法治理。认真贯彻落实“八五”普法规划,突出学习宣传习近平法治思想,大力宣传宪法、民法典等与群众生产生活密切相关的法律法规,深化法律进机关、进乡村、进社区、进学校、进企业、进单位、进网络、进家庭等主题活动,不断提高普法针对性和实效性,努力提升公民法治素养。认真贯彻落实《法治社会建设实施纲要(2020—2025年)》和《中共中央、国务院关于加强基层治理体系和治理能力现代化建设的意见》,推动落实“谁执法谁普法”普法责任制,推进基层社会主义法治文化建设,指导推进民主法治示范村(社区)创建,推进“村(居)法律顾问”和乡村“法律明白人”全覆盖,参与指导制定村规民约,促进自治、法治、德治“三治融合”,不断提高基层治理法治化、现代化水平。

7. 积极推动基层政府依法行政。认真贯彻落实《法治政府建设实施纲要(2021—2025年)》,结合当地法治政府建设需求,积极推进基层依法行政。探索开展行政执法协调监督有关工作,推进乡镇(街道)严格规范公正文明执法。探索组织开展乡镇(街道)重大行政决策合法性审查、行政规范性文件合法性审核和重大行政执法决定法制审核等工作。推动建立乡镇(街道)党委政府法律顾问和公职律师制度,不断提升基层依法决策、依法行政、依法办事水平。

8. 依法开展社区矫正相关工作。全面贯彻落实《中华人民共和国社区矫正法》,根据社区矫正机构的委托,承担社区矫正相关工作,健全完善社区矫正工作机制,严格落实日常监督管理和教育帮扶措施,提高教育矫正质量。遇有重大事项,按规定程序和要求及时报告社区矫正机构,防止脱管漏管。依法组织和引导社会力量广泛参与社区矫正工作,开展有针对性的教育帮扶。

9. 认真协调落实安置帮教措施。在党委政府统一领导下,加强与有关部门、社会组织和志愿组织的沟通协调,推动落实安置帮教政策和工作措施,促进安置帮教对象顺利回归社会,最大限度预防和减少重新违法犯罪。

（三）组织队伍建设

10. 健全组织机构。结合当地法治建设实际和人民群众对基层公共法律服务的需求，优化司法所设置，更好服务中心工作、服务人民群众。根据需要推动在开发区、农林牧区、集贸市场等区域设立司法所，不断扩大司法所工作覆盖面。切实加强县（市、区）司法局对司法所的管理、指导和监督，形成上下协调、运转有序、便利高效的工作运行机制。

11. 充实人员力量。根据辖区面积、人口规模和经济社会发展状况及开展工作需要，采取招录、聘用、政府购买服务、发展志愿者队伍等多种方式，配备与司法所工作任务相适应的司法所工作人员。争取地方党委政府和相关部门支持，统筹使用司法所政法专项编制等各类编制资源。配合机构编制部门用足用好政法专项编制，积极推动政法专项编制向基层和一线倾斜。探索在司法所建立司法协理员队伍，充实司法所工作力量。

12. 提升队伍素质。建立健全司法所工作人员职位岗位准入规定，按照规定条件和程序招录、选调司法所工作人员，优化年龄结构和知识结构。适应基层法治建设要求，逐步将具有法律职业资格的法律专业人员充实到司法所工作一线。按照分级培训的要求，大力加强教育培训，通过岗前培训、日常培训、岗位练兵等多种形式，切实提高司法所队伍的履职能力和水平。

13. 激发队伍活力。坚持严管和厚爱结合、激励和约束并重，从政治上关心、工作上爱护、生活上关照司法所工作人员，争取地方党委政府支持，积极推动落实相关政策待遇。健全交流轮岗机制，畅通司法所干部交流晋升渠道，确保基层干部安心工作、干事创业。

（四）保障能力建设

14. 完善制度建设。完善司法所管理制度，建立健全岗位目标责任、工作例会、请示报告、档案管理、保密管理、考评奖惩、应急处置等制度，加快形成系统完备、内容科学、运行有效的制度体系。立足司法所职责任务，建立健全司法所各项业务工作制度，规范工作流程和服务方式，深化所务公开制度，完善便民利民措施，提升司法所服务基层群众的水平。

15. 提升业务用房设施水平。按照现行的司法业务用房标准，统筹各方面资源，通过新建、改建、置换、购买、租赁等方式，进一步提升司法所业务用房设施水平，实现功能用房区域相对独立、设置科学，更好地满足各项业务工作需要。进一步规范司法所外观标识,树立司法所良好形象,方便群众办事。

16.加强经费保障。按照《司法行政机关财务管理办法》规定,保障司法所人员经费、公用经费、办案(业务)经费、业务装备经费和基础设施建设经费等支出。积极协调有关部门,建立健全经费动态增长机制,经费保障向司法所适度倾斜。争取乡镇(街道)支持司法所工作,协调落实必要的基础保障。

17.强化业务装备。按照现行县级司法行政机关基本业务装备配备指导标准,结合业务工作需要和便民服务需求,为司法所配备并及时更新必要的办公通讯设备、执法执勤设备、交通工具等业务装备。

18.加强信息化应用。将司法所信息化建设统筹纳入司法行政系统信息化建设总体布局,省级司法行政机关积极搭建统一的基层工作管理信息平台,整合司法所工作相关业务系统,努力实现数据"一次录入、多方共享",以信息化提升司法所工作规范化、精细化水平。拓展服务覆盖面,加强移动端建设,逐步提升政务服务、法律服务"网上办、掌上办"能力。在有条件的司法所可设置自助服务设备,搭建线上线下相结合的便民服务体系。

三、工作要求

(一)加强组织领导。各省(区、市)司法厅(局)要把司法所规范化建设摆上重要议事日程,精心统筹谋划、认真组织实施。可结合本省(区、市)司法所工作基础和近年来司法所规范化建设实际情况,制定具体落实措施。司法厅(局)主要负责同志要围绕司法所规范化建设存在的突出问题,加强调查研究,亲自部署安排、推动落实、督导问效。要完善工作机制,形成一把手负总责、分管领导具体抓、各相关业务部门协调配合的工作推进机制。要建立并落实好司法行政工作基层联系点制度,发挥好司法所联系点的示范和带动作用。

(二)强化工作措施。各省(区、市)司法厅(局)要主动向当地党委政府汇报司法所规范化建设安排部署和工作进展情况,积极争取党委政府和有关部门的重视支持,为三年行动方案顺利实施创造良好条件。要坚持重心下移、力量下沉、资源下倾,推动司法所规范化建设稳步推进、长效发展。要坚持精准施策,通过调研、巡查、暗访等多种方式,对各地实施情况加强工作督促指导、检查考评,努力提升司法所规范化建设实效。

(三)加强宣传表彰。各省(区、市)司法厅(局)要及时总结推广司法所规范化建设好的经验和做法,积极宣传司法所工作在服务基层群众、服务中心工作和推进基层法治建设中取得的显著成绩，充分展示基层司法行政机关良好形象，不断提升司法所工作社会知晓度和群众满意度。加强对司法所工作先进典型的选树、培育和宣传表彰工作，努力为司法所工作高质量发展营造良好的社会环境。

二、调解工作

司法部关于开展“大排查、早调解、护稳定、迎国庆”专项活动的通知

（2019 年 3 月 5 日　司明电〔2019〕17 号）

各省、自治区、直辖市司法厅（局），新疆生产建设兵团司法局：

为认真贯彻落实习近平总书记在中央政法工作会议和省部级主要领导干部坚持底线思维着力防范化解重大风险专题研讨班上的重要讲话精神，深入贯彻落实全国司法厅（局）长会议精神和《坚持发展“枫桥经验”实现矛盾不上交三年行动方案》，充分发挥人民调解维护社会和谐稳定“第一道防线”作用，为新中国成立 70 周年营造良好社会环境，司法部决定，自今年 3 月开始在全国开展“大排查、早调解、护稳定、迎国庆”专项活动。现通知如下：

一、充分认识开展“大排查、早调解、护稳定、迎国庆”专项活动的重要意义

2019 年是新中国成立 70 周年，是深入贯彻落实党的十九大精神、决胜全面建成小康社会第一个百年奋斗目标的关键一年。今年党和国家大事多，喜事多，同时各种敏感节点多，风险挑战多，维护社会稳定的任务艰巨繁重。人民调解组织遍布城乡，人民调解员来自基层，面向群众，了解群众诉求，熟悉社情民意，在防范风险、化解矛盾、维护稳定方面具有独特优势，发挥重要作用。开展“大排查、早调解、护稳定、迎国庆”专项活动，组织广大人民调解组织和人民调解员，集中时间、集中力量排查化解矛盾纠纷，能够充分发挥人民调解在化解矛盾纠纷中的基础性作用，最大限度把矛盾尽早解决在基层、吸附在当地、消除在萌芽状态；同时通过专项活动，以实战促提升，强弱项，补短板，全面提升人民调解工作水平。各级司法行政机关和广大人民调解组织要充分认识开展专项活动的重要意义，牢固树立底线思维，立足抓早抓小抓苗头，既要排查化解一般矛盾纠纷，又要着力防范化解重大风险，最大限度将矛盾风险消解于无形、防患于未然，服务经济社会发展和社会大局稳定，以优异的成绩迎接新中国成立 70

周年。

二、总体要求

（一）指导思想

坚持以习近平新时代中国特色社会主义思想为指导，深入贯彻落实党的十九大和十九届二中、三中全会精神，深入贯彻落实习近平总书记在中央政法工作会议和省部级主要领导干部坚持底线思维着力防范化解重大风险专题研讨班上的重要讲话精神，坚持以人民为中心的发展思想，坚持稳中求进工作总基调，以人民满意为首要标准，以防范风险、化解矛盾为主线，围绕中心、服务大局，完善人民调解组织网络，提升人民调解员队伍素质，创新人民调解工作机制方法，努力实现矛盾不上交、不激化，保障政治安全、社会安定、人民安宁，不断开创新时代人民调解工作新局面。

（二）活动目标

通过开展专项活动，主动服务党委、政府中心工作，有效排查化解矛盾纠纷，进一步提高人民调解工作服务大局、维护稳定的能力和水平，努力为新中国成立 70 周年营造和谐稳定的社会环境。以开展专项活动为载体，全面贯彻落实《坚持发展"枫桥经验"实现矛盾不上交三年行动方案》，积极推进人民调解工作创新发展，进一步提高人民调解工作的影响力和社会公信力。

三、主要任务

（一）积极主动开展矛盾纠纷排查。坚持排查在先、关口前移，把集中排查和经常性排查结合起来，认真开展本地区（单位、领域）内矛盾纠纷排查，实现排查全覆盖。

1. 普遍排查。要把排查作为常态性工作，落实村（社区）、乡镇（街道）、县（市、区）矛盾纠纷定期排查机制，对排查出的矛盾纠纷苗头隐患分类梳理，建立台账，加强矛盾纠纷预测预警，加强舆情分析和风险研判。

2. 重点排查。聚焦重点人群、重点地区、重点行业、重点时段，有针对性开展矛盾纠纷排查，特别是对易发多发、关系民生和社会稳定的矛盾纠纷，要随时进行排查，采取有针对性的防范措施。

（二）及时就地化解矛盾纠纷。坚持抓早抓小、应调尽调，早发现、早调解，防止矛盾激化升级。

1. 一般矛盾纠纷。对婚姻家庭、邻里、房屋宅基地、山林土地等常见、多发的矛盾纠纷,村(社区)、乡镇(街道)人民调解委员会要灵活采取多种方法,及时就地进行化解,实现小事不出村(社区)、大事不出乡镇(街道)。

2. 重点矛盾纠纷。要把各类涉民营企业、涉及退役军人和信访等矛盾纠纷作为调解工作重点,引导他们通过合法渠道反映诉求、维护权益。

3. 行业、专业领域矛盾纠纷。加大对医疗纠纷、道路交通事故纠纷、劳动争议、物业纠纷的化解力度,拓展在消费、旅游、环保、金融、互联网、知识产权等领域开展人民调解工作。

4. 重大疑难复杂矛盾纠纷。对于重大疑难复杂矛盾纠纷,要统筹律师、公证、司法鉴定、仲裁等法律服务资源,组织专门力量,会同有关部门合力攻坚化解。

(三)全面提升人民调解工作水平。坚持强弱项、补短板、促提升,提高人民调解工作社会化、法治化、智能化、专业化水平,增强人民群众的获得感、幸福感和安全感。

1. 完善人民调解组织网络。加强涉企人民调解组织建设,推动在规模较大、职工较多、纠纷多发的企业建立人民调解委员会,支持各类商会建立人民调解组织。加强个人调解工作室建设,充分发挥调解能手的引领示范作用。注重吸收退役军人参加人民调解工作,打造一批老兵调解工作品牌。

2. 加强人民调解员队伍建设。优化队伍结构,大力发展专职人民调解员队伍,不断提高专职人民调解员规模和占比。组织开展人民调解大培训,采取多种形式,切实提高人民调解员政治业务素质。建立人民调解员持证上岗、等级评定制度,激发人民调解员的工作积极性。

3. 完善人民调解制度机制。总结、提炼人民调解工作典型经验和有益做法,形成一套科学合理、符合实际、操作性强的矛盾纠纷预防排查化解制度体系和工作机制。建立健全矛盾纠纷导入处置、联调联动和信息共享机制,形成矛盾纠纷化解合力。完善人民调解组织和人民调解员名册制度。

4. 创新人民调解方式方法。加强人民调解信息化、智能化建设,进一步完善人民调解管理信息系统,加快推广运用智能移动调解系统,积极运用大数据技术进行智能分析,提高矛盾纠纷预测预警水平。加强电视调解工作,推动在线调解、视频调解等新的方式方法,为人民群众提供便捷高效的调解服务。

5. 强化人民调解工作保障。推动地方财政足额保障人民调解工作经费,明确经费保障标准,建立动态增长机制。督促设立单位和相关行业主管部门落实保障责任,为人民调解委员会开展工作提供场所、设施等办公条件和必要的工作经费。加大政府购买服务力度,积极落实人民调解员抚恤政策。

四、方法步骤

活动于2019年3月初开始,至11月中旬结束,分为三个阶段:

(一)动员部署阶段(3月初至3月中旬)。各级司法行政机关要结合本地实际研究制定具体实施方案,积极做好动员部署工作,使广大人民调解组织和人民调解员了解、支持并积极投身到专项活动当中,掀起排查化解矛盾纠纷的热潮。要充分利用电视、广播、报刊、网络、条幅、标语等方式广泛宣传专项活动,使这项活动为领导所重视、为社会所知晓、为群众所支持,为活动开展创造良好的舆论氛围和社会环境。

(二)组织实施阶段(3月下旬至10月中旬)。各级司法行政机关要按照制定的实施方案,有计划、有步骤地组织广大人民调解组织和人民调解员,深入村组、社区、厂矿、企事业单位,深入困难人群多、纠纷问题多的地方,有针对性地开展矛盾纠纷排查。对排查出来的、党委政府交办的、有关部门委托移送的矛盾纠纷,人民调解组织、人民调解员要灵活运用法理情等多种方式方法,及时、就地、依法进行调解。对有可能激化或引起民转刑案件、群体性事件和信访案件的矛盾纠纷,要在稳定事态的基础上及时报告党委、政府和有关部门,配合做好疏导化解工作。对调解不成的,要引导当事人通过仲裁、行政裁决、诉讼等合法渠道解决。

(三)总结表彰阶段(10月下旬至11月中旬)。各级司法行政机关和广大人民调解组织要认真分析本地区(单位、领域)矛盾纠纷类型、特点和规律,提出预防矛盾纠纷的意见措施,为党委、政府科学研判本地区社会稳定形势提供参考和依据。要注意发现和树立在活动中涌现出的先进集体和先进个人,大力宣传和推广他们的经验和事迹,对在活动中表现突出的人民调解组织和人民调解员要在年底进行通报表扬。

五、活动要求

(一)加强组织领导。各级司法行政机关要充分认识开展专项活动的重要意义,把专项活动作为全年司法行政的重点工作,列入议事日程,摆上重要位置,精心组织,周密部署,全力推进。要切实提高政治站位,形成主要领导亲自过问、分管领导具体负责、各职能部门密切配合、一级抓一级、层层抓落实的工作格局。要主动向党委、政府汇报活动部署安排、进展情况和工作成效,积极争取把专项活动纳入当地党委、政府整体工作部署加以谋划和推进。

(二)狠抓工作落实。各级司法行政机关特别是主要领导同志要切实负起责任,加强对专项活动的调查研究和检查指导,深入一线了解活动开展情况,协调解决存在的困难和问题,推动活动深入开展。要整合司法行政系统各项资源,广泛发动律师、公证员、基层法律服务工作者、法律援助工作者等积极参与专项活动。要把开展专项活动与贯彻落实《关于加强人民调解员队伍建设的意见》《关于推进行业性专业性人民调解工作的指导意见》《关于推进商会人民调解工作的意见》《关于坚持发展"枫桥经验"实现矛盾不上交三年行动方案》《关于推进个人调解工作室的意见》等文件结合起来,不断开创人民调解工作新局面。

(三)营造社会氛围。要注重运用电视、广播、报刊等传统媒体和网站、微博、微信等现代传媒手段,大力宣传活动的开展情况和取得的成效,宣传活动中涌现的先进事迹和典型案例,宣传人民调解工作的特点和优势,扩大人民调解工作的知晓度和影响力,引导更多的纠纷当事人选择人民调解方式解决矛盾纠纷。

(四)加强信息报送工作。要采取多种形式,总结交流活动开展情况、经验做法和成效,及时报送党委、政府、有关部门和上级司法行政机关。各省(区、市)司法厅(局)要根据专项活动各阶段时间安排,对工作情况进行阶段总结,形成书面材料,在各阶段结束后10日内报部人民参与和促进法治局。

各地开展专项活动的具体实施方案和活动中的重大事项、重要情况请及时报部。

教育部　最高人民法院　最高人民检察院　公安部　司法部关于完善安全事故处理机制维护学校教育教学秩序的意见

（2019年6月25日　教政法〔2019〕11号）

各省、自治区、直辖市教育厅（教委）、高级人民法院、人民检察院、公安厅（局）、司法厅（局），新疆生产建设兵团教育局、新疆维吾尔自治区高级人民法院生产建设兵团分院、新疆生产建设兵团人民检察院、公安局、司法局：

为贯彻落实全国教育大会精神，完善学校安全事故预防与处理机制，形成依法依规、客观公正、多元参与、部门协作的工作格局，为学校（含幼儿园）办学安全托底，解决学校后顾之忧，维护老师和学校应有的尊严，保护学生生命安全，根据教育法、治安管理处罚法、刑法等法律法规和《国务院办公厅关于加强中小学幼儿园安全风险防控体系建设的意见》等有关规定，现提出如下意见。

一、健全学校安全事故预防与处置机制

1. 着重加强学校安全事故预防。各级教育部门要依法加强对学校安全工作的督导、检查，会同、配合有关部门加强对学校校舍、场地、消防、食品安全和传染病防控等事项的监管，指导学校完善安全风险防控体系，完善学校安全管理组织机构和责任体系，健全问责机制。各级各类学校要树立预防为先的理念，落实安全标准，健全安全管理制度，完善安全风险排查和防范机制，压实安全责任，加强学生的安全教育、法治教育、生命教育和心理健康教育，建立并严格执行学校教职工聘用资质检查制度，从源头上预防和消除安全风险，杜绝责任事故。健全学校安全隐患投诉机制，对学生、家长和相关方面就学校安全存在问题的投诉、提出的意见建议，及时办理回复。

2. 规范学校安全事故处置程序。各级教育部门要指导、监督学校健全安全事故处置机制，制定处置预案、明确牵头部门、规范处置程序，完善报告制度，提高工作规范化、科学化、专业化水平。安全事故发生后，学校应当立即启动预案,及时开展救助。发生重大事故,要建立由学校主要负责人牵头的处置机制,必要时由当地人民政府或者学校主管部门、其他相关部门牵头处理。学校应当建立便捷的沟通渠道,及时通知受伤害者监护人或者近亲属,告知事故纠纷处理的途径、程序和相关规定,主动协调,积极引导以法治方式处置纠纷。学校要关心受伤害者,保障受伤害者及其监护人、近亲属的知情权和依法合理表达诉求的权利。

3. 健全学校安全事故处理的法律服务机制。司法行政机关应当组织法律援助机构依法为符合条件的学校安全事故受伤害者提供法律援助,指导律师事务所、公证机构等为当事人提供法律服务,指导律师做好代理服务工作,引导当事人依法、理性表达意见,合理提出诉求。有条件的地方可以设立学生权益法律保护中心,以政府购买服务等方式,聘请法律专业服务机构或人员,为学生提供法律服务。纠纷处理过程中,需要鉴定以明确责任的,由双方共同委托或者经当事人申请,由主持调解的机构、组织委托司法鉴定机构进行鉴定。

4. 形成多元化的学校安全事故损害赔偿机制。学校或者学校举办者应按规定投保校方责任险,有条件的可以购买校方无过失责任险和食品安全、校外实习、体育运动伤害等领域的责任保险。要通过财政补贴、家长分担等多种渠道筹措经费,推动设立学校安全综合险,加大保障力度。要增强师生和家长的保险意识,引导家长为学生购买人身保险,有条件的地方可以予以补贴。学校可以引导、利用社会捐赠资金等设置安全风险基金或者学生救助基金,健全救助机制。鼓励有条件的地方建立学校安全赔偿准备基金,或者开展互助计划,健全学校安全事故赔偿机制。

二、依法处理学校安全事故纠纷

5. 健全学校安全事故纠纷协商机制。学校安全事故责任明确、各方无重大分歧或异议的,可以协商解决。协商解决纠纷应当坚持自愿、合法、平等的原则,尊重客观事实、注重人文关怀,文明、理性表达意见和诉求。学校应当指定、委托协商代表,或者由法治副校长、学校法律顾问等专业人员主持或参与协商。协商一般应在配置录音、录像、安保等条件的场所进行。受伤害者亲属人数较多的,应当推举代表进行协商,代表人数一般不超过 5 人并相对固定。双方经协商达成一致的,应当签署书面协议。推动学校建立专业化的安全事故处理委员会,统筹学校安全事故预防与处置。

6. 建立学校安全事故纠纷调解制度。教育部门应当会同司法行政机关推进学校安全事故纠纷调解组织建设,聘任人大代表、政协委员、法治副校长、教育和法律工作者等具备相应专业知识或能力的人员参与调解。建立由教育、法律、医疗、保险、心理、社会工作等方面专业人员组成的专家咨询库,为调解工作提供支持和服务。市县两级行政区域内可根据需要设立学校安全事故人民调解委员会,对学校难于自行协商或者协商不成的安全事故纠纷实现能调尽调。司法行政机关应当会同教育部门、人民法院加强对学校安全事故人民调解委员会的指导,帮助完善受理、调解、回访、反馈等各项工作制度,加强人民调解员队伍建设和业务培训,确保调解依法、规范、公正、有效进行。地方教育部门根据需要可以直接组织行政调解。区域内的高等学校可以加强合作,联合建立事故纠纷调处机制。

7. 依法裁判学校安全事故侵权责任。人民法院对起诉的学校安全事故侵权赔偿案件应当及时立案受理,积极开展诉讼调解,对调解不成的,要按照《中华人民共和国侵权责任法》和相关法律法规,参照《学生伤害事故处理办法》等规章,明确划分责任,及时依法判决;对学校已经依法履行教育、管理职责,行为无过错的,应当依法裁判学校不承担责任。诉讼调解、裁判过程中,要切实保护双方权利,杜绝片面加重学校赔偿责任的情形。最高人民法院通过发布指导性案例等方式,加强审判指导。人民法院在诉讼过程中应当加强法律宣传教育,并做好判后释疑工作。

8. 杜绝不顾法律原则的"花钱买平安"。学校安全事故纠纷处理过程中,要坚守法律底线,根据事故客观事实和法律法规规定,明确各方责任。责任认定前,学校不得赔钱息事。经认定,学校确有责任的,要积极主动、按标准依法确定赔偿金额,给予损害赔偿,不得推诿塞责、拖延不办。学校负责人或者直接管理者有责任的,学校主管部门应当依法依规及时处理、严肃问责。学校无责任的,要澄清事实、及时说明。任何组织和个人不得非法干涉纠纷处理。坚决避免超越法定责任边界,片面加重学校负担、"花钱买平安",坚决杜绝"大闹大赔""小闹小赔"。原则上,公办中小学、幼儿园人身伤害事故纠纷涉及赔偿金额请求较大的,应当积极引导当事人通过人民调解等方式解决。各地可以根据实际,规定公办中小学校、幼儿园协商赔偿的限额。

三、及时处置、依法打击"校闹"行为

9.及时制止"校闹"行为。学校安全事故处置过程中,如发生家属及其他校外人员实施围堵学校、在校园内非法聚集、聚众闹事等扰乱学校教育教学和管理秩序,侵犯学校和师生合法权益等"校闹"行为的,学校应当立即向所在地公安机关报案,提供当事方人数、具体行为、有无人员受伤等现场情况,并保护好现场,配合公安机关做好调查取证等工作。公安机关到达前,学校保卫部门可依法采取必要的措施,阻止相关人员进入教育教学区域,防止其干扰教育教学活动。公安机关接到报案后应当立即组织警力赶赴现场,维持现场秩序,控制事态,协助有关部门进行疏导劝阻,防止事态扩大。对现场发生的违法犯罪行为,要坚决果断制止,对涉嫌违法犯罪人员依法查处。

10.依法惩处"校闹"人员。实施下列"校闹"行为,构成违反治安管理行为的,公安机关应当依照治安管理处罚法相关规定予以处罚:(1)殴打他人、故意伤害他人或者故意损毁公私财物的;(2)侵占、毁损学校房屋、设施设备的;(3)在学校设置障碍、贴报喷字、拉挂横幅、燃放鞭炮、播放哀乐、摆放花圈、泼洒污物、断水断电、堵塞大门、围堵办公场所和道路的;(4)在学校等公共场所停放尸体的;(5)以不准离开工作场所等方式非法限制学校教职工、学生人身自由的;(6)跟踪、纠缠学校相关负责人,侮辱、恐吓教职工、学生的;(7)携带易燃易爆危险物品和管制器具进入学校的;(8)其他扰乱学校教育教学秩序或侵害他人人身财产权益的行为。"校闹"行为造成学校、教职工、学生财产损失或人身伤害,被侵权人依法追究"校闹"人员侵权责任的,应当予以支持。同时,可以通过联合惩戒机制,对实施"校闹"、聚众扰乱社会秩序的人员实施惩戒。

11.严厉打击涉及"校闹"的犯罪行为。实施"校闹"行为涉嫌构成寻衅滋事罪、聚众扰乱社会秩序罪、故意毁坏财物罪、非法拘禁罪、故意伤害罪和聚众扰乱公共场所秩序、交通秩序罪等,需要追究刑事责任的,公安机关要依法及时立案侦查,全面客观地搜集、调取证据,确保侦查质量。人民检察院应当及时依法批捕、起诉。人民法院应当加快审理进度,在全面查明案件事实的基础上依法准确定罪量刑。对故意扩大事态,教唆他人实施针对学校和教职工、学生的违法犯罪行为,或者以受他人委托处理纠纷为名实施敲诈勒索、寻衅滋事等行为的,依法从严惩处。

师生、家长或者校外人员因其他原因在校内非法聚集、游行或者实施其他

影响学校正常教育教学秩序行为的，参照上述规定予以处置。

四、建立多部门协调配合工作机制

12. 加强学校及周边安全风险防控。各地要加强校园周边综合治理，在城镇幼儿园、中小学周边全面实行学生安全区域制度。教育部门应当会同公安机关指导学校建立健全突发事件预警应对机制和警校联动联防联控机制，提高应对突发事件的现场处置能力。公安机关要加强校园及周边警务室建设，加强校园周边巡逻防控，及时受理报警求助。

13. 有效应对涉及学校安全事故纠纷的舆情。学校要做好安全事故的信息发布工作，按照规定主动、适时公布或者通报事故信息；在处置预案中明确接待媒体、应对舆情的部门和人员，增强舆情应对的意识和能力。对恶意炒作、报道严重失实的，学校要及时发声、澄清事实。对有较大影响的安全事故事件，属地教育部门应在党委、政府统一领导下，会同相关部门做好舆情引导工作。对于虚假报道引起社会不良影响的，学校应当向有关部门反映或提起诉讼，追究其侵权责任。

14. 营造依法解决学校安全事故纠纷的社会氛围。推动学校安全法律制度建设，鼓励各地制定或修改、完善学校安全方面的地方性法规。司法行政机关要协调指导有关部门加强法治宣传教育，增强社会公众的法治意识，培养尊法学法守法用法的社会氛围，推动形成依法理性解决学校安全事故纠纷的共识。要通过家长学校、家长委员会等多种方式拓宽学生父母或其他监护人参与学校管理和监督的渠道，加强对学生父母或其他监护人的法治宣传，形成和谐家校关系。学校要切实树立依法治校、依法办学理念，通过法治思维和法治方式化解矛盾纠纷，不得为防止发生安全事故而限制或取消正常的课间活动、体育活动和其他社会实践活动。

15. 建立学校安全工作部门协调机制。各地、各有关部门要深刻认识保障学校安全的重要意义，加强组织领导与协调配合，形成工作合力。地方教育部门应当积极协调相关部门建立联席会议等工作制度，定期互通信息，及时研究解决问题，共同维护学校安全，切实为学校办学安全托底，解除学校后顾之忧，保障学校安心办学、静心育人。

各地可以结合实际，制定贯彻实施本意见的具体办法。

中华全国人民调解员协会关于开展人民调解员等级评定工作的意见

（2019年10月11日　中调协〔2019〕8号）

各省、自治区、直辖市人民调解（员）协会，新疆生产建设兵团人民调解员协会：

开展人民调解员等级评定工作，是加强人民调解员队伍建设、提高人民调解工作水平的重要举措，对于增强人民调解员的荣誉感、使命感，调动人民调解员的积极性、主动性，提升人民调解工作的社会影响力和公信力具有重要意义。为深入贯彻落实《关于加强人民调解员队伍建设的意见》，现就开展人民调解员等级评定工作提出如下意见。

一、总体要求

（一）指导思想

坚持以习近平新时代中国特色社会主义思想为指导，认真贯彻落实党的十九大和十九届二中、三中全会精神，全面贯彻落实《人民调解法》，深入贯彻落实《关于加强人民调解员队伍建设的意见》，科学设定评定条件，规范评定主体和程序，完善评定制度机制，积极开展人民调解员等级评定工作，促进人民调解员队伍素质和工作水平整体提升，为平安中国、法治中国建设作出更大贡献。

（二）基本原则

——坚持党的领导。认真贯彻落实中央关于加强人民调解工作和人民调解员队伍建设的决策部署，确保人民调解工作和人民调解员队伍建设的正确方向。

——坚持从实际出发。立足本地调解工作实际，遵循人民调解员队伍特点和规律，科学设定评定条件，不断完善人民调解员水平评价体系。

——坚持以人民满意为标准。切实提高人民调解员政治素质、业务水平和调解技能，更好满足人民群众对多层次多领域个性化调解服务需求。

——坚持公开公平公正。严格遵守《人民调解法》的有关规定，规范等级评定主体和流程,完善评定制度,确保评定结果的权威性和公信力。

二、主要任务

1. 统一评定等级和名称。人民调解员等级评定分为四个等级,分别是一级人民调解员、二级人民调解员、三级人民调解员、四级人民调解员,其中一级人民调解员为最高等级。

2. 明确评定条件。人民调解员等级评定条件应综合其政治素质、工作业绩、调解能力、专业水平、从事人民调解工作年限、参加培训情况、廉洁自律等情况,由各省(自治区、直辖市)人民调解(员)协会结合实际确定各个等级的具体条件,并科学设定各个等级人民调解员的占比。

3. 严格评定主体。人民调解员等级评定工作由各级人民调解(员)协会负责组织和实施。省级人民调解(员)协会负责一级人民调解员的评定工作,市级人民调解(员)协会负责二级人民调解员的评定工作,县级人民调解(员)协会负责三级和四级人民调解员的评定工作。直辖市的区(县)人民调解(员)协会负责二级及以下人民调解员的评定工作。行业性、专业性人民调解委员会的人民调解员等级评定工作由备案的司法行政机关同级的人民调解(员)协会负责。

4. 规范评定程序。人民调解员等级评定工作定期进行,一般由人民调解员本人向相应的人民调解(员)协会提出书面申请,经人民调解(员)协会组织评定并将评定结果公示。等级评定申请一般应从低到高逐级进行,具有下一个等级满两年后方可申请高一等级的评定。政治素质高、业务能力强的退休政法干警、律师等专业人士担任人民调解员或者获得相应表彰的人民调解员可以申请越级评定。

5. 完善评定制度。人民调解(员)协会可以结合人民调解员年度考核情况,对人民调解员的等级进行动态管理,不具备相应等级条件的可予以降级。对于在申请等级评定过程中弄虚作假、因调解工作不当造成严重社会影响、不再从事人民调解工作的,取消人民调解员等级。人民调解员等级评定结果可以作为获取补贴、评先评优等的重要依据。

6. 创新评定机制和方式。各地可以根据需要成立由人民调解(员)协会理事、人民调解员和法律服务工作者代表等组成的人民调解员等级评定工作委员会,具体负责人民调解员等级评定。推动建立业内评价和社会评价相结合的评价机制,探索网上评定、第三方评定等方式方法,提高评定工作质效。

三、加强组织领导

各级人民调解(员)协会要主动向同级司法行政机关汇报人民调解员等级评定工作情况,自觉接受司法行政机关的监督和指导。尚未建立人民调解(员)协会的地方,要加快建立。要积极争取司法行政机关的重视和支持,帮助解决人民调解员等级评定工作中遇到的困难和问题,总结推广好的经验和做法。要充分利用《人民调解》杂志、司法行政机关和协会网站以及微信微博等新媒体,大力宣传人民调解员等级评定工作,积极营造良好的社会氛围。

各省(自治区、直辖市)人民调解(员)协会可结合实际制定具体实施办法,并报中华全国人民调解员协会。

最高人民法院　国家发展和改革委员会　司法部关于深入开展价格争议纠纷调解工作的意见

（2019年12月9日　法发〔2019〕32号）

各省、自治区、直辖市高级人民法院、发展改革委（物价局）、司法厅（局），解放军军事法院，新疆维吾尔自治区高级人民法院生产建设兵团分院、新疆生产建设兵团发展改革委、司法厅（局）：

为深入贯彻党的十九大和十九届四中全会精神，落实中央关于推进价格机制改革和完善矛盾纠纷多元化解机制的要求，提供价格争议化解公共服务，构建调解和诉讼制度有机衔接的价格争议纠纷化解机制，现将《关于深入开展价格争议纠纷调解工作的意见》印发给你们，请结合实际贯彻执行。执行过程中如有情况和问题，请及时层报最高人民法院、国家发展改革委、司法部。

关于深入开展价格争议纠纷调解工作的意见

为深入贯彻党的十九大和十九届四中全会关于建立共建共治共享社会治理格局的重大决策部署，落实《中共中央国务院关于推进价格机制改革的若干意见》《中共中央办公厅国务院办公厅关于完善矛盾纠纷多元化解机制的意见》，现就深入开展价格争议纠纷调解工作，提出如下意见。

一、总体要求

（一）指导思想。以习近平新时代中国特色社会主义思想为指导，全面贯彻党的十九大和十九届二中、三中、四中全会精神，认真落实中央关于推进价格机制改革和完善矛盾纠纷多元化解机制的要求，明确调解范围，畅通调解渠道，完善制度机制，强化保障措施，依法、公正、高效化解价格争议纠纷，不断提高价格争议纠纷调解公信力，满足人民群众多元的纠纷解决需求。

（二）基本原则。坚持依法调解。不违背法律、法规和国家政策，不得损害国家利益、社会公共利益或者他人合法权益。

坚持调解自愿。充分尊重当事人的意愿,积极引导当事人优先选择调解方式化解纠纷,促进双方当事人在平等自愿的基础上达成调解协议。

坚持便民高效。合理布设价格争议纠纷调解组织网络,灵活确定纠纷化解方式,提高调解工作效率,确保调解工作质量。

坚持创新发展。充分发挥基层首创精神,鼓励基层因地制宜、形式多样地开展工作。

(三)工作目标。深入开展价格争议纠纷调解工作,及时有效化解价格争议纠纷,建立制度完善、组织健全、规范高效的价格争议纠纷调解体系,提供价格争议化解公共服务,构建调解和诉讼制度有机衔接的价格争议纠纷化解体系。

二、主要任务

(四)明确调解范围。价格争议纠纷是平等民事主体之间因商品或者服务价格产生的纠纷。价格争议纠纷调解主要涉及交通事故赔偿、消费者权益保障、医疗服务、物业服务、旅游餐饮服务、工程建设造价、农业生产资料、保险理赔等民生领域的价格争议纠纷。以下情形不属于价格争议纠纷调解范围:

1. 属于政府定价、政府指导价的;2. 涉嫌价格违法、依法应当立案查处的;3. 价格争议事项涉及非法渠道购买商品或者接受服务的;4. 涉及违禁品及国家明令禁止生产、流通及销售物品的;5. 其他不适宜开展调解的价格争议纠纷。

(五)畅通调解渠道。发生价格争议纠纷,可以通过以下途径调解:1. 价格主管部门所属的价格认定机构调解;2. 相关人民调解组织调解;3. 依法设立的其他调解组织调解。

(六)创新调解方式。认真总结实践中行之有效的价格争议纠纷调解方式方法,引导当事人优先选择调解方式化解价格争议纠纷。积极探索在线调解等工作,满足人民群众多元、及时、便捷化解价格争议纠纷的新要求。

(七)健全对接机制。采取联合调解、协助调解、委托移交调解等方式,建立价格争议纠纷行政调解、人民调解、行业性专业性调解、司法调解衔接联动的工作机制。完善诉调对接机制,探索在法院诉讼服务中心设置调解室,对适宜调解的价格争议纠纷,引导当事人选择先行调解。健全委派、委托、诉中协助调解机制,促进纠纷的合理分流。规范纠纷流程管理,对调解不成功的纠纷,依法转入审判程序,切实维护当事人权益。

(八)完善工作制度。建立完善重大疑难事项专家会商制度,加强与本地矛盾纠纷调处中心、专业性纠纷化解平台的协调对接,及时协调解决重大典型价格争议纠纷。鼓励建立联席会议等制度,加强对价格争议纠纷调解工作的组织领导和统筹协调。建立价格争议纠纷案件研判制度,通过业务交流、发布典型案例、司法建议等方式,推动依法解决价格争议纠纷。

(九)强化司法保障。价格争议纠纷调解机构或组织主持调解达成的调解协议,经当事人签字或盖章后,具有民事合同性质,当事人应当按照约定履行。双方当事人认为有必要申请司法确认的,可以依法向人民法院提出申请。经人民法院确认调解协议有效,一方当事人拒绝履行或者未全部履行的,对方当事人可以向人民法院申请强制执行。人民法院在立案登记后委托价格争议纠纷调解组织进行调解达成调解协议的,由人民法院审查并制作民事调解书结案。

三、强化保障措施

(十)加强组织领导。切实加强对价格争议纠纷调解工作的指导,及时协调解决工作中遇到的困难和问题。积极推动各地以地方性法规或者政府规章的形式出台价格争议纠纷调解办法,会同有关部门、司法机关研究制定相关政策。人民法院吸纳符合条件的价格争议纠纷调解机构或组织进入人民法院特邀调解组织名册,吸纳价格认定专业人员、人民调解员、行业调解员、律师、相关专家等进入人民法院特邀调解员名册,为当事人提供准确的调解组织和调解员信息。

(十一)加强队伍建设。建立完善价格争议纠纷调解员的遴选、培训、奖惩、退出等制度。积极吸纳价格认定专业人员、人民调解员、行业调解员、律师、相关专家等担任价格争议纠纷调解员,组建价格争议纠纷调解专家库,建立调解员定期培训制度。加强价格争议纠纷调解员培训工作,拓宽培训形式,强化职业操守,推动调解员全面提升专业知识、职业素养和调解技能。

(十二)强化工作保障。价格争议纠纷调解工作不得收取任何费用。各地要积极争取当地党委、政府及财政部门的支持,保障价格争议纠纷调解工作在调解场所、办公设备、工作经费、专业人才聘用、信息化建设等方面需要,保证价格争议纠纷调解工作的顺利开展。

(十三)积极总结推广。及时总结基层一线的典型做法,充分利用现代化传媒手段,加大宣传力度,使社会各界了解价格争议纠纷调解工作。在具体调解工作中,特别是在处理一些问题突出、情况复杂以及涉及与行政管理有关的价格争议时,各地要加强交流,相互借鉴,适时总结典型经验加以推广。

最高人民法院　公安部　司法部 中国银行保险监督管理委员会 关于在全国推广道路交通事故损害赔偿纠纷“网上数据一体化处理”改革工作的通知

（2020年5月6日　法〔2020〕142号）

各省、自治区、直辖市高级人民法院、公安厅(局)、司法厅(局),各银保监局,解放军军事法院,新疆维吾尔自治区高级人民法院生产建设兵团分院、新疆生产建设兵团公安局、司法局:

2017年10月27日,最高人民法院、公安部、司法部、原中国保险监督管理委员会下发《关于在全国部分地区开展道路交通事故损害赔偿纠纷“网上数据一体化处理”改革试点工作的通知》(法〔2017〕316号),决定在14个省市联合开展道路交通事故损害赔偿纠纷“网上数据一体化处理”(以下简称道交纠纷一体化处理)改革试点工作。两年的改革试点证明,这项工作方向正确、意义重大、成效明显,对开创互联网时代矛盾纠纷多元化解新模式、实现纠纷公正高效处理、维护人民群众人身财产合法权益、推进社会治理创新发挥了积极作用。最高人民法院、公安部、司法部、中国银行保险监督管理委员会决定,将联合开展道交纠纷一体化处理改革工作在全国推广。现将有关事项通知如下。

一、统一思想,充分认识全面推广道交纠纷一体化处理工作的重要意义

开展道交纠纷一体化处理工作,是满足人民群众日益增长的美好生活需要、服务保障经济社会发展大局的必然要求,是创新多元化纠纷解决机制、促进矛盾纠纷公正高效便捷化解的有益探索,是打造共建共治共享的社会治理格局、提高社会治理社会化、法治化、智能化、专业化水平的重要举措。前期的改革试点形成了一批可复制、可推广的成功经验,在此基础上以点带面,深入推进、全面推广这项工作,有利于巩固和深化改革成果,使改革红利惠及更广大人民群众,使机制优势充分转化成治理效能,具有重要的现实意义和实践价值。

二、自觉服务和保障大局,增强做好工作的责任感、使命感

人民法院、公安机关、司法行政机关、银行保险监管机构要以深入贯彻党的十九大、十九届二中、三中、四中全会精神以及中央政法工作会议、政法领域全面深化改革推进会和市域治理会议精神为契机,以习近平新时代中国特色社会主义思想为指导,增强"四个意识"、坚定"四个自信"、做到"两个维护",不忘初心、牢记使命,紧紧围绕推进国家治理体系和治理能力现代化这一重大战略任务,深化社会综合治理,更广泛地运用互联网技术和信息化手段加强预防和化解社会矛盾机制建设,切实增强做好道交纠纷一体化处理工作的责任感、使命感,在互动协作中促进矛盾纠纷源头治理和有效化解,合力打造共建共治共享的社会治理格局,有力促进平安中国、法治中国建设。

三、坚持问题导向和目标导向,发挥示范引领作用,推进试点地区道交纠纷一体化处理工作新发展

试点地区应在巩固改革试点成果的基础上,坚持问题导向、目标导向,深入推进道交纠纷一体化处理工作,充分发挥示范引领作用,为推进基层社会治理体系和治理能力现代化贡献力量。

(一)加大平台建设力度。未完成平台上线的人民法院应在两年内实现道交纠纷一体化平台全部上线。自主建设的道交纠纷一体化平台应确保按照《道路交通事故损害赔偿纠纷"网上数据一体化处理"业务规范指引》《道路交通事故损害赔偿纠纷"网上数据一体化处理"技术规范指引》的要求,将数据实时汇聚至统建的道交纠纷一体化平台。

(二)优化升级平台功能。按照共建共治共享原则,进一步打通道交领域各部门数据孤岛,开放道交纠纷一体化平台数据接口,实现各部门数据共享,解决调解员多系统重复录入信息问题。完善道交纠纷处理全流程数据库,提高数据录入的准确性、完整性和及时性,着力解决鉴定机构、保险公司等部门与人民法院系统对接不畅、人民法院内网办案系统与外网道交纠纷一体化平台不对接问题,优化提升一体化平台功能模块的便捷性、智能性,让平台运行更加高效,全面实现信息互通、一网办案。积极做好道交纠纷一体化平台与人民法院调解平台、公共法律服务平台的对接工作,使道路交通事故损害赔偿纠纷也可通过人民法院调解平台、公共法律服务平台申请调解,实现相关平台互联互通、数据共享。

（三）强化部门联动协同。在党委统一领导下，积极争取政府及有关部门对深入推进道交纠纷一体化处理工作的支持，落实和加大专项工作经费保障，着力解决多头管理、工作交叉、权责不清等制约纠纷高效便捷化解的突出问题，充分利用道交纠纷一体化平台形成的大数据资源，加强社会治安形势分析研判，健全非诉调解、诉讼风险评估、类案结果提示、一键理赔等工作机制，凝聚多元力量，共同发力、协同推进社会治理创新。

（四）规范完善调解机制。司法行政机关应会同有关部门，进一步加强道路交通事故人民调解组织建设，充实人民调解员力量，积极发展专职人民调解员队伍，加强人民调解员网络操作和法律知识培训，及时上传调解案件信息，完善调解工作考核机制，增强调解工作激励。银行保险监管机构应会同司法行政机关，指导保险行业协会加强保险行业道路交通事故纠纷调解组织建设和调解员的选聘管理，加强对涉保险的道交纠纷调解工作的指导，提高相关调解工作的规范化、制度化，研究解决异地保单调解授权存在障碍等待等问题。人民法院应加强特邀调解工作，建立特邀调解组织和调解员名册，吸纳保险行业人员、人民调解员、法律职业工作者等担任特邀调解员。

（五）完善诉调对接。强化诉源治理体系建设，促进矛盾纠纷诉前化解，积极开展在线调解，扩大电子送达方式的适用，完善涉保司法鉴定工作机制，规范鉴定的委托与受理，建立在线委托鉴定机制。拓展理赔计算器在行政调解、人民调解、保险理赔中的运用，统一赔偿标准与证据规则，积极试行城乡融合发展背景下道交纠纷人身损害赔偿城乡一元标准，使调解、裁判、保险理赔流程更加标准、高效。人民法院应完善在线司法确认、调解转诉讼的绩效考核机制，将在线司法确认作为审判绩效指标计入工作量。

（六）提高网上保险理赔效率。银行保险监管机构应进一步提高对道交纠纷一体化处理工作重要性的认识，积极引导各保险公司通过道交纠纷一体化平台进行理赔，简化平台上调解案件的保险理赔审批程序，缩短理赔时限，使一键理赔、快速赔付落地见效。

四、借鉴成功经验，开拓创新，确保非试点地区道交纠纷一体化处理工作顺利稳步推开

非试点地区应结合各自实际情况，借鉴试点地区成功经验，积极探索，分步骤、稳步开展道交纠纷一体化处理工作,确保这项工作取得实效,积极推动本地区基层社会治理创新。

(一)关于组织领导。非试点地区人民法院、公安机关、司法行政机关、银行保险监管机构应树立战略眼光,充分认识全面推广道交纠纷一体化处理工作的重要意义,加强组织领导,统筹协调,通盘部署,建立工作协调和信息共享机制,确定联系部门和联系人,设立专项工作经费,共同推进道交纠纷一体化平台建设和工作开展。结合本地实际制定具体实施方案,逐级层报上级业务或主管部门。

非试点地区人民法院应结合自身实际组建专门的改革联络办公室,负责各相关部门之间协作交流、联席会议等具体事宜的落实及日常联络。

(二)关于工作内容和工作要求。按照最高人民法院、公安部、司法部、原中国保险监督管理委员会《关于在全国部分地区开展道路交通事故损害赔偿纠纷"网上数据一体化处理"改革试点工作的通知》(法〔2017〕316号)的相关内容执行。

(三)关于规范要求和平台建设方式。按照最高人民法院办公厅、公安部办公厅、司法部办公厅、中国银行保险监督管理委员会办公厅《关于印发〈道路交通事故损害赔偿纠纷"网上数据一体化处理"工作规范(试行)〉的通知》、最高人民法院《关于下发〈关于道路交通事故损害赔偿纠纷"网上数据一体化处理"业务规范指引〉〈关于道路交通事故损害赔偿纠纷"网上数据一体化处理"技术规范指引〉的通知》执行。自主建设道交纠纷一体化平台的人民法院,应确保自建平台的数据能够实时汇聚到统建的道交纠纷一体化平台。

(四)关于时间要求。新开展工作的高级人民法院根据自身信息化建设情况,认真确定道交纠纷一体化平台的建设方式,于2020年6月1日前通过纸质文件报送最高人民法院,确定后原则上不再支持建设模式的变更,2020年12月31日前完成平台建设。

五、加强宣传引导,为全面推广道交纠纷一体化处理工作营造良好氛围

改革工作的有序开展、全面推广,离不开宣传引导工作。人民法院、公安机关、司法行政机关、银行保险监管机构要加大普法宣传力度,通过媒体报道、发放宣传册、网络直播等多种途径,让人民群众全面了解道交纠纷一体化处理工作的内容和成效,提升社会认知度和接受度,为深入推进、全面推广道交纠纷一体化处理工作创造有利外部环境。加强对道交纠纷当事人的引导,在当事人自愿选择的基础上,主动运用道交纠纷一体化平台化解矛盾纠纷,减少当事人诉累,促进矛盾纠纷便捷高效公正化解,提高社会综合治理效能。

六、及时总结问题经验,协同做好道交纠纷一体化处理工作阶段性检查

全面推广道交纠纷一体化处理工作中存在的问题与经验要及时向上级业务或主管部门报送。最高人民法院、公安部、司法部、中国银行保险监督管理委员会将共同加强指导,适时组织阶段性检查总结。

最高人民法院　司法部　文化和旅游部关于依法妥善处理涉疫情旅游合同纠纷有关问题的通知

（2020 年 7 月 13 日　法〔2020〕182 号）

各省、自治区、直辖市高级人民法院、司法厅（局）、文化和旅游厅（局），解放军军事法院，新疆维吾尔自治区高级人民法院生产建设兵团分院、新疆生产建设兵团司法局、新疆生产建设兵团文化体育广电和旅游局：

为贯彻落实党中央关于统筹推进疫情防控和经济社会发展工作部署，扎实做好"六稳"工作，落实"六保"任务，依法妥善化解涉疫情旅游合同纠纷，切实保障在常态化疫情防控中加快推进生产生活秩序全面恢复，抓紧解决复工复产面临的困难和问题，力争把疫情造成的损失降到最低限度，保障人民群众生命安全和身体健康，现将有关事项通知如下。

一、处理涉疫情旅游合同纠纷的基本要求

1. 增强大局意识。旅游业是国民经济的重要支柱产业，推动旅游业平稳健康发展，对于促进经济平稳增长、持续改善民生具有重大意义。新冠肺炎疫情给旅游行业造成巨大冲击，由此导致旅游合同纠纷数量激增。文化和旅游部门、司法行政部门、人民法院要充分认识妥善处理旅游合同纠纷的重要意义，增强责任意识，发挥好行政机关与审判机关化解纠纷的职能作用，协同处理涉疫情旅游合同纠纷，为促进旅游业与经济社会持续发展、维护社会稳定提供服务和保障。

2. 妥善化解纠纷。文化和旅游部门、司法行政部门、人民法院应当始终以法律为准绳，客观、全面、公平认定疫情在具体案件中对旅游经营者、旅游者造成的影响，在明确法律关系性质和合同双方争议焦点的基础上，平衡各方利益，兼顾旅游者权益保护与文化旅游产业发展，积极、正面引导旅游经营者和旅游者协商和解、互谅互让、共担风险、共渡难关，妥善化解纠纷，争取让绝大多数涉疫情旅游合同纠纷以非诉讼方式解决，维护良好的旅游市场秩序。

二、建立健全多元化解和联动机制

3. 建立旅游合同纠纷多元化解机制。文化和旅游部门、司法行政部门、人民法院应当充分发挥矛盾纠纷多元化解机制作用，坚持把非诉讼纠纷解决机制挺在前面，强化诉源治理、综合治理，形成人民调解、行政调解、司法调解优势互补、对接顺畅的调解联动工作机制。文化和旅游部门、人民调解组织应当充分发挥调解职能作用，及时组织调解。司法行政部门应当组织律师积极参与旅游合同纠纷调解，充分发挥律师调解专业优势。当事人起诉的，人民法院可以征得当事人同意后，通过人民法院调解平台，委派或者委托特邀调解组织、特邀调解员进行调解。对调解不成的简易案件，人民法院应当速裁快审，努力做到能调则调，当判则判，及时定分止争。

4. 畅通矛盾纠纷化解的协作对接渠道。文化和旅游部门、司法行政部门、人民法院应当发挥主观能动性，在兼顾法、理、情的基础上主动服务、创新服务。各部门、各单位之间主动加强沟通协调，共享信息，相互支持配合，形成工作合力。文化和旅游部门、司法行政部门对投诉、调解中反映出的新问题应及时与人民法院沟通。人民法院与当地文化和旅游部门、司法行政部门共同研判纠纷化解思路，确保纠纷处理的社会效果和法律效果统一。

5. 充分发挥非诉讼纠纷化解机制作用。文化和旅游部门指导旅游经营者通过网络、电话、面谈等多种沟通方式加速涉疫情旅游合同纠纷的处理，简化流程、缩短时间；指导旅游经营者对员工进行培训，有效提升处理投诉人员业务水平，做好解释和安抚工作；做好涉疫情旅游合同纠纷的投诉处理工作，引导投诉人与被投诉人达成和解。人民调解组织可引导当事人选择人民调解调处矛盾纠纷并安排业务精通的调解员进行调解；律师调解工作室（中心）接到人民法院委派、委托调解或者接到当事人调解申请后，积极组织具有相应专业特长的律师调解员进行调解。当事人达成调解协议后，能够即时履行的即时履行，不能即时履行的明确履行时间，并引导当事人对调解协议申请司法确认。人民法院通过司法审查、司法确认等方式为非诉纠纷解决提供支持。

6. 提供便捷高效的诉讼服务。人民法院开辟旅游合同纠纷诉讼绿色通道。有条件的地方可以充分发挥“旅游巡回法庭”在基层一线的作用，及时调处旅游合同纠纷。充分运用在线诉讼平台，开展线上调解、线上审判活动，切实将

“智慧法院”用于解决群众实际困难。充分发挥小额速裁程序优势,通过快捷高效的法律服务,实现涉疫情旅游合同案件的快立、快审、快结。

三、依法妥善处理涉疫情旅游合同纠纷

7. 严格执行法律政策。依据民法总则、合同法、旅游法,最高人民法院关于审理旅游纠纷案件适用法律若干问题的规定、关于依法妥善审理涉新冠肺炎疫情民事案件若干问题的指导意见(一),以及文化和旅游部办公厅印发的关于全力做好新型冠状病毒感染的肺炎疫情防控工作暂停旅游企业经营活动的紧急通知等相关法律、司法解释、政策,妥善处理涉疫情旅游合同的解除、费用负担等纠纷。

8. 积极引导变更旅游合同。结合纠纷产生的实际情况,准确把握疫情或者疫情防控措施与旅游合同不能履行之间的因果关系,积极引导当事人在合理范围内调整合同中约定的权利义务关系,包括延期履行合同、替换为其他旅游产品,或者将旅游合同中的权利义务转让给第三人等合同变更和转让行为,助力旅游企业复工复产。旅游经营者与旅游者均同意变更旅游合同的,除双方对旅游费用分担协商一致的以外,因合同变更增加的费用由旅游者承担,减少的费用退还给旅游者。

9. 慎重解除旅游合同。疫情或者疫情防控措施直接导致合同不能履行的,旅游经营者、旅游者应尽可能协商变更旅游合同。旅游经营者、旅游者未就旅游合同变更达成一致且请求解除旅游合同的,请求解除旅游合同的一方当事人应当举证证明疫情或者疫情防控措施对其履行合同造成的障碍,并已在合同约定的或合理的期间内通知合同相对人。旅游合同对解除条件另有约定的遵循合同约定。

10. 妥善处理合同解除后的费用退还。因疫情或者疫情防控措施导致旅游合同解除的,旅游经营者与旅游者应就旅游费用的退还进行协商。若双方不能协商一致,旅游经营者应当在扣除已向地接社或者履行辅助人支付且不可退还的费用后,将余款退还旅游者。旅游经营者应协调地接社和履行辅助人退费,并提供其已支付相关费用且不能退回的证据,尽力减少旅游者因疫情或者疫情防控措施受到的损失。旅游经营者主张旅游者承担其他经营成本或者经营利润的,不予支持。旅游经营者应及时安排退费,因客观原因导致不能及时退费的,应当及时向旅游者作出说明并出具退款期限书面承诺。

11. 妥善处理安全措施和安置费用的负担。因疫情影响旅游者人身安全，旅游经营者应当采取相应的安全措施，因此支出的费用，由旅游经营者与旅游者分担。因疫情或者疫情防控措施造成旅游者滞留的，旅游经营者应当采取相应的合理安置措施，因此增加的食宿费用由旅游者承担，增加的返程费用由旅游经营者与旅游者分担。

12. 妥善认定减损和通知义务。旅游经营者、履行辅助人与旅游者均应当采取措施减轻疫情或疫情防控措施对合同当事人造成的损失，为防止扩大损失而支出的合理费用，可依公平原则予以分担。旅游经营者和旅游者应将受疫情或者疫情防控措施影响不能履行合同的情况及时通知对方，以减轻对方的损失。旅游经营者或旅游者未履行或未及时履行减损和通知义务的，应承担相应责任。

四、做好法律政策宣传工作

13. 主动宣传法律、政策和典型案例。文化和旅游部门、司法行政部门、人民法院应当加大对涉疫情法律法规、政策文件等的解释和宣传力度，通过报纸、电视台、电台及各类新媒体解答涉疫情旅游合同纠纷热点问题，增强民众依法处理纠纷的自觉性，倡导旅游者理性维权。不断总结经验，宣传典型案例，提升涉疫情旅游合同矛盾纠纷多元化解机制在全社会的影响力和公信力。

14. 共同维护社会稳定。涉疫情旅游合同纠纷牵涉面广、群体效应强，文化和旅游部门、司法行政部门、人民法院应密切关注各类媒体报道及投诉过程中的特殊情况，预防发生负面舆情和群体性事件，努力为统筹推进疫情防控和经济社会发展工作提供更加有力的服务和保障。

民政部　中央政法委　最高人民法院　最高人民检察院　公安部　司法部《关于规范养老机构服务行为做好服务纠纷处理工作的意见》

（2020年7月27日　民发〔2020〕89号）

各省、自治区、直辖市民政厅（局）、党委政法委、高级人民法院、人民检察院、公安厅（局）、司法厅（局），新疆生产建设兵团民政局、党委政法委、新疆维吾尔自治区高级人民法院生产建设兵团分院、新疆生产建设兵团人民检察院、公安局、司法局：

为坚持和发展新时代“枫桥经验”，更好推动民法典实施，积极应对当前养老机构与老年人之间服务纠纷增多问题，推进矛盾纠纷及时高效化解，保障老年人身体健康和生命财产安全，维护养老机构合法权益和正常服务秩序，为建设更高水平的平安中国提供有力保障，根据老年人权益保障法等相关法律法规规定，现提出以下意见。

一、加强养老机构内部管理。养老机构应当建立健全安全管理制度，压实安全主体责任，加强从业人员的安全教育、法治教育、人文教育和心理健康教育及培训，从源头上消除服务安全风险，最大限度预防纠纷发生。在老年人或者其代理人事先充分告知老年人身体健康状况和患病情况的基础上，养老机构应当做好入院评估工作，对老年人的身心状况进行评估，并根据评估结果合理确定照料护理等级。养老机构应当全面推行服务协议制度，与接受服务的老年人或者其代理人签订服务协议，明确当事人权利、义务；可以向老年人或者其代理人提供风险告知书，提示服务过程中可能发生的意外风险和相应的处置措施，但不得以格式条款不合理地免除或者减轻自身责任、加重老年人责任、限制老年人主要权利，或者排除老年人主要权利。养老机构应当在各出入口、接待大厅、值班室、楼道、食堂等公共场所安装视频监控；经老年人或其代理人书面同意，可以在老年人居室内安装视频监控，并妥善保管视频监控资料，依法保护老年人隐私权不受侵害。养老机构应当建立内部管理信息档案，妥善保管异常事件报告、紧急呼叫记录、值班记录、交接班记录、门卫记录、视频监控等原始资料。养老机构应当建立老年人档案，收集和妥善保管老年人基本情况、老年人入院评估、服务风险告知书、服务协议、护理日志、健康档案等资料。养老机构应当做好护理日志记录，及时、准确、完整记录老年人照料护理、服用药物等有关事项，因抢救急危重症老年人，未能及时记录护理日志的，应当在事后及时据实补记，并加以注明。积极发挥责任保险的经济补偿和风险预防等功能，养老机构可以投保综合责任保险，借助保险公司和保险经纪公司的风险管理经验，及时发现并消除安全隐患，改进风险管理措施。养老机构应当依法制定自然灾害、事故灾难、公共卫生事件、社会安全事件等突发事件应急预案，在场所内配备报警装置和必要的应急救援设备、设施，定期开展突发事件应急演练。突发事件发生后，养老机构应当立即启动应急预案，采取防止危害扩大的必要处置措施，同时根据突发事件应对管理职责分工向民政部门和有关部门报告。

二、规范服务纠纷处理程序。发生服务纠纷的，养老机构应当按照以下步骤处理：1. 老年人受伤的，应当转送医疗机构救治并及时通知其代理人或者紧急联系人。2. 告知老年人或者其代理人服务纠纷处理的办法和程序。3. 在老年人的代理人或者紧急联系人在场的情况下，对服务协议等相关资料进行封存，并妥善保管。老年人或者其代理人在资料封存之日起超过 3 年未提出解决纠纷要求，或者服务纠纷已经解决的，养老机构可以自行启封。4. 配合民政等有关部门做好调查处理工作。5. 老年人在养老机构内死亡的，依照殡葬管理有关规定处理。基于突发事件引发的服务纠纷，养老机构应当先行妥善安置老年人。

三、引导当事人自愿协商解决纠纷。对责任明确、当事人无重大分歧或异议的服务纠纷，可以协商解决。鼓励养老机构成立由入住老年人和代理人代表组成的院民委员会，参与纠纷调解。协商解决应当坚持自愿、合法、平等的原则，尊重客观事实、注重人文关怀，文明、理性表达意见和诉求。协商一般应当在配置录音、录像、安保等条件的场所进行。养老机构可以指定、委托协商代表，或者聘请专业法律顾问参与协商。老年人家属人数较多或者纠纷涉及老年人人数较多的,可以推举代表进行协商。双方经协商,可以自行和解达成协议。当事人之间就和解协议的履行或者内容发生争议的,可以向人民法院提起诉讼。

四、运用调解等方式化解纠纷。服务纠纷发生后,当事人可以向纠纷发生地或者当事人所在地的人民调解委员会申请调解,人民调解委员会也可以依法主动调解,防止矛盾激化。经人民调解委员会调解达成的调解协议,具有法律约束力,当事人应当按照约定履行。人民调解委员会调解不成的,应当终止调解,并依据有关法律、法规的规定,告知当事人可以通过仲裁、行政、司法等途径依法维护自己的合法权利。根据纠纷化解需要,具备条件的地区可以依法设立养老服务纠纷行业性、专业性人民调解委员会。探索开展服务纠纷行政调解,对涉及人数较多、影响较大、可能影响社会稳定的服务纠纷,民政部门可以依当事人申请,通过建议、劝告等非强制方式,引导当事人达成调解协议,化解纠纷。经人民调解、行政调解达成调解协议后,双方当事人认为有必要的,可以依法向人民法院申请司法确认。鼓励行业协会开展调解工作,积极发挥行业自律和服务功能,促进纠纷及时有效化解。

五、依法裁判服务纠纷案件。人民法院应当坚持“调解优先、调判结合”方针,对具备调解基础的案件,按照自愿、合法原则,采取立案前委派、立案后委托、诉中邀请等方式,引导当事人通过调解解决纠纷。对调解不成的案件,人民法院应当根据相关规定及时立案或者恢复审理,依法作出判决。人民法院在审理涉服务纠纷案件时,要根据老年人权益保障法等相关规定,平等保护老年人和养老机构合法权利;要坚持权责一致原则,根据服务协议、老年人特殊生理特点,以及养老机构履行服务协议和管理职责等客观情况,依法确定各方责任。对养老机构已经依法履行服务协议和管理职责,符合服务标准的,依法裁判养老机构减轻或免除责任。最高人民法院、最高人民检察院通过发布指导性案例等方式,加强对审判和检察工作的指导。人民法院在诉讼过程中应当加强法律宣传教育,做好裁判文书释疑工作,发挥释法说理功能,体现法理情相协调。

六、依法打击违法犯罪行为。服务纠纷处理过程中,发生老年人家属或者其他人员实施围堵、在养老机构内外非法聚集、停放遗体、拉挂横幅、聚众闹事等扰乱正常服务秩序,侵犯养老机构和其他老年人合法权益等涉嫌违法犯罪行为的,养老机构应当及时向所在地公安机关报告,提供当事方人数、具体行为、有无人员受伤等现场情况,并保护好现场,配合公安机关做好调查取证等工作。公安机关接到报告后应当及时出警,并视情况采取应对处置措施。养老机构存在欺老虐老行为的,民政部门依法予以行政处罚。老年人家属、其他人员和养老机构及其从业人员构成违反治安管理行为的,由公安机关依法给予治安管理处罚;构成犯罪的,依法追究刑事责任。

七、建立部门协作工作格局。各地各有关部门要充分认识依法处理养老机构服务纠纷的重要意义,加强组织领导与协调配合,形成工作合力。各级民政部门应当依法保障老年人合法权益,加强行业监管,指导养老机构建立完善服务纠纷处理制度,制定应急预案;健全养老机构安全隐患投诉机制,对老年人及其家属就服务安全存在问题的投诉、提出的意见建议,及时调查处理;主动与人民法院、人民检察院、公安机关、司法行政部门互通信息,及时研究解决问题,共同维护养老机构服务质量安全和秩序。各级党委政法委应当将服务纠纷化解工作纳入本地区平安建设工作全局,指导和协调人民法院、人民检察院、公安机关、司法行政部门密切配合,推进严格规范公正文明执法。各级人民法院、人民检察院、公安机关、司法行政部门应当加强沟通协调,确保案件顺利侦查、起诉、审判、执行。

八、营造依法解决服务纠纷的社会氛围。按照"谁立法谁普法""谁执法谁普法"的原则,各级民政部门要积极开展法治宣传教育,选取典型案例,以案释法,提高养老机构及其从业人员、老年人及其家属法治意识和法律素养,倡导依法、文明、理性表达诉求。人民法院、人民检察院、公安机关、司法行政部门要坚持依法办理、舆论引导、社会面管控"三同步"工作原则,加强对服务纠纷解决的舆论应对,对社会影响大、舆论关注度高的案件,及时向社会通报案件进展情况,澄清事实真相,做好舆论引导工作。对恶意炒作、报道严重失实,引起不良社会影响,扰乱养老机构正常服务秩序的,养老机构要及时澄清,可以依法提起诉讼。

全国人民调解工作规范

（2020年12月30日　中华人民共和国
司法行政行业标准 SF/T 0083—2020）

目　次

前　言

本文件按照 GB/T 1.1—2020《标准化工作导则　第1部分:标准化文件的结构和起草规则》的规定起草。

本文件由司法部人民参与和促进法治局提出。

本文件由司法部信息中心归口。

本文件起草单位:司法部人民参与和促进法治局、司法部信息中心、中华全国人民调解员协会。

全国人民调解工作规范

1　范围

本文件规定了人民调解组织、人民调解员、调解程序、调解制度、工作保障和工作指导等要求。本文件适用于人民调解工作。

2　规范性引用文件

下列文件中的内容通过文中的规范性引用而构成本文件必不可少的条款。其中,注日期的引用文件,仅该日期对应的版本适用于本文件;不注日期的引用文件,其最新版本(包括所有的修改单)适用于本文件。

SF/T 0018—2019　全国人民调解管理信息系统技术规范

司复〔2003〕13 号　司法部关于制发人民调解委员会印章问题的批复

司办通〔2004〕第 171 号　司法部办公厅关于启用人民调解标识和徽章的通知

司发通〔2010〕239 号　司法部关于印发人民调解文书格式和统计报表的通知

3　术语和定义

下列术语和定义适用于本文件。

3.1

人民调解　people's mediation

人民调解委员会通过说服、疏导等方法,促使当事人在平等协商基础上自愿达成调解协议,解决民间纠纷的活动。

[来源:SF/T 0018—2019,3.3]

3.2

人民调解组织　people's mediation organization

依法设立的调解民间纠纷的群众性组织。

注:人民调解组织包括人民调解委员会、人民调解小组、人民调解工作室和人民调解中心等。

3.3

行业性、专业性人民调解组织　industrial/professional people's mediation organization

依法设立的调解特定行业和专业领域矛盾纠纷的群众性组织。

3.4

人民调解委员会设立单位　establishment unit of people's mediation committee

设立人民调解委员会的村民委员会、居民委员会、企业事业单位以及乡镇、街道、社会团体或者其他组织等。

3.5

人民调解员　people's mediator

符合法定条件,经推选或者聘任,在人民调解委员会从事调解工作的人员。

注:人民调解员包括人民调解委员会委员和人民调解委员会聘任的人员。

3.6

专职人民调解员　full-time people's mediator

符合规定条件,通过一定选聘程序,在人民调解委员会专门从事调解工作的人民调解员(3.5)。

3.7

兼职人民调解员　part-time people's mediator

具有本职工作,在人民调解委员会兼职从事调解工作的人民调解员(3.5)。

4　人民调解组织

4.1　设立

4.1.1　人民调解委员会的设立

人民调解委员会的设立要求如下：

a)村(居)民委员会应设立人民调解委员会,调解辖区内的民间纠纷；

b)乡镇(街道)可设立人民调解委员会,调解辖区内跨区域、跨单位的民间纠纷和重大疑难复杂民间纠纷；

c)企(事)业单位可根据需要设立人民调解委员会,调解本单位内部发生的民间纠纷；

d)社会团体或者其他组织可根据需要设立行业性、专业性和区域性人民调解委员会,调解所在行政区域范围内本行业、专业和特定区域内的民间纠纷。

4.1.2　人民调解小组的设立

村(社区)人民调解委员会和企(事)业单位人民调解委员会根据需要,可在自然村、小区、楼院和车间等设立人民调解小组。

4.1.3　人民调解工作室的设立

人民调解工作室的设立要求如下：

a)人民调解委员会根据人民调解员的申请,并由县级以上司法行政机关命名,可以人民调解员姓名或特有名称设立个人调解工作室；

b)人民调解委员会根据需要,可在法院、公安、信访等单位和特定场所设立派驻调解工作室。

4.1.4　人民调解中心的设立

县级以上司法行政机关根据需要,可依托公共法律服务中心等,设立综合性、一站式的人民调解中心,可开展以下工作：

a)统筹区域内人民调解资源,联动调解辖区内的重大疑难复杂民间纠纷以及跨乡镇、街道和跨行业、专业领域的民间纠纷；

b)作为区域内人民调解、行政调解、司法调解联动工作平台,统一受理并组织调解党委、政府和人民法院等有关部门移送委托调解的民间纠纷；

c)汇聚区域内各类行业性、专业性人民调解组织,实现资源整合,人员共享；

d)开展区域内人民调解员的业务培训;

e)办理本级司法行政机关委托的事项。

4.1.5　情况报送

人民调解委员会及其所属人民调解工作室设立、变更和撤销情况报送要求如下:

a)村(社区)人民调解委员会、乡镇(街道)人民调解委员会和企(事)业单位人民调解委员会及其所属人民调解工作室应自设立之日起三十日内,将组织名称、人员组成、工作地址和联系方式等情况提交所在地司法所报县级司法行政机关;

b)行业性、专业性人民调解委员会和其他类型的人民调解委员会及其所属人民调解工作室应自设立之日起三十日内,将组织名称、人员组成、工作地址和联系方式等情况报所在地县级以上司法行政机关;

c)人民调解委员会及其所属人民调解工作室组织名称、人员组成、工作地址和联系方式等情况发生变更或者撤销的,应自变更、撤销之日起三十日内报相应的司法行政机关。

4.2　名称

4.2.1　人民调解委员会的名称

人民调解委员会的名称要求如下:

a)村(居)民委员会设立的人民调解委员会名称一般应由"所在村或社区名称"和"人民调解委员会"两部分内容顺序组合而成;

b)乡镇(街道)设立的人民调解委员会名称一般应由"所在乡镇或街道行政区划名称"和"人民调解委员会"两部分内容顺序组合而成;

c)企(事)业单位设立的人民调解委员会名称一般应由"所在企业事业单位名称"和"人民调解委员会"两部分内容顺序组合而成;

d)社会团体或者其他组织设立的人民调解委员会名称一般应由"社会团体或者其他组织名称"和"人民调解委员会"两部分内容顺序组合而成;

e)行业性、专业性和区域性人民调解委员会名称一般应由"所在行政区划名称""行业、专业纠纷类型或特定区域名称"和"人民调解委员会"三部分内容顺序组合而成。

4.2.2　人民调解工作室的名称

人民调解工作室的名称要求如下：

a)个人调解工作室名称的全称一般应由“所属人民调解委员会名称”“个人姓名或特有名称”和“调解工作室”三部分内容顺序组合而成；简称由“个人姓名或特有名称”和“调解工作室”两部分内容顺序组合而成；

b)派驻调解工作室名称的全称一般应由“所属人民调解委员会名称”“驻”“派驻单位或特定场所名称”和“调解工作室”四部分内容顺序组合而成；简称由“驻”“派驻单位或特定场所名称”和“调解工作室”三部分内容顺序组合而成。

4.2.3　人民调解中心的名称

人民调解中心名称一般应由“所在行政区划名称”和“人民调解中心”两部分内容顺序组合而成。

4.3　标牌和印章

4.3.1　人民调解组织的标牌

人民调解组织的标牌要求如下：

a)有独立工作场所的，应在工作场所外悬挂人民调解委员会、人民调解工作室和人民调解中心标牌。标牌一般应为竖式外挂标牌，悬挂于正门一侧合适位置，竖式外挂标牌样式见附录A.1；

b)无独立工作场所的，一般应在调解室门一侧或上侧合适位置悬挂人民调解委员会、人民调解工作室和人民调解中心方形标牌，方形标牌样式见附录A.2。

4.3.2　人民调解委员会的印章

按照司复〔2003〕13号的规定，人民调解委员会的印章实行全国统一规格和式样。要求如下：

a)印章应为圆形，直径D＝4.2cm，中央刊五角星；

b)五角星外刊人民调解委员会所在地行政区划名称或者所属群众自治组织、企业事业单位和社团组织的法定名称，自左至右环形；

c)五角星下刊“人民调解委员会”字样，自左至右直形。

4.4　标识和徽章

4.4.1　样式

按照司办通〔2004〕第171号的要求，人民调解标识和徽章图案应由握手、橄榄叶和汉字、拼音组成,图案主体部分由象征友好的握手、象征奉献的红心和代表和平与希望的绿色橄榄枝构成,应符合附录B样式要求。

4.4.2　使用

人民调解标识和徽章的使用要求如下:

a)人民调解组织应在调解场所醒目位置悬挂全国统一的、符合4.4.1要求的人民调解标识;

b)人民调解员开展调解工作应佩戴全国统一的、符合4.4.1要求的人民调解徽章。

4.5　场所设置

人民调解组织场所设置要求如下:

a)人民调解组织应以方便群众和方便调解为目的选择办公地点,可与村(居)民委员会、司法所、公共法律服务中心(站、室)等合用办公场所,具备条件的也可单独设置办公场所;

b)办公场所一般应设置办公室、接待室、调解室和档案室等(可一室多用),配备办公桌椅、资料柜、电话、电脑和复印机等必要的办公设施;

c)调解室内应上墙公示人民调解工作原则、工作任务、调解流程、人民调解委员会组成人员、调解工作纪律和当事人权利义务等内容。

4.6　工作职责

4.6.1　调解民间纠纷,防止民间纠纷激化。要求如下:

a)一般矛盾纠纷

对婚姻家庭、邻里、房屋宅基地等常见多发的矛盾纠纷,村(社区)、乡镇(街道)人民调解委员会应采取法理情相结合等方法,及时就地进行化解,努力实现小事不出村(社区)、大事不出乡镇(街道)。

b)行业和专业领域矛盾纠纷

对医疗、道路交通、劳动争议、物业管理等行业和专业领域矛盾纠纷,相关行业性、专业性人民调解组织应运用专业知识,借助专业力量开展调解,同时拓展在消费、旅游、环保、金融、保险、互联网和知识产权等领域开展人民调解工作。

c)重大疑难复杂矛盾纠纷

对涉及当事人多、案情复杂或社会影响大的矛盾纠纷,以及可能引发群体性事件、越级上访或民转刑等矛盾纠纷，应统筹律师、基层法律服务、公证、司法鉴定、法律援助和法治宣传等法律服务资源，加强与行政调解、行业性专业性调解、仲裁、行政裁决、行政复议和诉讼等衔接联动，形成矛盾纠纷化解工作合力。

4.6.2　开展矛盾纠纷排查，及时发现矛盾纠纷风险隐患。要求如下：

a）普遍排查

在农村以村为单位，在城市以小区或网格为单位，一般应每周开展一次矛盾纠纷排查；乡镇（街道）每月开展一次矛盾纠纷排查，县（市、区）每季度开展一次矛盾纠纷排查。

b）重点排查

应聚焦矛盾纠纷易发多发的重点地区、重点领域、重点人群和重要时段，有针对性开展矛盾纠纷排查。

c）对排查出的矛盾纠纷苗头隐患应分类梳理，建立台账，做到底数清、情况明。

4.6.3　应通过调解工作宣传法律、法规、规章和政策，弘扬社会主义法治精神和社会主义核心价值观，教育公民遵纪守法，尊重社会公德，预防民间纠纷发生。

4.6.4　应向人民调解委员会设立单位、基层人民政府、相关行业主管部门和司法行政机关反映民间纠纷和调解工作的情况。

5　人民调解员

5.1　条件

人民调解员条件包括但不限于以下要求：

a）人民调解员应由公道正派、廉洁自律和热心人民调解工作，并具有一定文化水平、政策水平和法律知识的成年公民担任；

b）基层人民调解员应注重从德高望重的人士中选聘；

c）乡镇（街道）人民调解委员会的调解员一般应具有高中以上学历；

d）行业性、专业性人民调解委员会的调解员一般应具有大专以上学历，并具有相关行业、专业知识或工作经验。

5.2 产生

5.2.1 人民调解委员会委员

人民调解委员会委员应经推选产生。人民调解委员会委员任期届满,应及时改选,可连选连任。要求如下:

a)村(社区)人民调解委员会委员应依法由村民会议或者村民代表会议、居民会议或者居民代表会议推选产生,可由村(居)民委员会成员兼任;

b)企(事)业单位人民调解委员会委员应依法由职工大会、职工代表大会或者工会组织推选产生,可由企业劳动争议调解委员会组成人员兼任;

c)乡镇(街道)人民调解委员会委员可由行政区域内村(居)民委员会、有关单位、社会团体和其他组织推选产生,乡镇(街道)司法所工作人员可兼任委员;

d)社会团体或者其他组织人民调解委员会和行业性、专业性人民调解委员会委员可由有关单位、社会团体或者其他组织推选产生。

5.2.2 人民调解委员会聘任的人员

人民调解委员会根据需要可聘任一定数量的专兼职人民调解员。要求如下:

a)人民调解委员会应不断优化人民调解员队伍结构,注重吸纳律师、公证员、仲裁员、基层法律服务工作者、心理咨询师、医生、教师或专家学者等社会专业人士和退休法官、检察官、民警、司法行政干警以及信访、工会、妇联等部门退休人员担任人民调解员;

b)人民调解委员会在规范兼职人民调解员队伍的同时,应加强专职人民调解员队伍建设,逐步满足以下要求:

1)行业性、专业性人民调解委员会一般应配备3名以上专职人民调解员;

2)乡镇(街道)人民调解委员会一般应配备2名以上专职人民调解员;

3)有条件的村(社区)人民调解委员会和企(事)业单位人民调解委员会一般应配备1名以上专职人民调解员;

4)派驻调解工作室一般应配备2名以上专职人民调解员。

5.3 权利义务

5.3.1 人民调解员的权利

人民调解员在调解活动中应依法享有以下权利:

a）根据需要进行调查核实；

b）批评和制止扰乱调解秩序的行为；

c）向有关单位提出调解工作建议；

d）法律、法规规定的其他权利。

5.3.2　人民调解员的义务

人民调解员在调解活动中应坚持原则，明法析理，主持公道，并不应有下列行为：

a）徇私舞弊，偏袒一方当事人；

b）对当事人压制或打击报复；

c）侮辱、处罚当事人；

d）索取、收受财物或者牟取其他不正当利益；

e）泄露当事人的个人隐私或商业秘密。

人民调解员有a）、b）、c）、d）或e）中行为之一的，当事人及其他人员可向人民调解委员会或司法行政机关反映，由其所在的人民调解委员会给予批评教育、责令改正；情节严重的，推选或者聘任单位应予以罢免或者解聘。

5.4　罢免解聘

具有下列情形之一的人民调解员，司法行政机关应及时督促推选或者聘任单位予以罢免或者解聘。

a）因违法违纪不适合继续从事调解工作；

b）严重违反管理制度、怠于履行职责造成恶劣社会影响；

c）不能胜任调解工作；

d）因身体原因无法正常履职；

e）自愿申请辞职。

5.5　等级评定

5.5.1　等级评定名称

人民调解员等级评定可分为四个等级，分别是一级人民调解员、二级人民调解员、三级人民调解员和四级人民调解员，其中一级人民调解员为最高等级。

5.5.2　等级评定条件

人民调解员等级评定条件应综合考虑以下情况：

a）政治素质；

b)工作业绩;

c)调解能力;

d)专业水平;

e)从事人民调解工作年限;

f)参加培训;

g)廉洁自律。

每个等级的具体条件可由省(自治区、直辖市)人民调解(员)协会结合实际确定。

5.5.3　等级评定主体

人民调解员等级评定主体要求如下:

a)人民调解员等级评定工作应由人民调解(员)协会负责组织和实施,没有建立人民调解(员)协会的,可暂由当地司法行政机关负责;

b)省(自治区、直辖市)人民调解(员)协会负责一级人民调解员的评定工作,市(地、州)人民调解(员)协会负责二级人民调解员的评定工作,县(县级市、区)人民调解(员)协会负责三级和四级人民调解员的评定工作。

5.5.4　等级评定程序

人民调解员等级评定程序要求如下:

a)人民调解员等级评定工作应定期进行,一般应由人民调解员本人向相应的人民调解(员)协会提出书面申请,经人民调解(员)协会组织评定并将评定结果公示;

b)等级评定申请一般应从低到高逐级进行,具有下一个等级满两年后方可申请高一等级的评定;

c)政治素质高、业务能力强的退休政法干警、律师等专业人士担任人民调解员或者获得相应表彰的人民调解员可申请越级评定。

5.6　教育培训

5.6.1　岗前培训

岗前培训是人民调解员的任职培训,要求如下:

a)新选聘的人民调解员应经过岗前培训合格;

b)岗前培训一般应≥24 学时;

c)培训合格的人民调解员颁发人民调解员证,实行持证上岗。

5.6.2　年度培训

年度培训是对在岗人民调解员进行的知识更新和技能强化培训。年度培训一般累计应≥48 学时。

5.6.3　培训内容

人民调解员培训应包括以下内容：

a)政治理论；

b)社会形势；

c)法律政策；

d)职业道德；

e)专业知识；

f)信息化运用；

g)调解技能。

5.6.4　培训形式

人民调解员培训可采取以下形式：

a)集中授课；

b)网络视频；

c)研讨交流；

d)案例评析；

e)实地考察；

f)现场观摩；

g)旁听庭审；

h)实训演练。

5.7　救助抚恤

人民调解员的救助抚恤要求如下：

a)人民调解员因从事调解工作致伤致残，生活发生困难的，司法行政机关应协助提供材料，反映情况，帮助人民调解员依法向当地人民政府申请必要的医疗、生活救助；

b)在人民调解工作岗位上因工作原因死亡，符合相应条件的，司法行政机关应予以追授奖励，并协助申报烈士、见义勇为先进个人等荣誉称号，协调民政等部门依法落实其配偶、子女的抚恤和优待待遇。

5.8 人身保护

人民调解员的人身保护要求如下:

a)人民调解员依法调解民间纠纷,受到非法干涉、打击报复或者本人及其亲属人身财产安全受到威胁的,当地司法行政机关应会同有关部门采取措施予以保护,维护其合法权益;

b)人民调解委员会设立单位和人民调解员协会等可为人民调解员购买人身意外伤害保险等。

6 调解程序

6.1 受理

6.1.1 受理范围

人民调解委员会受理的民间纠纷,包括发生在平等民事主体之间,涉及当事人有权处分的人身、财产权益的各种纠纷,包括但不限于以下纠纷类型:

a)婚姻家庭、邻里、房屋宅基地、合同、生产经营、损害赔偿、山林土地草场和征地拆迁等常见多发的纠纷;

b)医疗、道路交通、劳动争议、物业管理、消费、旅游、环保、金融、保险、互联网和知识产权等领域的纠纷;

c)其他可通过人民调解方式解决的纠纷。

6.1.2 受理组织

民间纠纷一般应由当事人所在地(所在单位)或者纠纷发生地的人民调解委员会受理调解。行业、专业领域的矛盾纠纷一般应由相关的行业性、专业性人民调解委员会受理调解。人民调解委员会不应受理调解下列纠纷:

a)法律、法规规定只能由专门机关管辖处理的,或者法律、法规禁止采用民间调解方式解决的纠纷;

b)人民法院、有关行政机关、仲裁机构已经受理(委托调解的除外)或者解决的纠纷;

c)一方当事人明确拒绝调解的纠纷。

6.1.3 受理方式

受理方式包括:

a)依申请受理

人民调解委员会可根据当事人的书面或口头申请,受理调解纠纷。书面申请的,当事人应填写符合附录 C.1 格式要求的《人民调解申请书》。

b)主动受理

对于排查中发现的民间纠纷,群众反映的民间纠纷,人民调解委员会可主动进行调解。

c)移送委托受理

人民调解委员会可受理党委政府、有关部门移送委托调解的民间纠纷。

6.1.4　受理条件

当事人申请调解,符合以下条件的,人民调解委员会应及时受理调解。

a)有明确的被申请人;

b)有具体的调解要求;

c)有提出调解申请的事实理由;

d)属于人民调解受理范围。

人民调解委员会受理调解纠纷,应填写符合附录 C.2 格式要求的《人民调解受理登记表》。

6.1.5　不予受理的处理

人民调解委员会对于不符合受理条件的纠纷,应告知当事人通过以下途径处理:

a)有仲裁协议的,可向仲裁委员会申请仲裁;

b)可向当地人民政府、相关行政主管部门申请行政调解、行政裁决;

c)可向人民法院提起民事诉讼;

d)对有可能引起治安案件、刑事案件的纠纷,人民调解委员会应及时向当地公安机关和其他有关部门报告。

6.2　调解前的准备

6.2.1　安排人民调解员

安排人民调解员要求如下:

a)人民调解委员会根据调解纠纷的需要,可指定一名或者数名人民调解员进行调解,也可由当事人选择一名或者数名人民调解员进行调解;

b)多名人民调解员进行调解的,应确定一名调解主持人;

c)当事人对人民调解员提出回避要求的,人民调解委员会应予以调换。

6.2.2 调查核实

调查核实要求如下:

a)人民调解员应分别向双方当事人询问纠纷的有关情况,了解双方的具体要求和理由,根据需要询问纠纷知情人,向有关方面调查核实;

b)人民调解员应对调查的情况进行记录,填写符合附录C.3格式要求的《人民调解调查记录》。

6.2.3 拟定调解方案

人民调解员可根据掌握的纠纷基本情况,研究确定调解方案;对于重大疑难复杂的民间纠纷,可制定书面调解方案。

6.2.4 调解前告知

人民调解员应以口头或者书面形式,提前告知当事人调解时间、地点和调解员姓名等信息。

6.3 实施调解

6.3.1 调解开始前告知

人民调解员应在调解开始前,以口头或者书面形式,告知当事人人民调解的原则、当事人在调解活动中享有的权利和承担的义务以及调解达成协议的效力等事项。

6.3.2 明法析理

人民调解员应根据纠纷的情况,讲解法律政策,宣传公德情理,摆事实、讲道理,帮助当事人查明事实、分清是非、明确责任。

6.3.3 说服疏导

人民调解员应根据当事人的特点并结合纠纷的具体情况,采取分别谈话、共同协商、亲友参与和专家咨询等灵活多样的方式方法,开展说服疏导工作。

6.3.4 帮助达成协议

人民调解员应在引导当事人平等协商、互谅互让、消除隔阂的基础上,适时提出公道、合理和可行的纠纷解决方案,帮助当事人自愿达成调解协议。

6.3.5 防止纠纷激化

人民调解员调解民间纠纷,发现纠纷可能激化的,应采取控制调解节奏、避免当事人接触、疏导当事人情绪等方法,防止当事人采取过激行为;对有可能引起治安案件或者刑事案件的,应及时向当地公安机关和其他有关部门报告。

6.3.6　专家咨询

人民调解员调解民间纠纷,可根据需要咨询专家,专家咨询意见可作为调解的参考依据。

6.3.7　委托鉴定

人民调解员调解民间纠纷,需要进行相关鉴定以明确责任的,经双方当事人同意,可由人民调解委员会委托有法定资质的专业鉴定机构进行鉴定,也可由双方当事人共同委托鉴定。

6.3.8　保密要求

人民调解委员会及其人民调解员应对当事人的个人隐私或商业秘密等事项予以保密。未经双方当事人同意,人民调解委员会不应公开进行调解,也不应公开调解协议的内容。

6.3.9　终止调解

有下列情形之一的,人民调解委员会应终止调解:

a)当事人拒绝继续接受调解的;

b)经调解不能达成调解协议,当事人提出通过仲裁、行政或诉讼等途径解决的;

c)纠纷情况发生变化,不宜继续采用调解方式解决的;

d)其他应终止调解的情形。

6.3.10　调解期限

人民调解员应记录调解情况,填写符合附录 C.4 格式要求的《人民调解记录》,并一般自受理之日起三十日内完成调解。需要专家咨询或者鉴定的,专家咨询或者鉴定时间不计入调解期限。因特殊情况需要延长调解期限的,人民调解员和双方当事人可约定延长调解期限。超过调解期限未达成调解协议的,视为调解不成。

6.3.11　司法确认

当事人申请确认调解协议效力的,可自调解协议生效之日起三十日内,共同向主持调解的人民调解委员会所在地基层人民法院或者它派出的法庭申请司法确认。人民法院在立案前委派人民调解委员会调解并达成调解协议,当事人申请司法确认的,向委派的人民法院申请。

6.4　调解协议的履行

6.4.1　调解协议的形式

调解协议包括以下形式:

a)经人民调解委员会调解达成调解协议的,可制作符合附录C.5格式要求的《人民调解协议书》,内容应符合6.4.2要求;

b)调解协议有给付内容且非即时履行的,一般应制作符合附录C.5格式要求的《人民调解协议书》,内容应符合6.4.2要求;

c)当事人认为无需制作调解协议书的,可采取口头协议形式,由人民调解员填写符合附录C.6格式要求的《人民调解口头协议登记表》。

6.4.2　调解协议的内容

人民调解协议书可载明下列事项:

a)当事人的基本情况;

b)纠纷的主要事实、争议事项以及各方当事人的责任;

c)当事人达成调解协议的内容,履行的方式、期限和违约责任等。

6.4.3　调解协议的生效

调解协议包括调解协议书和口头调解协议,调解协议生效要求如下:

a)调解协议书自各方当事人签名、盖章或者按指印,人民调解员签名并加盖人民调解委员会印章之日起生效。调解协议书应由当事人各执一份,人民调解委员会留存一份;

b)口头调解协议自各方当事人达成协议之日起生效。

6.4.4　调解协议的效力

依法达成的人民调解协议具有法律约束力,当事人应遵照诚实信用的原则,自觉、全面、及时履行调解协议,调解协议的效力要求如下:

a)具备下列条件的,调解协议有效:

1)当事人具有完全民事行为能力;

2)意思表示真实;

3)不违反法律和行政法规的强制性规定;

4)不违背公序良俗。

b)具有下列情形之一的,调解协议无效:

1)损害国家、集体或者社会公共利益;

2)双方当事人恶意串通,损害他人合法权益;

3)违反法律和行政法规的强制性规定;

4)违背公序良俗。

注:无效的调解协议自始没有法律约束力。调解协议部分无效,不影响其他部分效力的,其他部分仍然有效。

6.4.5　不履行调解协议的处理

当事人不履行调解协议或者达成协议后反悔的,人民调解委员会按照下列情形分别处理:

a)当事人无正当理由不履行协议或者履行不适当的,应做好当事人的工作,督促其履行;

b)当事人提出协议内容不当,或者人民调解委员会发现协议内容不当的,应在征得各方当事人同意后,经再次调解变更原协议内容;或者撤销原协议,达成新的调解协议;

c)对经督促仍不履行人民调解协议的,应告知当事人可以就调解协议的履行、变更或撤销向人民法院起诉。

6.5　回访

人民调解委员会应对人民调解协议的履行情况适时进行回访,并填写符合附录C.7格式要求的《人民调解回访记录》。

7　调解制度

7.1　管理制度

人民调解委员会应建立健全岗位责任、学习、例会、培训、考评和奖惩等各项管理制度。具备条件单独建立党组织的人民调解委员会,应建立健全党建基本制度。

7.2　工作制度

人民调解委员会应建立健全矛盾纠纷排查、调解、分析研判、重大疑难复杂矛盾纠纷集中讨论、专家咨询、情况通报、衔接联动等工作制度。

7.3　档案管理

7.3.1　基本要求

人民调解委员会应运用信息化等手段加强档案管理,建立健全制度建设档案、组织队伍档案和调解案件档案等。

7.3.2　制度建设档案

人民调解委员会制度建设档案应包括以下内容:

a)年度工作计划和总结;

b)各项管理制度、工作制度和党建制度;

c)其他应当归档的制度建设文件和材料。

7.3.3　组织队伍档案

人民调解委员会组织队伍档案应包括以下内容:

a)人民调解委员会委员及聘任人民调解员名册;

b)人民调解小组和人民调解工作室等组织网络建设档案;

c)其他应归档的组织队伍建设文件和材料。

7.3.4　调解案件档案

人民调解委员会调解案件档案应包括以下内容:

a)人民调解员调解案件登记单,符合附录 C.8 格式要求;

b)人民调解委员会调解案件汇总登记表,符合附录 C.9 格式要求;

c)人民调解组织队伍经费保障情况统计表,符合附录 D.1 格式要求;

d)人民调解案件情况统计表,符合附录 D.2 格式要求;

e)人民调解委员会调解卷宗。

7.4　调解卷宗

7.4.1　人民调解委员会调解民间纠纷,一般应按照司发通〔2010〕239 号要求制作调解卷宗,做到一案一卷。具备条件的,可制作电子卷宗。调解卷宗应包括但不限于以下内容:

a)卷宗封面,符合附录 E.1 格式要求;

b)卷内目录,符合附录 E.2 格式要求;

c)人民调解申请书,符合附录 C.1 格式要求;

d)人民调解受理登记表,符合附录 C.2 格式要求;

e)人民调解调查记录,符合附录 C.3 格式要求;

f)证据材料;

g)人民调解记录,符合附录 C.4 格式要求;

h)符合附录 C.5 格式要求的人民调解协议书,或者符合附录 C.6 格式要求的人民调解口头协议登记表；

i）人民调解回访记录，符合附录C.7格式要求；

j）司法确认有关材料；

k）卷宗情况说明，符合附录E.3格式要求；

l）卷宗封底，符合附录E.4格式要求。

7.4.2　人民调解委员会调解民间纠纷达成口头调解协议，除了符合附录C.6格式要求的《人民调解口头协议登记表》外无其他材料的，可一案一表，也可多案一卷，定期集中组卷归档。

7.4.3　调解卷宗保管期限分为短期、长期和永久三种，短期保管期限应为5年，长期保管期限应为10年。

7.5　统计工作

7.5.1　登记汇总

纠纷登记汇总要求如下：

a）人民调解员调解每一件纠纷，不论纠纷大小和成功与否，都应填写符合附录C.8格式要求《人民调解员调解案件登记单》；

b）人民调解委员会应按期填写符合附录C.9格式要求的《人民调解委员会调解案件汇总登记表》。

7.5.2　统计报送

统计报送要求如下：

a）人民调解委员会应加强统计工作，按时填写符合附录D.1格式要求的《人民调解组织队伍经费保障情况统计表》和符合附录D.2格式要求的《人民调解案件情况统计表》；

b）《人民调解组织队伍经费保障情况统计表》应为年报并符合附录D.1格式要求，《人民调解案件情况统计表》应为季报并符合附录D.2格式要求，应按时通过司法部统计管理系统报送。

8　工作保障

8.1　经费保障

8.1.1　县级以上地方人民政府对人民调解工作所需经费应给予必要的支持和保障。要求如下：

a)人民调解工作经费的开支范围应包括:

1)司法行政机关指导人民调解工作经费;

2)人民调解委员会工作补助经费;

3)人民调解员补贴经费;

4)专职人民调解员聘用经费;

5)人民调解办案补贴和专家咨询费等。

b)司法行政机关指导人民调解工作经费应列入同级财政预算。地方财政根据当地经济社会发展水平和财力状况,适当安排人民调解员补贴经费。对财政困难地区,司法行政机关应协调省级财政统筹现有资金渠道,加强人民调解工作经费保障;

c)人民调解委员会工作补助经费和人民调解员补贴经费的安排和发放应考虑每个人民调解委员会及调解员调解纠纷的数量、质量、难易程度、社会影响大小以及调解的规范化程度。人民调解委员会工作补助经费和人民调解员补贴经费标准应由县级以上司法行政机关商同级财政部门确定,建立动态调整机制;

d)可培育人民调解(员)协会、相关行业协会和人民调解中心等社会组织,参与承接政府购买人民调解服务,聘请专职人民调解员,提供优质高效的调解服务。

8.1.2　人民调解委员会设立单位应为人民调解委员会开展工作提供必要的工作经费。

8.1.3　鼓励和倡导公民、法人和非法人组织通过社会捐赠或者公益赞助等方式,为人民调解委员会开展工作提供经费支持。

8.2　物质保障

人民调解委员会设立单位和相关行业主管部门以及法院、公安、信访等驻在单位应为人民调解委员会开展工作提供办公用房、办公用品、通讯设施和必要的交通工具等。

9　工作指导

9.1　司法行政机关的指导

9.1.1　各级司法行政机关特别是县级司法行政机关应依法全面履行指导

职责，不断推进本地区人民调解组织建设、队伍建设、业务建设、制度建设和保障能力建设，规范人民调解工作，提高人民调解工作质量和水平。乡镇(街道)司法所应加强对辖区内人民调解委员会工作的指导和监督，切实履行对人民调解工作的日常指导职责。

9.1.2　各级司法行政机关应制定并实施人民调解员培训规划，提供人民调解员培训教材和师资，不断提高人民调解员队伍的素质。

9.1.3　县级以上司法行政机关应加大表彰奖励力度，经常性对有突出贡献的人民调解委员会和人民调解员给予表彰或通报表扬等形式的奖励，并提请同级人民政府依法按照国家规定给予表彰和奖励。

9.1.4　县级以上司法行政机关应建立辖区内人民调解组织和人民调解员名册，采取多种形式及时向社会公布，并通报人民调解组织所在地基层人民法院。未纳入司法行政机关制作的人民调解组织和人民调解员名册的，不应以人民调解名义开展调解活动。

9.1.5　各级司法行政机关应加强人民调解信息化建设，按照 SF/T 0018—2019 要求建立完善人民调解管理信息系统，推广运用智能移动调解系统，加强与人民法院调解平台等相关信息平台的系统对接，为人民群众提供便捷高效的调解服务，同时积极运用大数据技术进行智能分析，提高矛盾纠纷预测预警预防水平。

9.2　基层人民法院的指导

基层人民法院的指导包括通过审判活动在业务上进行指导和会同司法行政机关进行指导，要求如下：

a)通过审判活动在业务上进行指导

1)对适宜通过人民调解方式解决的纠纷，在立案前可积极引导当事人向人民调解组织申请调解，在立案后经双方当事人同意，可委托人民调解组织对案件进行调解；

2)可通过委派调解和委托调解，加强对人民调解委员会调解民间纠纷的业务指导；

3)应依法受理当事人之间就人民调解协议的履行或者人民调解协议的内容发生争议的民事案件；

4)应依法受理并确认人民调解协议的法律效力；

5)当事人持已经生效的人民调解协议向人民法院申请支付令的,人民法院应及时审查,符合法定条件的,应及时发出支付令。

b)会同司法行政机关进行指导

1)可吸纳符合条件的人民调解组织和人民调解员进入人民法院的特邀调解组织和特邀调解员名册;

2)可联合举办人民调解员培训班;

3)可组织人民调解员旁听法庭审理。

9.3 人民调解(员)协会的指导

各省(自治区、直辖市)和具备条件的市(地、州)、县(县级市、区)应建立人民调解(员)协会,履行行业指导职责。要求如下:

a)应组织会员开展政治、法律、法规、政策和人民调解知识等学习;

b)应发动会员调解民间纠纷,促进社会和谐,维护社会稳定;

c)应制定行业规范和奖惩规则,支持会员依法履行职责,维护会员合法权益;

d)应总结人民调解工作经验,宣传人民调解工作,开展人民调解理论研究和对外交流。

附 录 A

(资料性)

人民调解组织标牌样式

A.1 竖式外挂标牌样式

竖式外挂标牌样式如图 A.1 所示。

图 A.1　竖式外挂标牌样式

A.2　方形标牌样式

方形标牌样式如图 A.2 所示。

图 A.2　方形标牌样式

附　录　B
(规范性)
人民调解标识和徽章样式

人民调解标识和徽章样式如图 B.1 所示。

图 B.1　人民调解标识和徽章样式

附　录　C
(规范性)
人民调解文书格式

C.1　人民调解申请书

人民调解申请书格式如图 C.1 所示。

人民调解申请书

申请人姓名＿＿＿＿＿＿＿＿性别＿＿＿＿＿＿民族＿＿＿＿＿＿年龄＿＿＿＿＿＿

职业或职务＿＿＿＿＿＿＿＿＿＿＿＿＿＿联系方式＿＿＿＿＿＿＿＿＿＿＿＿＿＿

单位住址＿＿＿＿＿＿＿＿＿＿＿＿＿＿＿＿＿＿＿＿＿＿＿＿＿＿＿＿＿＿＿＿

被申请人姓名＿＿＿＿＿＿＿性别＿＿＿＿＿＿民族＿＿＿＿＿＿年龄＿＿＿＿＿＿

职业或职务＿＿＿＿＿＿＿＿＿＿＿＿＿＿联系方式＿＿＿＿＿＿＿＿＿＿＿＿＿＿

单位住址＿＿＿＿＿＿＿＿＿＿＿＿＿＿＿＿＿＿＿＿＿＿＿＿＿＿＿＿＿＿＿＿

纠纷简要情况＿＿＿＿＿＿＿＿＿＿＿＿＿＿＿＿＿＿＿＿＿＿＿＿＿＿＿＿＿＿

＿＿＿＿＿＿＿＿＿＿＿＿＿＿＿＿＿＿＿＿＿＿＿＿＿＿＿＿＿＿＿＿＿＿＿＿

＿＿＿＿＿＿＿＿＿＿＿＿＿＿＿＿＿＿＿＿＿＿＿＿＿＿＿＿＿＿＿＿＿＿＿＿

＿＿＿＿＿＿＿＿＿＿＿＿＿＿＿＿＿＿＿＿＿＿＿＿＿＿＿＿＿＿＿＿＿＿＿＿

当事人申请事项1. ＿＿＿＿＿＿＿＿＿＿＿＿＿＿＿＿＿＿＿＿＿＿＿＿＿＿＿＿

2. ＿＿＿＿＿＿＿＿＿＿＿＿＿＿＿＿＿＿＿＿＿＿＿＿＿＿＿＿

3. ＿＿＿＿＿＿＿＿＿＿＿＿＿＿＿＿＿＿＿＿＿＿＿＿＿＿＿＿

人民调解委员会已将申请人民调解的相关规定告知我,现自愿申请人民调解委员会进行调解。

申请人(签名盖章或按指印)＿＿＿＿＿

＿＿＿＿年＿＿月＿＿日

图 C.1　人民调解申请书格式

C.2　人民调解受理登记表

人民调解受理登记表格式如图 C.2 所示。

人民调解受理登记表

________年____月____日,人民调解委员会依当事人申请(人民调解委员会主动调解、接受委托或移交调解),经当事人同意,调解________、________之间的纠纷。

纠纷类型:____

案件来源:①当事人申请 ②人民调解委员会主动调解 ③接受委托或移交调解

纠纷简要情况:____

____

____

____

____

____

____

____

当事人(签名)____________________

登记人(签名)____________________

______________人民调解委员会

________年____月____日

备注:此表由人民调解委员会填写

图 C.2　人民调解受理登记表格式

C.3　人民调解调查记录

人民调解调查记录格式如图 C.3 所示。

人民调解调查记录

时　　间______________________________

地　　点______________________________

参 加 人______________________________

被调查人______________________________

记录：____

调 查 人(签名)______________

被调查人(签名)______________

记 录 人(签名)______________

图 C.3　人民调解调查记录格式

C.4　人民调解记录

人民调解记录格式如图 C.4 所示。

人民调解记录

时　间____________________________

地　点____________________________

当事人____________________________

参加人____________________________

人民调解委员会已将人民调解的相关规定告知各方当事人。

调解记录：____

调解结果：

1. 调解成功;2. 调解不成;3. 有待继续调解

当事人(签名盖章或按指印)______________

当事人(签名盖章或按指印)______________

人　民　调　解　员(签名)______________

记　　录　　人(签名)______________

________年____月____日

图 C.4　人民调解记录格式

C.5　人民调解协议书

人民调解协议书格式如图 C.5 所示。

人民调解协议书

编号___________

当事人姓名_______________性别___________民族___________年龄__________

职业或职务____________________________联系方式____________________________

单位或住址____

当事人姓名_______________性别___________民族___________年龄__________

职业或职务____________________________联系方式____________________________

单位住址____

纠纷主要事实、争议事项：____

____

____

____

经调解，自愿达成如下协议：____

____

____

履行方式、时限____________________________

本协议一式_______份，当事人、人民调解员会各持一份。

当事人（签名盖章或按指印）_____________　人民调解员（签名）_____________

当事人（签名盖章或按指印）_____________　记　录　人（签名）_____________

（人民调解委员会印章）

_______年___月___日

图 C.5　人民调解协议书格式

C.6　人民调解口头协议登记表

人民调解口头协议登记表格式如图 C.6 所示。

人民调解口头协议登记表

编号____________

当事人姓名_______________性别____________民族____________年龄____________

职业或职务______________________________联系方式______________________________

单位住址____

当事人姓名_______________性别____________民族____________年龄____________

职业或职务______________________________联系方式______________________________

单位或住址____

纠纷主要事实、争议事项:____

____

____

____

经调解,自愿达成如下协议:____

____

____

履行方式、时限______________________________

人民调解员(签名)____________________

(人民调解委员会印章)

________年____月____日

备注:此表由人民调解委员会填写

图 C.6　人民调解口头协议登记表格式

C.7　人民调解回访记录

人民调解回访记录格式如图 C.7 所示。

人民调解回访记录

当 事 人________________________________

调解协议编号____________________________

回访事由________________________________

回访时间________________________________

回访情况：____

____

____

____

____

____

____

____

____

____

回访人(签名)_______________

_______________人民调解委员会

_________年____月____日

图 C.7　人民调解回访记录格式

C.8　人民调解员调解案件登记单

人民调解员调解案件登记单格式如图 C.8 所示。

编号: 存根

人民调解员调解案件登记单

________年____月____日,调解____________、____________之间的纠纷。

纠纷是①依申请调解 ②主动调解 ③接受委托或移交调解

纠纷类型:①婚姻家庭纠纷 ②邻里纠纷 ③房屋宅基地纠纷 ④合同纠纷 ⑤生产经营纠纷 ⑥损害赔偿纠纷 ⑦山林土地纠纷 ⑧征地拆迁纠纷 ⑨环境污染纠纷 ⑩劳动争议纠纷 ⑪道路交通事故纠纷 ⑫医疗纠纷 ⑬物业管理纠纷 ⑭消费纠纷 ⑮其他纠纷____________

调解情况:

1. 调解成功,达成①口头协议 ②书面协议。

2. 调解不成,告知当事人通过①行政 ②仲裁③诉讼 ④其他途径解决。

调 解 员:____________________

记录日期:____________________

______________人民调解委员会

编号: 正本

人民调解员调解案件登记单

________年____月____日,调解____________、____________之间的纠纷。

纠纷是①依申请调解 ②主动调解 ③接受委托或移交调解

纠纷简要情况:____

____

调解情况:____

____

调 解 员:____________________

记录日期:____________________

______________人民调解委员会

备注:1. 本单用于统计人民调解员调解纠纷工作量。由人民调解员填写。

2. 在本单相关栏目序号上√。

3. 本单一式两联,正本联沿虚线裁下交人民调解员所在人民调解委员会,存根联由人民调解员留存。

图 C.8 人民调解员调解案件登记单格式

C.9　人民调解委员会调解案件汇总登记表

人民调解委员会调解案件汇总登记表格式如图 C.9 所示。

________年____月____________人民调解委员会调解案件汇总登记表

填报日期：

调解员姓名	调解案件数	调解结果			履行情况		备注
		达成协议		调解不成	已履行	未履行	
		口头	书面				

填表人：　　　　　　　　　　　　审核人：

说明：本表由人民调解委员会根据《人民调解员调解案件登记单》汇总填写，作为掌握了解调解员工作情况的依据。

图 C.9　人民调解委员会调解案件汇总登记表格式

附　录　D

（规范性）

人民调解统计报表

D.1　人民调解组织队伍经费保障情况统计表

人民调解组织队伍经费保障情况统计表格式如图 D.1、D.2 和 D.3 所示。

人民调解统计报表

<table>
<tr><th colspan="37">组织情况</th></tr>
<tr><th rowspan="3">调委会总数</th><th rowspan="3">村调委会数</th><th rowspan="3">社区调委会数</th><th rowspan="3">乡镇调委会数</th><th rowspan="3">街道调委会数</th><th rowspan="3">企事业单位调委会数</th><th colspan="2">其中</th><th colspan="28">社会团体和其他组织调解组织数</th><th rowspan="3">个人调解工作室数</th></tr>
<tr><th rowspan="2">国有企业调委会数</th><th rowspan="2">民营企业调委会数</th><th colspan="2">交通事故调解组织数</th><th colspan="2">医疗纠纷调解组织数</th><th colspan="2">劳动争议调解组织数</th><th colspan="2">物业纠纷调解组织数</th><th colspan="2">消费纠纷调解组织数</th><th colspan="2">旅游纠纷调解组织数</th><th colspan="2">知识产权纠纷调解组织数</th><th colspan="2">婚姻家庭纠纷调解组织数</th><th colspan="2">商会人民调解组织数</th><th colspan="2">设在法院调解组织数</th><th colspan="2">设在公安派出所调解组织数</th><th colspan="2">设在信访部门调解组织数</th><th colspan="2">设在其他部门调解组织数</th><th colspan="2">其他调解组织数</th></tr>
<tr><th>调委会数</th><th>调解室数</th><th>调委会数</th><th>调解室数</th><th>调委会数</th><th>调解室数</th><th>调委会数</th><th>调解室数</th><th>调委会数</th><th>调解室数</th><th>调委会数</th><th>调解室数</th><th>调委会数</th><th>调解室数</th><th>调委会数</th><th>调解室数</th><th>调委会数</th><th>调解室数</th><th>调委会数</th><th>调解室数</th><th>调委会数</th><th>调解室数</th><th>调委会数</th><th>调解室数</th><th>调委会数</th><th>调解室数</th><th>调委会数</th><th>调解室数</th></tr>
<tr><td>个</td><td>个</td><td>个</td><td>个</td><td>个</td><td>个</td><td>个</td><td>个</td><td>个</td><td>个</td><td>个</td><td>个</td><td>个</td><td>个</td><td>个</td><td>个</td><td>个</td><td>个</td><td>个</td><td>个</td><td>个</td><td>个</td><td>个</td><td>个</td><td>个</td><td>个</td><td>个</td><td>个</td><td>个</td><td>个</td><td>个</td><td>个</td><td>个</td><td>个</td><td>个</td><td>个</td><td>个</td></tr>
<tr><td></td><td></td><td></td><td></td><td></td><td></td><td></td><td></td><td></td><td></td><td></td><td></td><td></td><td></td><td></td><td></td><td></td><td></td><td></td><td></td><td></td><td></td><td></td><td></td><td></td><td></td><td></td><td></td><td></td><td></td><td></td><td></td><td></td><td></td><td></td><td></td><td></td></tr>
</table>

图 D.1　人民调解组织队伍经费保障情况统计表格式——组织情况

<table>
<tr><th colspan="31">队伍情况</th></tr>
<tr><th rowspan="3">调解员总人数</th><th colspan="22">其中</th><th rowspan="3">专职人民调解员人数</th><th>其中</th><th rowspan="3">高中以上文化程度</th><th rowspan="3">培训情况</th><th colspan="2">表彰情况</th><th colspan="2">伤亡情况</th></tr>
<tr><th rowspan="2">村调委会人数</th><th rowspan="2">社区调委会人数</th><th rowspan="2">乡镇调委会人数</th><th rowspan="2">街道调委会人数</th><th rowspan="2">企事业单位调委会人数</th><th colspan="2">其中</th><th colspan="14">社会团体和其他组织调解组织人数</th><th rowspan="2">个人调解工作室人数</th><th rowspan="2">其中地方财政保障或政府购买服务人数</th><th rowspan="2">集体</th><th rowspan="2">个人</th><th rowspan="2">因调解工作致伤致残</th><th rowspan="2">在调解工作岗位上牺牲</th></tr>
<tr><th>国有企业调委会人数</th><th>民营企业调委会人数</th><th>交通事故调解组织人数</th><th>医疗纠纷调解组织人数</th><th>劳动争议调解组织人数</th><th>物业纠纷调解组织人数</th><th>消费纠纷调解组织人数</th><th>旅游纠纷调解组织人数</th><th>知识产权纠纷调解组织人数</th><th>婚姻家庭纠纷调解组织人数</th><th>商会人民调解组织人数</th><th>设在法院调解组织人数</th><th>设在公安派出所调解组织人数</th><th>设在信访部门调解组织人数</th><th>设在其他部门调解组织人数</th><th>其他调解组织人数</th></tr>
<tr><td>人</td><td>人</td><td>人</td><td>人</td><td>人</td><td>人</td><td>人</td><td>人</td><td>人</td><td>人</td><td>人</td><td>人</td><td>人</td><td>人</td><td>人</td><td>人</td><td>人</td><td>人</td><td>人</td><td>人</td><td>人</td><td>人</td><td>人</td><td>人</td><td>人</td><td>人</td><td>人</td><td>人</td><td>人</td><td>人</td><td>人</td></tr>
<tr><td></td><td></td><td></td><td></td><td></td><td></td><td></td><td></td><td></td><td></td><td></td><td></td><td></td><td></td><td></td><td></td><td></td><td></td><td></td><td></td><td></td><td></td><td></td><td></td><td></td><td></td><td></td><td></td><td></td><td></td><td></td></tr>
</table>

图 D.2　人民调解组织队伍经费保障情况统计表格式——队伍情况

经费保障情况																									
总计	司法行政机关指导人民调解工作经费					人民调解委员会工作补助经费					专兼职人民调解员补贴经费					专职人民调解员聘用经费					其他经费				
	小计	其中				小计	其中				小计	其中				小计	其中				小计	其中			
		省级政府保障	地市级政府保障	县级政府保障	乡镇政府保障		省级政府保障	地市级政府保障	县级政府保障	乡镇政府保障		省级政府保障	地市级政府保障	县级政府保障	乡镇政府保障		省级政府保障	地市级政府保障	县级政府保障	乡镇政府保障		省级政府保障	地市级政府保障	县级政府保障	乡镇政府保障
万元	万元	万元	万元	万元	万元	万元	万元	万元	万元	万元	万元	万元	万元	万元	万元	万元	万元	万元	万元	万元	万元	万元	万元	万元	万元

图 D.3　人民调解组织队伍经费保障情况统计表格式——经费保障情况

D.2　人民调解案件情况统计表

人民调解案件情况统计表格式如图 D.4 所示。

案件调解情况：调解案件总数	案件调解情况：调解成功	案件调解情况：疑难复杂案件	案件调解情况：调解协议涉及金额	案件调解情况：不同主体调解情况：村调委会调解案件数	案件调解情况：不同主体调解情况：社区调委会调解案件数	案件调解情况：不同主体调解情况：乡镇调委会调解案件数	案件调解情况：不同主体调解情况：街道调委会调解案件数	案件调解情况：不同主体调解情况：企事业单位调委会调解案件数	案件调解情况：不同主体调解情况：社会团体和其他组织调委会调解案件数	案件调解情况：不同主体调解情况：个人调解工作室调解案件数	案件调解情况：案件来源：主动调解	案件调解情况：案件来源：依申请调解	案件调解情况：案件来源：接受委托移送调解	案件调解情况：案件来源：其中：地方政府委托移送	案件调解情况：案件来源：其中：法院委托移送	案件调解情况：案件来源：其中：公安机关委托移送	案件调解情况：案件来源：其中：信访部门委托移送	案件调解情况：案件来源：其中：其他部门委托移送	案件调解情况：案件分类情况：婚姻家庭纠纷	案件调解情况：案件分类情况：邻里纠纷	案件调解情况：案件分类情况：房屋宅基地纠纷	案件调解情况：案件分类情况：合同纠纷	案件调解情况：案件分类情况：生产经营纠纷	案件调解情况：案件分类情况：损害赔偿纠纷	案件调解情况：案件分类情况：山林土地纠纷	案件调解情况：案件分类情况：征地拆迁纠纷	案件调解情况：案件分类情况：环境污染纠纷	案件调解情况：案件分类情况：劳动争议纠纷	案件调解情况：案件分类情况：道路交通事故纠纷	案件调解情况：案件分类情况：医疗纠纷	案件调解情况：案件分类情况：物业管理纠纷	案件调解情况：案件分类情况：消费纠纷	案件调解情况：案件分类情况：旅游纠纷	案件调解情况：案件分类情况：知识产权纠纷	案件调解情况：案件分类情况：互联网纠纷	案件调解情况：案件分类情况：其他纠纷	案件调解情况：涉及特殊群体情况：涉及妇女儿童纠纷	案件调解情况：涉及特殊群体情况：涉及农民工纠纷	案件调解情况：涉及特殊群体情况：其中：拖欠农民工工资纠纷	案件调解情况：涉及特殊群体情况：涉及残疾人纠纷	案件调解情况：涉及特殊群体情况：涉及退役军人纠纷	案件调解情况：涉及特殊群体情况：涉及民营企业纠纷	案件调解情况：协议形式：口头协议	案件调解情况：协议形式：书面协议	协议履行情况：调解协议已履行	协议履行情况：调解协议申请司法确认	协议履行情况：达成调解协议后反悔	排查预防纠纷情况：排查纠纷：开展矛盾纠纷排查	排查预防纠纷情况：排查纠纷：排查发现矛盾纠纷	排查预防纠纷情况：预防纠纷	民间纠纷转化情况：民间纠纷转化为民商事案件	民间纠纷转化情况：民间纠纷转化为治安案件	民间纠纷转化情况：民间纠纷转化为刑事案件
件	件	件	万元	件	件	件	件	件	件	件	件	件	件	件	件	件	件	件	件	件	件	件	件	件	件	件	件	件	件	件	件	件	件	件	件	件	件	件	件	件	件	件	件	件	件	件	件	件	件	件	件	件	件	件

图 D.4　人民调解案件情况统计表格式

附　录　E
(规范性)
人民调解卷宗格式

E.1　卷宗封面

卷宗封面格式如图 E.1 所示。

____________人民调解委员会

调解卷宗

卷　　名:________________________

卷　　号:________________________

人民调解员:____________调解日期:____________

立 卷 人:____________立卷日期:____________

保管期限:________________________

备　　注:________________________

图 E.1　卷宗封面格式

E.2　卷内目录

卷内目录格式如图 E.2 所示。

卷 内 目 录

序号	文书名称	页号	备注
1	人民调解申请书和人民调解受理登记表		
2	人民调解调查记录		
3	人民调解证据材料		
4	人民调解记录		
5	人民调解协议书或人民调解口头协议登记表		
6	人民调解回访记录		
7	司法确认有关材料		
8	卷宗情况说明		
9	封底		

图 E.2　卷内目录格式

E.3　卷宗情况说明

卷宗情况说明如图 E.3 所示。

卷宗情况说明

立卷人______________

图 E.3　卷宗情况说明

E.4　卷宗封底

卷宗封底格式如图 E.4 所示。

立 卷 人： 审 核 人： 立卷日期：　　年　月　日

图 E.4　卷宗封底格式

参考文献

[1]人民调解委员会组织条例.1989年6月17日

[2]法释〔2002〕29号.最高人民法院关于审理涉及人民调解协议的民事案件的若干规定

[3]法释〔2011〕5号.最高人民法院关于人民调解协议司法确认程序的若干规定

[4]中办发〔2002〕23号.中共中央办公厅　国务院办公厅关于转发《最高人民法院　司法部关于进一步加强新时期人民调解工作的意见》的通知

[5]财行〔2007〕179号.财政部　司法部关于进一步加强人民调解工作经费保障的意见

[6]妇字〔2017〕13号.全国妇联　中央综治办　最高人民法院　公安部　民政部　司法部关于做好婚姻家庭纠纷预防化解工作的意见

[7]公通字〔2010〕29号.公安部　司法部　保监会关于推行人民调解委员会调解道路交通事故民事损害赔偿工作的通知

[8]全联发〔2018〕3号.全国工商联　司法部关于推进商会人民调解工作的意见

[9]司法部令第15号.人民调解委员会及调解员奖励办法

[10]司法部令第75号.人民调解工作若干规定

[11]司发通〔2003〕63号.司法部关于加强人民调解员培训工作的意见

[12]司发通〔2004〕3号.最高人民法院　司法部关于进一步加强人民调解工作切实维护社会稳定的意见

[13]司发〔2007〕10号.最高人民法院　司法部关于进一步加强新形势下人民调解工作的意见

[14]司发通〔2010〕5号.司法部　卫生部　保监会关于加强医疗纠纷人民调解工作的意见

[15]司发通〔2010〕224号.司法部印发《关于贯彻实施〈中华人民共和国人民调解法〉的意见》的通知

[16]司发〔2011〕8号.最高人民法院　司法部关于认真贯彻实施《中华人民共和国人民调解法》加强和创新社会管理的意见

［17］司发通〔2011〕93 号. 司法部关于加强行业性　专业性人民调解委员会建设的意见

［18］司发通〔2014〕109 号. 司法部关于进一步加强行业性　专业性人民调解工作的意见

［19］司发通〔2016〕1 号. 司法部　中央综治办　最高人民法院　民政部关于推进行业性　专业性人民调解工作的指导意见

［20］司发〔2018〕2 号. 中央政法委　最高人民法院　司法部　民政部　财政部　人力资源和社会保障部关于印发《关于加强人民调解员队伍建设的意见》的通知

［21］司发〔2018〕8 号. 司法部关于印发《坚持发展“枫桥经验”实现矛盾不上交三年行动方案》的通知

［22］司发通〔2018〕119 号. 司法部关于推进个人调解工作室建设的指导意见

［23］司基字〔2011〕9 号. 司法部基层工作指导司关于进一步规范人民调解组织名称和标识的通知

［24］中调协〔2019〕8 号. 中华全国人民调解员协会关于开展人民调解员等级评定工作的意见

［25］DB51/T 2537—2018　四川省人民调解工作规范

［26］DB33/T 2216—2019　浙江省人民调解工作规范

国家卫生健康委　中央政法委　中央网信办　最高人民法院　最高人民检察院　公安部　司法部　国家中医药局关于推进医院安全秩序管理工作的指导意见

（2021 年 9 月 22 日　国卫医发〔2021〕28 号）

各省、自治区、直辖市卫生健康委、党委政法委、网信办、高级人民法院、人民检察院、公安厅（局）、司法厅（局）、中医药局，新疆生产建设兵团卫生健康委、党委政法委、党委网信办、高级人民法院分院、人民检察院、公安局、司法局：

为认真贯彻落实习近平总书记重要指示批示精神，进一步维护正常医疗秩序，保护医务人员人身安全，为医患双方营造良好诊疗环境，现就推进医院安全秩序管理工作提出以下指导意见。

一、指导思想和工作目标

（一）指导思想。坚持以习近平新时代中国特色社会主义思想为指导，全面贯彻党的十九大和十九届二中、三中、四中、五中全会精神，牢固树立以人民为中心的发展思想，充分发挥平安中国建设协调机制的统筹作用，将医院安全秩序管理工作与社会治安防控体系建设相结合，与推进市域社会治理现代化、基层社会治理创新等相结合，以医院安全防控体系建设为载体，提升医院安全秩序管理法治化、专业化、智能化水平，为人民群众看病就医、医务人员治病救人以及新冠肺炎疫情防控工作营造安全稳定的环境，为推动医院高质量发展和健康中国、平安中国建设提供坚实有力保障，不断增强人民群众的获得感、幸福感、安全感。

（二）工作原则和目标。按照预防与处置相结合，传统方法与现代科技相结合，安防系统建设与社会综合治理相结合，安检与便民相结合，平急贯通、警医联动的原则，协同配合、系统推进，分类施策、突出重点，推动医院安保组织更加健全，医院安全管理制度更加规范，风险预警机制更加高效，应急处置机制更加完善，逐步构建系统、科学、高效、智慧的高水平医院安全防范体系。

二、主要措施

（一）全面提升安防系统能力水平

1.加强医院安全秩序管理组织机构和制度建设。医院主要负责人是本院安全秩序管理的第一责任人。要健全安全秩序管理工作领导机制，加强专职保卫机构（保卫处、科）力量，提高专业化水平，明确工作职责，各职能部门和科室要明确安全秩序管理工作负责人，形成主要领导负总责、分管领导具体抓、专职保卫机构组织实施、相关职能部门密切配合的工作格局。制定落实风险排查、安全防控、守护巡查、应急处置、教育培训、定期检查等安全保卫工作制度。医院领导班子要定期听取安全秩序管理工作情况汇报，研究推进措施，将医院安全秩序管理工作与医疗服务工作同谋划、同部署、同推进、同考核。

2.加强医院保卫队伍建设。医院要根据人流量、地域面积、建筑布局以及所在地社会治安形势等实际情况，配齐配强专职保卫人员，聘用足够的保安员，鼓励医院自行招聘保安员。完善医院专职保卫人员招录、职级晋升、职业培训等职业保障制度，进一步激发工作积极性。医院保安员数量应当遵循“就高不就低”原则，按照不低于在岗医务人员总数的3%或者20张病床1名保安或日均门诊量3‰的标准配备，有条件的医院可以在此基础上增加保安员数量。要综合考虑保安员年龄、培训经历、服务质量等因素，经培训合格后持证上岗。对没有条件配备专职保安的医院，探索通过一定地域范围内统一建设并派驻安保力量、设置公安机关巡逻点、建立群防群治守望岗等多种方式，加强安保守卫。保安员在秩序维护、突发事件处置、日常巡逻等方面责任要明确到岗位、到个人。医院应当结合特定场景，在属地公安机关指导下，对专职保卫人员和保安员加强相关法律知识和保卫业务、技能培训，规范保安员考核评价，提高职业能力和水平。

3.加强医院物防设施建设。医院要为在岗保卫人员和保安员配备必要的通讯设备和防护器械。医院供水、供电、供气、供热、供氧、“毒、麻、精、放”药（物）品、易燃易爆物品存放库房等重点要害部位应当按照相关规定或者标准安装安全防护设施。医院周界要设置围墙或栅栏等实体防护设施，出入口、挂号处等人员密集处要设置隔离疏导设施。

4. 加强医院技防系统建设。医院应当按照相关国家标准和行业标准,建立完善入侵报警系统、视频监控系统、出入口控制系统和电子巡查系统,并实现系统间互联互通。医院要设置安全监控中心,对本单位技防系统的安全信息进行集中统一管理,实现医院内公共区域、重点区域视频监控全覆盖。医院门卫室、各科室、重点要害部位要安装一键式报警装置,并与医院安全监控中心联网,确保发生突发事件时能及时通知保卫机构和保安员,迅速现场先期处置。

5. 推进医院智慧安防。医院要积极应用物联网、5G、大数据等现代科技手段,按照有关国家标准和行业标准,布建智能安防系统。各地要结合立体化、信息化社会治安防控体系等要求,进一步加强医院和公安机关数据共享,实现智能治理深度应用,构建医院及周边全域覆盖的安防合成化体系,最大限度防范预警危险因素。各地公安机关、卫生健康行政部门(含中医药主管部门,下同)要精准赋能提升医院安保能力,打造一批智慧安防样板医院,提升安保工作的科技支撑能力。

(二)加强源头治理

1. 严密细致排查矛盾风险。党委政法委、卫生健康、公安、司法行政等部门应当加强协作配合,建立信息沟通机制,指导医院定期开展安全风险排查,尤其关注重点时段、重点人群、重点区域,及时梳理安全防范的薄弱环节,查找短板漏洞,剖析问题原因,形成风险和问题清单,立行立改,逐一化解、纠正。

2. 多元化解医疗纠纷。坚持和发展新时代"枫桥经验",畅通医疗纠纷多元化解渠道。医院要提高医疗质量和服务水平,加强医患沟通,进一步规范投诉处理流程,力争把医疗纠纷化解在萌芽状态和初始阶段。对未解决的医疗纠纷,适宜通过人民调解解决的,应当引导到当地医疗纠纷人民调解组织解决。对于易引发矛盾激化,甚至引起治安案件、刑事案件的纠纷,医院应当及时向当地公安机关、卫生健康行政部门通报,依托平安医院建设协调机制,按照属地管理原则,推动患者居住地的基层组织协助做好沟通、教育工作,有效化解纠纷。

3. 加大疏导稳控力度。对于有暴力倾向、扬言伤医等人员,属地综治中心、公安机关、卫生健康行政部门等有关部门要会同其所在单位、社区、家庭开展帮扶救助、心理疏导、法治宣传,落实稳控措施,严防发生个人极端案事件。对有肇事肇祸风险的严重精神障碍患者,要落实救治、救助措施,或者依法收治入院，严防造成现实危害。对在医院及其周边滋事、扰乱秩序的，属地公安机关要迅速出警处置，严防发生恶性案件。

（三）有效预警防范

1. 强化医院警务室建设。公安机关应当在三级医院和有条件的二级医院设立警务室，配备必要警力；尚不具备条件的二级医院根据实际情况在周边设立治安岗亭（巡逻必到点）。医院应当为警务室提供必要的工作条件。各省级公安机关应当会同同级卫生健康行政部门根据医院实际需求及公安勤务模式，探索医院警务室（站）建设标准，指导强化医院警务室（站）正规化、专业化、智能化建设，进一步明确工作职责。警务室（站）民警应当组织指导医院开展安全检查、巡逻防控、突发事件处置等工作。

2. 有序开展安检工作。医院应当建立安全检查制度，按照安检工作实际需求，配备通过式金属探测门、微剂量 X 射线安全检查设备、手持式金属探测器等相应安检设备。日均门诊量 5000 人次以上或者床位 1000 张以上的大型医院应当在主要出入口实施安检，防止人员携带刀具、爆炸物品、危险物品进入医院。医院开展安检工作，应当兼顾患者就医体验，要为急危重症患者设置安检绿色通道，以安全、合法、便民为导向，不影响正常医疗秩序。各省级卫生健康行政部门、公安部门应当就开展医院安检工作共同发布通告，根据本地实际情况，制定并公布医院禁止限制携带物名录。

3. 建立完善高风险就诊人员信息共享、预警机制。各地卫生健康行政部门、公安机关要建立医院安全保卫信息平台，共享高风险就诊人员信息、涉医 110 警情和涉医案件违法犯罪行为人等数据信息，实现智能精准预警，最大限度防范预警危险因素。医院要落实实名制预约诊疗，建立高风险人员预警提醒机制，遇有扬言实施暴力、多次到医院无理缠闹、醉酒吸毒、有肇事肇祸风险的严重精神障碍患者等高风险就诊人员，及时提醒医务人员，并应安排安保人员陪诊，必要时报告公安机关，对当事人进行法制宣教、警示行为后果。

（四）切实强化应急处置工作

1. 制定专门应急预案并常态开展应急演练。医院要在属地公安机关指导下制定完善突发事件应急预案，组建应急安保队伍并加强培训，强化日常应急处突准备，提高涉医突发事件现场处置能力。定期组织应急演习，针对演练中暴露出的问题隐患，对应急预案及时进行调整优化和修订完善，力争做到事态早控制、事件快处置、矛盾不升级。

2. 强化警医联动处置机制。各地要深化警医合作,建立有效的信息沟通机制,做好对各类涉医安全信息的收集掌握、分析研判,及时发现倾向性、苗头性线索。卫生健康行政部门要积极会同公安机关进一步完善本地涉医突发事件处理流程,特别是明确现场处置、医疗救治、舆情应对、维护稳定等方面工作要求。公安机关对发生在医院的110警情和刑事、治安案件要第一时间出警、受理,依法快速处置。

3. 严厉打击涉医违法犯罪。公安机关应当建立涉医案件盯办机制,接到医院报警求助后,第一时间出警、控制案件现场,依法迅速受案、立案侦查。人民检察院应当对重大涉医案件指定专人负责,加快审查逮捕和审查起诉进度。人民法院应当加快审理进度,在全面查明案件事实的基础上正确适用法律、准确定罪量刑,对犯罪动机卑劣、情节恶劣、手段残忍、主观恶性深、人身危险性大,或者所犯罪行严重危害公共安全、社会影响恶劣的被告人,予以从严惩处。重大案件上级机关要挂牌督办,各地对典型案例要做好总结、通报,发挥法律震慑作用。

4. 做好舆情引导。卫生健康、公安等相关部门要进一步健全涉医案事件新闻宣传、舆论引导与联动处置一体化机制。要严格落实重大涉医案件"三同步"工作要求,在开展案件侦办工作的同时,及时发布权威信息,回应社会关切。要做好受害人家属和医务人员安抚工作,确保家属和医务人员情绪稳定,协调宣传、网信等部门加强舆论引导和网络舆情监测,严防因有害信息传播和媒体炒作诱发效仿。

(五)加强医院安全秩序宣传教育

1. 提高医务人员安全意识和防范能力。医院要将提高医务人员安全意识和自我防护能力作为加强预警防范的重要内容。医院应当在公安机关指导下,针对医务人员不同岗位,开展有针对性的安全防范教育和技能培训,提高医务人员安全防范意识和应对突发事件能力。

2. 争取社会理解支持。加大正面宣传力度,充分利用传统媒体和新媒体平台,创新宣传形式,增强医警民互动,提高社会对医院安全秩序管理工作重要性的认识,取得群众理解和社会支持,特别是对医院开展安检工作的理解和支持。

3. 加强法治宣传教育。在医院主要出入口、诊室张贴严厉打击涉医违法犯罪、构建和谐医患关系的海报和标语提示。继续做好《医疗纠纷预防和处理条例》宣传贯彻工作，加强法治案例警示，引导群众在法治轨道内解决争端、维护权益。同时，加大对医疗卫生事业和医务人员正面宣传，弘扬崇高职业精神，提高群众健康素养，培育理性就医行为，形成健康舆论环境。

三、工作要求

（一）强化组织领导。各地要进一步提高政治站位，把加强医院安全秩序管理作为一项重要政治任务，作为维护国家长治久安的重要民生工程来抓。卫生健康行政部门要将医院安全秩序管理相关工作要求及问题及时向党委、政府汇报，通过推动制定完善地方性法规、政府规章等方式，加强对医院安保工作的规范指引，在法治轨道上提升医院安保工作水平。

（二）加强协作配合。各地要切实把加强医院安全秩序管理工作作为建设更高水平平安中国的重要任务来抓，依托平安医院建设工作小组，完善多部门联动协调工作机制，特别是在打击涉医违法犯罪、警医联动建设、涉医矛盾纠纷排查化解等领域，要加强部门间的沟通交流、密切合作。要坚持上下联动、系统推动、内外互动，探索创新工作思路和方法，及时总结推广各地的好经验，并以制度的形式固化下来，形成长效机制。

（三）分类分步实施。各地要结合实际情况，区分不同医院规模、类型和级别，分类推进医院安防工作，细化医院安全防范系统建设实施细则和标准。各地卫生健康行政部门要会同有关部门分类指导、精准施策，在政策、财政保障上统筹考虑、合理分配、有所倾斜。各地要建立医院安全秩序管理工作台账，制订完善目标任务表，完成一家，销号一家。

（四）加强监督考评。各地要按照“属地管理、分级负责”的原则，依法强化监督指导责任，用好督办、通报、约谈等督促工作形式，充分发挥平安医院考评指挥棒作用。对于因工作不到位造成严重后果或者恶劣社会影响的，要严肃追究相关人员责任；对政策措施落实到位，取得突出成绩的要予以表扬激励。各地卫生健康行政部门、公安部门要加强对医院安全防范措施落实情况的检查，对安全隐患较多，案事件频发的地方和单位，公安机关依法依规处罚并督促整改。中央政法委、国家卫生健康委、公安部、国家中医药局等部门将适时对发生过重大涉医案事件的地方组织开展“回头看”，推动各地进一步强化责任落实，提升医院安保能力和水平。

国家知识产权局　司法部关于印发《关于加强知识产权纠纷调解工作的意见》的通知

（2021年10月22日　国知发保字〔2021〕27号）

各省、自治区、直辖市和新疆生产建设兵团知识产权局、司法厅（局），四川省知识产权服务促进中心，广东省知识产权保护中心，福建省知识产权发展保护中心：

为深入贯彻党中央、国务院关于强化知识产权保护的决策部署，落实《知识产权强国建设纲要（2021—2035年）》和《关于强化知识产权保护的意见》，加强知识产权保护体系建设，结合《优化营商环境条例》规定，国家知识产权局、司法部制定了《关于加强知识产权纠纷调解工作的意见》，现予印发。请结合实际认真贯彻落实，有关贯彻落实情况和工作中遇到的困难问题及时报国家知识产权局知识产权保护司和司法部人民参与和促进法治局。

特此通知。

关于加强知识产权纠纷调解工作的意见

为深入贯彻党中央、国务院关于全面加强知识产权保护工作的决策部署，完善知识产权纠纷多元化解机制，充分发挥调解在化解知识产权领域矛盾纠纷中的重要作用，优化营商环境，激发全社会创新活力，推动构建新发展格局，现就加强知识产权纠纷调解工作，提出如下意见。

一、总体要求

（一）指导思想。坚持以习近平新时代中国特色社会主义思想为指导，深入学习贯彻习近平法治思想，全面贯彻党的十九大和十九届二中、三中、四中、五中全会精神，贯彻落实党中央、国务院关于强化知识产权保护的决策部署，统筹推进知识产权纠纷调解工作，加强组织和队伍建设，建立健全有机衔接、协调联动、高效便捷的知识产权纠纷调解工作机制，依法、及时、有效化解知识产权纠纷，积极构建知识产权大保护工作格局。

（二）基本原则。坚持协调联动，社会共治。推动形成党委领导、政府主导、知识产权管理部门和司法行政机关统筹指导、社会各方力量广泛参与的知识产权纠纷调解工作格局。

坚持自愿平等，便民利民。充分尊重当事人意愿，综合运用法律、法规、政策以及公序良俗等进行调解，切实维护当事人的合法权益。

坚持专业特点，开拓创新。把握知识产权纠纷特点，遵循调解工作规律，加强调解组织和队伍建设，创新制度机制和方式方法，不断提升知识产权纠纷调解工作质效。

（三）主要目标。到 2025 年，知识产权纠纷调解工作基本覆盖知识产权纠纷易发多发的重点区域和行业领域，建立组织健全、制度完善、规范高效的知识产权纠纷调解工作体系，形成人民调解、行政调解、行业性专业性调解、司法调解优势互补、有机衔接、协调联动的大调解工作格局，调解在知识产权纠纷多元化解中的基础性作用充分显现，影响力和公信力进一步增强。

二、统筹推进知识产权纠纷调解工作

（四）推进知识产权纠纷人民调解工作。根据知识产权纠纷化解需要，因地制宜推进知识产权纠纷人民调解组织建设。对知识产权纠纷多发、确有必要设立、设立单位有保障能力的地区和行业，知识产权管理部门和司法行政机关要加强协调配合，积极推动设立知识产权纠纷人民调解组织。尚不具备设立条件的，可以纳入现有人民调解委员会工作范围。设立知识产权纠纷人民调解组织要由相关社会团体或者其他组织提出申请，符合法律和规范要求的，司法行政机关要及时纳入辖区内人民调解组织和人民调解员名册，切实加强工作指导。

（五）加强知识产权纠纷行政调解工作。知识产权管理部门要积极履行行政调解职能，按照《专利纠纷行政调解办案指南》等规定，严格依法依规开展行政调解。知识产权纠纷行政调解任务较重的地区，可以根据需要成立行政调解委员会，设立行政调解室、接待室等。各地知识产权纠纷行政调解组织设立情况和行政调解工作开展情况要定期报送司法行政机关。

（六）拓展知识产权纠纷行业性、专业性调解。发挥各类知识产权专业机构作用,积极创新知识产权纠纷调解组织形式和工作模式,推动知识产权纠纷调解工作向纵深发展。根据当事人需求,按照市场化方式,探索开展知识产权纠纷商事调解。充分发挥律师在预防和化解矛盾纠纷中的优势作用,推动设立律师调解工作室,为当事人提供知识产权纠纷调解服务并可适当收取费用。

(七)加强重点区域、领域知识产权纠纷调解工作。坚持从实际出发,以需求为导向,大力推动知识产权纠纷调解工作向工业园区、开发区、自贸区和产业集聚区等重点区域延伸。支持电商平台优化在线咨询、受理、调解等制度,在线化解矛盾纠纷。拓展展会知识产权纠纷调解工作,引导相关调解组织进驻展会,建立展会知识产权纠纷快速调解渠道。加强专业市场知识产权纠纷调解工作,引导当事人通过调解方式化解纠纷。

(八)加强知识产权纠纷调解员队伍建设。充分利用社会资源,注重选聘具有专利、商标、著作权等工作经验和知识背景的专业人士以及专家学者、律师等担任调解员,建立专兼结合、优势互补、结构合理的知识产权纠纷调解员队伍。加强知识产权纠纷专职调解员队伍建设,探索建立知识产权纠纷调解员持证上岗、等级评定等制度。知识产权管理部门、司法行政机关要将知识产权纠纷调解纳入业务培训规划,采取集中授课、经验交流、现场观摩、法庭旁听、案例评析等多种方式,切实提高调解员的法律素养、政策水平、专业知识和调解技能。

(九)建立完善知识产权纠纷调解工作制度。知识产权纠纷调解组织要建立完善纠纷排查、受理、调解、履行、回访、分析研判和重大疑难复杂矛盾纠纷集中讨论、专家咨询、情况报告等工作制度,建立完善岗位责任、学习、例会、培训、考评、奖惩等管理制度,规范统计报表、卷宗文书和档案管理,定期向知识产权管理部门、司法行政机关报送调解工作情况和典型案例。知识产权管理部门、司法行政机关要定期发布知识产权纠纷调解典型案例,通过典型案例指导开展调解工作,提升调解工作质量水平。

(十)建立健全知识产权纠纷调解衔接联动机制。采取联合调解、协助调解、委托移交调解等方式,建立知识产权纠纷人民调解、行政调解、行业性专业性调解、司法调解衔接联动工作机制。加强知识产权纠纷调解组织与行政执法部门、司法机关、仲裁机构等衔接联动,建立健全知识产权纠纷投诉与调解对接、诉调对接、仲调对接等工作机制。探索在知识产权保护中心、快速维权中心、维权援助中心等建立知识产权纠纷“一站式”调解平台,引导调解组织、远程司法确认室、知识产权仲裁院(中心)、公证知识产权服务中心等各类资源入驻调解平台,为当事人提供司法确认、仲裁、公证等保护渠道。加强知识产权纠纷“一站式”调解平台与当地综合性非诉讼纠纷化解中心、调解中心等平台的工作对接,及时协调解决重大疑难复杂知识产权纠纷。

三、加强知识产权纠纷调解工作组织领导

(十一)加强组织协调。知识产权管理部门、司法行政机关要将知识产权纠纷调解工作纳入重要议事日程,加强信息沟通、协调配合,及时研究解决工作中遇到的困难和问题。要积极探索创新,及时总结提炼经验做法,打造培育亮点典型,推进知识产权纠纷调解工作规范化、标准化建设。要主动协调有关部门,争取将知识产权纠纷调解工作纳入相关考核指标,通过开展联合督导检查等方式,推动各项工作落地落实。

(十二)加强工作保障。知识产权管理部门、司法行政机关要积极争取党委、政府及财政部门的重视支持,将知识产权纠纷调解工作相关经费纳入财政预算统筹考虑,推动把知识产权纠纷调解工作纳入政府购买服务指导性目录,加大政府购买服务力度。知识产权纠纷调解组织设立单位要为知识产权纠纷调解组织提供场所、办公条件和必要的工作经费。鼓励社会各界通过社会捐赠、公益赞助、志愿参与等方式,对知识产权纠纷调解工作提供支持和帮助。

(十三)加强宣传引导。要充分运用传统媒体和网络、微信、微博等新媒体,大力宣传知识产权纠纷调解工作优势特点、经验成效,宣传工作中涌现出的先进典型和精品案例,不断提升知识产权纠纷调解工作的群众满意度和社会影响力,引导更多当事人通过调解方式解决知识产权纠纷,维护自身合法权益。知识产权管理部门、司法行政机关要将表现突出的知识产权纠纷调解组织和调解员纳入本系统本部门表彰奖励范围,为知识产权纠纷调解工作开展营造良好氛围。

司法部关于开展矛盾纠纷排查化解专项活动的通知

（2022年2月10日　司明电〔2022〕5号）

各省、自治区、直辖市司法厅（局），新疆生产建设兵团司法局：

为深入贯彻习近平总书记对政法工作的重要指示精神，贯彻落实中央政法工作会议和全国司法行政工作会议精神，充分发挥调解工作在预防化解矛盾纠纷中的基础性作用，为党的二十大胜利召开营造安全稳定的政治社会环境，司法部决定开展矛盾纠纷排查化解专项活动。现通知如下：

一、充分认识开展专项活动的重要意义

党的二十大是我们党进入全面建设社会主义现代化国家、向第二个百年奋斗目标进军新征程的重要时刻召开的一次十分重要的代表大会，是党和国家政治生活中的一件大事。为党的二十大胜利召开营造安全稳定的政治社会环境是今年司法行政工作的主线，也是调解工作的首要任务。当前，国内外形势发生复杂深刻变化，我国经济下行压力加大，常态化疫情防控任务依然较大，新旧矛盾交织叠加，各种可以预见和难以预见的风险因素增多，维护社会稳定任务十分繁重。调解组织遍布城乡社区和行业、专业领域，调解员了解群众诉求、熟悉社情民意，调解工作具有灵活便捷、不伤感情、成本低、效率高等优势特点，在防范风险、化解矛盾、维护稳定方面发挥"第一道防线"作用，能够最大限度把矛盾纠纷化解在基层，吸附在当地，消除在萌芽状态。各级司法行政机关和广大调解组织要充分认识开展专项活动的重要意义，进一步提高政治站位，胸怀"国之大者"，增强忧患意识，强化底线思维，结合本地实际，扎实有效做好矛盾纠纷源头预防、排查预警、调解化解工作，积极推动调解工作高质量发展，以实际行动迎接党的二十大胜利召开。

二、总体要求

（一）指导思想

坚持以习近平新时代中国特色社会主义思想为指导，深入学习贯彻习近平法治思想，全面贯彻落实党的十九大和十九届历次全会精神及中央政法工作会议精神，深刻领悟“两个确立”的决定性意义，增强“四个意识”、坚定“四个自信”、做到“两个维护”，坚持党对调解工作的全面领导，坚持稳中求进工作总基调，坚持和发展新时代“枫桥经验”，扎实做好矛盾纠纷排查化解工作，充分发挥调解在建设更高水平平安中国中的作用，努力为党的二十大胜利召开营造安全稳定的政治社会环境。

（二）活动目标

通过开展专项活动，全力以赴防风险、保安全、护稳定，做到矛盾纠纷排查全面覆盖、化解及时有效，调解工作质量和水平明显提升，调解服务大局、保障民生的作用更加凸显，基本实现小事不出村（社区），大事不出乡镇（街道），矛盾不上交。

三、主要任务

（一）强化矛盾纠纷排查预警。坚持排查在先、关口前移，切实把排查作为一项基础性、常态化工作，村（社区）调委会每周组织一次、乡镇（街道）司法所每月组织一次、县（市、区）司法局每季度组织一次普遍排查，确保全覆盖、无盲区，对排查发现的矛盾纠纷建立工作台账，做到底数清、情况明。加强对本地区矛盾纠纷的分析研判，组织动员广大调解组织、调解员深入风险隐患大、矛盾问题多的重点地区、重点领域、重点人群，开展有针对性的重点排查，特别是对影响民生和社会稳定的风险隐患，要建立专门台账，一案一策做好防范措施。各地根据党委、政府统一部署，在重点时段和重要活动举办前，组织开展形式多样的专项排查，及时发现矛盾纠纷风险隐患。

（二）做好基层矛盾纠纷化解。针对婚姻家庭、邻里、房屋宅基地、山林土地等基层常见、多发的矛盾纠纷，要充分发挥人民调解主渠道、主力军作用，坚持抓早抓小、应调尽调，灵活采取法理情相结合等方式，及时就地予以化解，防止矛盾纠纷升级、外溢、上行。要注重发挥村（居）法律顾问、法律明白人和乡镇（街道）公共法律服务站作用，积极参与基层矛盾纠纷化解，为人民群众提供法律咨询和法律帮助。乡镇（街道）司法所要切实履行职责，加强对基层矛盾纠纷调解工作的指导,积极参与调处辖区内矛盾纠纷。

(三)加强重点矛盾纠纷化解。持续做好受疫情影响较大地区的矛盾纠纷化解工作,特别是对医疗、劳动争议、物业管理、金融借贷、消费旅游、教育培训等涉疫情重点领域,要发挥好相关行业性专业性调解组织和行政调解组织作用,依法及时妥善予以化解。要将农民工、退役军人、新业态从业人员以及残疾人、老年人、青少年、妇女等作为重点对象,及时提供优质高效的调解服务。要加强企业、商会人民调解组织建设,及时有效化解涉企矛盾纠纷,注重保护民营企业合法权益。要统筹推进知识产权纠纷调解工作,加强商事调解特别是涉外商事调解工作,助力营造良好营商环境。

(四)衔接联动化解矛盾纠纷。对于党委、政府交办的矛盾纠纷和重大疑难复杂矛盾纠纷,要积极统筹律师、公证、基层法律服务、司法鉴定、法律援助、法治宣传等法律服务资源,组建专门调解服务团队进行化解。对不宜通过调解方式解决或调解不成的矛盾纠纷,要引导当事人通过仲裁、行政裁决、行政复议、诉讼等合法途径解决。对可能引发非正常上访、个人极端事件和群体性事件的,要及时预警,主动向当地党委、政府和有关部门报告,配合做好疏导化解工作。要在调解过程中积极宣传民法典等与人民群众生产生活密切相关的法律法规,引导群众依法维护权益,营造良好法治氛围。

(五)全面提升调解工作水平。要认真贯彻落实《关于加强人民调解员队伍建设的意见》,在巩固规范兼职人民调解员队伍的同时,着力加强专职人民调解员队伍建设,全面开展人民调解员等级评定工作,通过组织普遍轮训推动人民调解员素质提升。要严格按照《全国人民调解工作规范》要求,加强人民调解组织、队伍、业务、制度和保障能力建设,不断提升人民调解工作规范化水平。要依托公共法律服务中心等推进非诉讼纠纷化解中心、调解中心建设,打造“综合性”“一站式”调解工作平台,完善人民调解、行政调解、行业性专业性调解、司法调解衔接联动工作机制。

四、活动要求

(一)加强组织领导。各级司法行政机关要把开展专项活动作为全年工作重点,精心组织,周密部署,形成主要领导亲自过问、分管领导具体负责、各职能部门密切配合、一级抓一级、层层抓落实的工作格局。要主动向党委、政府汇报专项活动的部署安排、进展情况和工作成效,争取重视和支持,帮助解决工作中遇到的困难和问题。要加强信息共享，加大地区间、部门间协调沟通力度，及时通报重大涉稳信息，通过联排联调、委托移送等方式，形成工作合力。要发挥基层党组织战斗堡垒作用和党员先锋模范作用，积极投身矛盾纠纷化解第一线。

（二）狠抓工作落实。各级司法行政机关特别是领导同志要深入基层，深入群众，加强对专项活动的检查指导，结合“我为基层解难题”“我为群众办实事”活动，切实转变工作作风，有效减轻基层负担，确保各项部署和要求落地落实。要坚持调防结合、以防为主，切实做到预防走在排查前、排查走在调解前、调解走在激化前。要注重运用法治思维和法治方式化解矛盾纠纷，切实维护双方当事人合法权益，不仅要实现案结事了，而且要促进公平正义。要坚持问题导向，聚焦薄弱环节，深化构建以人民调解为基础的大调解工作格局，不断提升调解工作水平。

（三）强化工作保障。各级司法行政机关要按照《司法行政机关财务管理办法》要求，推动落实人民调解工作经费地方财政保障责任，加大政府购买调解服务力度，督促设立单位和相关行业主管部门提供场所、设施等办公条件和必要的工作经费，多渠道保障人民调解工作有效开展。要按照《全国人民调解管理信息系统技术规范》要求，尽快升级完善人民调解管理信息系统，实现各类人民调解组织、队伍和案件信息应录尽录，与部级平台实现数据实时汇聚共享；加快推广运用智能移动调解系统，通过手机 APP、微信小程序、微信公众号等，方便当事人在线申请调解，方便调解员在线开展调解工作。

（四）营造良好氛围。各级司法行政机关要充分利用多种形式，积极宣传开展专项活动的做法和成效，宣传调解工作优势和特点，宣传调解组织和调解员的先进事迹，为活动开展营造良好氛围。要采取多种方式，加大专项活动总结交流力度，及时报送地方党委、政府、有关部门和上级司法行政机关。对专项活动中形成的调解典型案例，要及时推送到司法行政（法律服务）案例库，发挥典型案例的指导示范作用。对在活动中表现突出的调解组织和调解员，可以采取多种形式予以表彰、表扬。

各地开展专项活动进展情况请及时报部。

全国工商联办公厅　最高人民法院办公厅 司法部办公厅　人力资源社会保障部办公厅 关于印发《商会调解培育培优行动方案（2022—2023）》的通知

（2022 年 8 月 15 日　全联厅发〔2022〕41 号）

各省、自治区、直辖市工商联、高级人民法院、司法厅（局）、人力资源社会保障厅（局），新疆生产建设兵团工商联、新疆维吾尔自治区高级人民法院生产建设兵团分院、司法局、人力资源社会保障局：

为深入贯彻习近平总书记关于“坚持把非诉讼纠纷解决机制挺在前面”重要指示精神，深化矛盾纠纷多元化解机制建设，充分发挥商会在化解涉企纠纷、协同社会治理中的积极作用，全面提升商会调解能力水平，服务保障民营经济健康发展，全国工商联、最高人民法院、司法部、人力资源社会保障部研究制定了《商会调解培育培优行动方案（2022—2023）》，现印发给你们，请认真贯彻执行。

各地在落实推进中的经验做法及意见建议，请及时层报全国工商联、最高人民法院、司法部、人力资源社会保障部。

商会调解培育培优行动方案（2022—2023）

为深入贯彻习近平总书记关于“坚持把非诉讼纠纷解决机制挺在前面”重要指示精神，深化矛盾纠纷多元化解机制建设，充分发挥商会在化解涉企纠纷、协同社会治理中的积极作用，全面提升商会调解能力水平，服务保障民营经济健康发展，全国工商联、最高人民法院、司法部、人力资源社会保障部决定共同实施商会调解培育培优行动。有关事项通知如下。

一、总体要求

（一）指导思想。坚持以习近平新时代中国特色社会主义思想为指导，深入贯彻习近平法治思想和党中央全面依法治国决策部署，坚持把非诉讼纠纷解决机制挺在前面，坚持和发展新时代"枫桥经验"，构建共建共治共享的社会治理格局，有效化解民营经济领域矛盾纠纷，深化中国特色商会建设，拓展商会服务载体，提升商会调解质量水平，服务民营经济健康发展，维护经济社会和谐稳定。

（二）主要目标。通过两年持续培育培优，推动商会调解快速发展，组织覆盖范围更加广泛，制度体系更加健全，信息化建设不断推进，社会公信力不断增强，将商会调解逐步建设成为化解民营经济领域矛盾纠纷、维护社会和谐稳定的前沿阵地。

——商会调解覆盖面不断扩大。在现有数量规模基础上，突出培育人民调解组织、商会劳动争议调解组织，力争 2023 年年底全国各类商会调解组织（包括调解站室、调解小组等）不少于 5000 家，鼓励有条件的地区商会调解组织覆盖到 30% 以上的商会，为最大程度化解涉企纠纷提供坚实支撑。

——商会调解规范建设逐步完善。按照有调解机构、有人员队伍、有工作场所、有程序规则、有档案台账、有保障支持的标准推进商会调解组织规范运行，力争 2023 年年初步建立商会调解的制度体系。

——商会调解工作队伍逐步壮大。培育壮大一批政治合格、熟悉业务、热心公益、公道正派、秉持中立的专兼职商会调解员队伍，一支精干高效的调解办案秘书队伍，力争到 2023 年每家商会调解组织配备 3 名以上专（兼）职调解员、1 名以上调解办案秘书，逐步实现商会调解队伍数量倍增、专业素质大大提升。

——商会调解衔接机制更加顺畅。加强商会调解与司法调解、人民调解、劳动争议调解、仲裁调解的衔接联动、平台对接，在全国工商联与最高人民法院、司法部、人力资源社会保障部开展"总对总"对接基础上，力争到 2023 年逐步建立地方各级工商联与人民法院、司法行政机关、人力资源社会保障部门商会调解衔接机制的全覆盖。

——商会调解基础建设更加扎实。推动多渠道加强商会调解经费保障，提升商会调解规范化水平，力争到 2023 年各地商会调解保障取得一定突破，逐步建立档案管理、考核评价、选树培优等多维保障支持体系。

——商会调解承接案件能力大幅增加。引导民营企业优先选择调解方式解决各类纠纷,重点提升商会调解组织自主接收案件能力,加大接受各级人民法院、人力资源社会保障部门劳动人事争议仲裁机构以及其他部门委派委托调解各类涉企纠纷力度,力争到2023年,通过商会调解服务平台等化解纠纷20万件以上,逐步扩大商会调解的社会影响力。

二、主要举措

(一)加快培育商会调解组织

1. 重点推进商会人民调解。以市县工商联及所属商会为重点,每年培育不少于二批次商会人民调解组织,确保商会人民调解组织在商会组织的覆盖率明显提升。尚不具备条件的商会,可设立调解室、联络站,及时受理并开展调解工作。

2. 持续加强劳动争议调解。共同制定劳动人事争议协商调解工作指导意见,实施企业劳动争议调解委员会建设行动。持续开展打造百家金牌劳动争议调解组织活动,培育选树一批商会劳动争议调解组织典型。以教育培训、房地产、互联网、劳动密集型加工制造和受疫情影响较大的行业企业为重点,加强劳动争议预测预警,全面排查、及时处理劳动争议风险隐患。

3. 探索开展商事调解。选树不少于10家工商联商事调解组织,加强互助交流和宣传推广,探索商事调解组织设立、运行、评价、监管等方式。

(二)壮大商会调解工作队伍

4. 扩大商会调解员选任渠道。吸纳符合条件的优秀企业家、商会人员、法律顾问、行业专家、律师、工会代表以及其他社会人士担任调解员,注重选聘律师、公证员、仲裁员、基层法律服务工作者、专家学者等社会专业人士和退休法官、检察官、民警、司法行政干警以及相关行业主管部门退休人员担任调解员,不断提高商会调解员的专业化水平。

5. 强化商会调解实战培训。建立调解培训体系,用好用足各类培训资源。探索在国家法官学院、司法行政部门和人力资源社会保障部门教育培训机构、全国工商联人才交流服务中心以及有关高校建立商会调解实训基地。建立商会调解岗前培训、专题培训、定期轮训等制度。省级以上工商联加强示范培训,按照分建、统建相结合的形式建立商会调解培训师资库,推动培训资源向基层下沉。依托商会调解服务平台，开展在线培训。

（三）抓好商会调解规范运行

6. 贯彻实施商会调解工作办法。开展商会调解专题调研，及时掌握调解法律法规政策贯彻落实情况。

7. 印发商会调解指导手册。在梳理总结各地经验做法基础上，研究制定商会调解指导手册，为商会依法设立调解组织、受理纠纷、实施调解、达成协议、督促履行、案件归档等提供参考。梳理商会调解法律法规政策汇编，为依法依规开展调解工作提供保障。

8. 探索开展类型化调解。加强商会调解理论研究。针对涉企多发易发案件，深入分析矛盾根源、利益诉求、争议焦点、化解方式的共同特点，通过优化调解资源配置，探索建立快捷高效的类型化调解机制。

（四）优化商会调解服务平台

9. 加强“总对总”平台对接。制定进一步完善商会调解平台与人民法院调解平台对接指导意见，推动商会调解平台与人民调解信息系统、劳动人事争议调解信息系统进行平台对接，实现数据交互和信息共享。

10. 优化商会调解平台。拓展平台案例查询、课程培训、智能客服、案件评估等功能。组织平台使用培训，加大宣传推广。定期通报各省级工商联调解资源入驻和处理案件等情况。坚持共建共享，以各级联络员为基础，建立商会调解服务平台志愿服务团队，共同参与商会调解平台运营维护。

11. 推广建设智慧调解室。鼓励有条件的商会调解组织配备智慧调解终端，优先培育一批智慧调解室，提升商会调解智能化水平。

12. 加强诉调、仲裁对接机制建设。巩固提升人民法院一站式多元纠纷解决和诉讼服务体系建设成果，建立健全仲裁机构与商会工作衔接机制，深化对民营经济领域高发性、类型化矛盾纠纷源头治理和多元化解工作，促进诉调、仲调对接实质化，有效发挥司法保障作用，充分发挥仲裁灵活高效、一裁终局等优势作用，提高涉企纠纷一站式多元解纷服务质效。

（五）加大商会调解经费保障

13. 拓宽经费保障渠道。各级工商联及所属商会加大调解保障。鼓励社会各界为商会调解捐赠资助、设立基金。加强与人民法院、司法行政机关、人力资源社会保障部门的联系合作，积极争取支持，共同推动将调解员补贴纳入常态化财政保障经费。推动符合条件的商会调解组织承接政府购买服务事项。

(六)加强典型案例引导

14.发布商会调解典型案例。开展商会调解案例、商会调解故事年度征集活动,探索评选发布百佳商会调解典型案例,通过各级工商联官网和工商联系统媒体开设专栏,刊发商会调解典型案例和经验做法。

(七)加强涉企纠纷风险预警

15.加强涉企纠纷数据分析。建立健全商会调解可视化数据处理系统,定期统计分析涉企纠纷,紧盯重点地区重点行业重要时节涉企纠纷,主动排查化解,做好预警处置。

(八)加大商会调解宣传推广

16.培育调解模范典型。鼓励商会人民调解组织积极参与人民调解评选表彰,争做优秀人民调解员、优秀人民调解委员会,争当"全国模范人民调解员""全国模范人民调解委员会"。

17.推选"商会调解之星"。开展"商会调解之星"推选活动,通过选树典型,提升商会调解组织和商会调解员荣誉感,扩大社会公众对商会调解的认知度。

18.推进商会调解进企业、解纠纷、促和谐活动。坚持调防结合,推进法治民企建设,依法维护权益,主动排查纠纷,强化就地解纷,力争矛盾不出企业、不出商会。

19.建立青年调解员、仲裁员联系企业长效机制。支持人力资源社会保障系统青年劳动争议调解员、仲裁员与民营企业对接联系,开展送法入企,提升民营企业自主预防化解劳动争议能力。

20.举办商会调解年会交流。探索商会调解组织轮值举办商会调解年会,发布商会调解年度报告,开展调解业务交流。加大宣传力度,总结推广商会调解,引导当事人主动选择商会调解化解矛盾纠纷。

三、组织保障

(一)加强组织领导。各级工商联、人民法院、司法行政机关、人力资源社会保障部门要坚持高站位谋划、高标准推进,多方助力商会调解,推动调解资源下沉基层,壮大基层商会调解力量,共同为服务保障民营经济健康发展、落实

"六稳""六保"任务贡献力量。

（二）注重协同推进。深化工商联与人民法院、司法行政机关、人力资源社会保障部门的常态沟通，加强商会调解机制共建、协同共享，逐步建立联络员名单制度，协力推进商会调解持续有序发展。

人力资源社会保障部　中央政法委　最高人民法院　工业和信息化部　司法部　财政部　中华全国总工会　中华全国工商业联合会　中国企业联合会/中国企业家协会　关于进一步加强劳动人事争议协商调解工作的意见

（2022 年 10 月 13 日　人社部发〔2022〕71 号）

各省、自治区、直辖市人力资源社会保障厅（局）、党委政法委、高级人民法院、中小企业主管部门、司法厅（局）、财政厅（局）、总工会、工商联、企业联合会/企业家协会，新疆生产建设兵团人力资源社会保障局、党委政法委、新疆维吾尔自治区高级人民法院生产建设兵团分院、工业和信息化局、司法局、财政局、总工会、工商联、企业联合会/企业家协会：

劳动人事争议协商调解是社会矛盾纠纷多元预防调处化解综合机制的重要组成部分。通过协商调解等方式柔性化解劳动人事争议，对于防范化解劳动关系风险、维护劳动者合法权益、构建和谐劳动关系、维护社会稳定具有重要意义。为深入贯彻党的二十大精神，落实党中央、国务院关于"防范化解重大风险""坚持把非诉讼纠纷解决机制挺在前面"的重要决策部署，进一步强化劳动人事争议源头治理，现就加强劳动人事争议协商调解工作，提出如下意见：

一、总体要求

（一）指导思想。以习近平新时代中国特色社会主义思想为指导，深入贯彻习近平法治思想，坚持系统观念、目标导向和问题导向，着力强化风险防控，加强源头治理，健全多元处理机制，提升协商调解能力，促进中国特色和谐劳动关系高质量发展。

（二）基本原则

1. 坚持人民至上，把为民服务理念贯穿协商调解工作全过程，拓展服务领域,优化服务方式,提升服务能力,打造协商调解服务优质品牌。

2. 坚持源头治理,充分发挥协商调解的前端性、基础性作用,做到关口前移、重心下沉,最大限度地把劳动人事争议解决在基层和萌芽状态。

3. 坚持创新发展,尊重基层首创精神,积极探索新理念、新机制、新举措,促进各类调解联动融合,推动社会协同共治,形成体现中国特色、符合劳动人事争议多元处理规律、满足时代需求的协商调解工作格局。

4. 坚持灵活高效,充分发挥协商调解柔性高效、灵活便捷的优势,运用法治思维和法治方式,推动案结事了人和,促进劳动关系和谐与社会稳定。

(三)目标任务。从2022年10月开始,持续加强协商调解制度机制和能力建设,力争用5年左右时间,基本实现组织机构进一步健全、队伍建设进一步强化、制度建设进一步完善、基础保障进一步夯实,党委领导、政府负责、人力资源社会保障部门牵头和有关部门参与、司法保障、科技支撑的劳动人事争议多元处理机制更加健全,部门联动质效明显提升,协商调解解决的劳动人事争议案件数量在案件总量中的比重显著提高,劳动人事争议诉讼案件稳步下降至合理区间,协商调解工作的规范化、标准化、专业化、智能化水平显著提高。

二、加强源头治理

(四)强化劳动人事争议预防指导。充分发挥用人单位基层党组织在劳动关系治理、协商调解工作中的重要作用,以党建引领劳动关系和谐发展。完善民主管理制度,保障劳动者对用人单位重大决策和重大事项的知情权、参与权、表达权、监督权。推行典型案例发布、工会劳动法律监督提示函和意见书、调解建议书、仲裁建议书、司法建议书、信用承诺书等制度,引导用人单位依法合规用工、劳动者依法理性表达诉求。发挥中小企业服务机构作用,通过培训、咨询等服务,推动中小企业完善劳动管理制度、加强劳动人事争议预防,具备相应资质的服务机构可开展劳动关系事务托管服务。把用人单位建立劳动人事争议调解组织、开展协商调解工作情况作为和谐劳动关系创建等评选表彰示范创建的重要考虑因素。发挥律师、法律顾问职能作用,推进依法治企,强化劳动用工领域合规管理,减少劳动人事争议。

(五)健全劳动人事争议风险监测预警机制。建立健全劳动人事争议风险监测机制,通过税费缴纳、社保欠费、案件受理、投诉举报、信访处理、社会舆情等反映劳动关系运行的重要指标变化情况,准确研判劳动人事争议态势。完善重大劳动人事争议风险预警机制,聚焦重要时间节点,突出农民工和劳务派遣、新就业形态劳动者等重点群体,围绕确认劳动关系、追索劳动报酬、工作时间、解除和终止劳动合同等主要劳动人事争议类型,强化监测预警,建立风险台账,制定应对预案。

(六)加强劳动人事争议隐患排查化解工作。建立重点区域、重点行业、重点企业联系点制度,以工业园区和互联网、建筑施工、劳动密集型加工制造行业以及受客观经济情况发生重大变化、突发事件等影响导致生产经营困难的企业为重点,全面开展排查,及时发现苗头性、倾向性问题,妥善化解因欠薪、不规范用工等引发的风险隐患。加强劳动人事争议隐患协同治理,完善调解仲裁机构与劳动关系、劳动保障监察机构以及工会劳动法律监督组织信息共享、协调联动,共同加强劳动用工指导,履行好"抓前端、治未病"的预防功能。

三、强化协商和解

(七)指导建立内部劳动人事争议协商机制。培育用人单位和劳动者的劳动人事争议协商意识,推动用人单位以设立负责人接待日、召开劳资恳谈会、开通热线电话或者电子邮箱、设立意见箱、组建网络通讯群组等方式,建立健全沟通对话机制,畅通劳动者诉求表达渠道。指导用人单位完善内部申诉、协商回应制度,优化劳动人事争议协商流程,认真研究制定解决方案,及时回应劳动者协商诉求。

(八)协助开展劳动人事争议协商。工会组织统筹劳动法律监督委员会和集体协商指导员、法律援助志愿者队伍等资源力量,推动健全劳动者申诉渠道和争议协商平台,帮助劳动者与用人单位开展劳动人事争议协商,做好咨询解答、释法说理、劝解疏导、促成和解等工作。各级地方工会可设立劳动人事争议协商室,做好劳动人事争议协商工作。企业代表组织指导企业加强协商能力建设,完善企业内部劳动争议协商程序。鼓励、支持社会力量开展劳动人事争议协商咨询、代理服务工作。

(九)强化和解协议履行和效力。劳动者与用人单位就劳动人事争议协商达成一致的,工会组织要主动引导签订和解协议,并推动和解协议履行。劳动者或者用人单位未按期履行和解协议的,工会组织要主动做好引导申请调解等工作。经劳动人事争议仲裁委员会审查,和解协议程序和内容合法有效的,可在仲裁办案中作为证据使用;但劳动者或者用人单位为达成和解目的作出的妥协认可的事实,不得在后续的仲裁、诉讼中作为对其不利的根据,但法律另有规定或者劳动者、用人单位均同意的除外。

四、做实多元调解

(十)推进基层劳动人事争议调解组织建设。人力资源社会保障部门会同司法行政、工会、企业代表组织和企事业单位、社会团体,推动用人单位加大调解组织建设力度。推动大中型企业普遍建立劳动争议调解委员会,建立健全以乡镇(街道)、工会、行业商(协)会、区域性等调解组织为支撑、调解员(信息员)为落点的小微型企业劳动争议协商调解机制。推动事业单位、社会团体加强调解组织建设,规范劳动人事管理和用工行为。

(十一)建设市、县级劳动人事争议仲裁院调解中心和工会法律服务工作站。推动在有条件的市、县级劳动人事争议仲裁院(以下简称仲裁院)内设劳动人事争议调解中心(以下简称调解中心),通过配备工作人员或者购买服务等方式提供劳动人事争议调解服务。调解中心负责办理仲裁院、人民法院委派委托调解的案件,协助人力资源社会保障部门指导辖区内的乡镇(街道)、工会、行业商(协)会、区域性等调解组织做好工作。探索推进工会组织在劳动人事争议案件较多、劳动者诉求反映集中的仲裁院、人民法院设立工会法律服务工作站,具备条件的地方工会可安排专人入驻开展争议协商、调解和法律服务工作,建立常态化调解与仲裁、诉讼对接机制。

(十二)加强调解工作规范化建设。人力资源社会保障部门会同司法行政、工会、企业代表组织等部门,落实调解组织和调解员名册制度,指导各类劳动人事争议调解组织建立健全调解受理登记、调解办理、告知引导、回访反馈、档案管理、统计报告等制度,提升调解工作规范化水平。加大督促调解协议履行力度,加强对当事人履约能力评估,达成调解协议后向当事人发放履行告知书。总结、推广调解组织在实践中形成的成熟经验和特色做法,发挥典型引领作用。

(十三)发挥各类调解组织特色优势。企业劳动争议调解委员会发挥熟悉内部运营规则和劳动者情况的优势,引导当事人优先通过调解方式解决劳动争议。人民调解组织发挥扎根基层、贴近群众、熟悉社情民意的优势,加大劳动人事争议调处工作力度。乡镇(街道)劳动人事争议调解组织发挥专业性优势,积极推进标准化、规范化、智能化建设,帮助辖区内用人单位做好劳动人事争议预防化解工作。行业性、区域性劳动人事争议调解组织发挥具有行业影响力、区域带动力的优势,帮助企业培养调解人员、开展调解工作。商(协)会调解组织发挥贴近企业的优势,积极化解劳动争议、协同社会治理。人力资源社会保障部门、司法行政部门、工会、企业代表组织引导和规范有意向的社会组织及律师、专家学者等社会力量,积极有序参与调解工作,进一步增加调解服务供给。

五、健全联动工作体系

(十四)健全劳动人事争议调解与人民调解、行政调解、司法调解联动工作体系。人力资源社会保障部门在党委政法委的统筹协调下,加强与司法行政、法院、工会、企业代表组织等部门的工作沟通,形成矛盾联调、力量联动、信息联通的工作格局,建立健全重大劳动人事争议应急联合调处机制。有条件的地区,可建立"一窗式"劳动人事争议受理和流转办理机制,通过联通各类网上调解平台、设立实体化联调中心等方式,强化各类调解资源整合。可根据实际情况建立调解员、专家库共享机制,灵活调配人员,提高案件办理专业性。

(十五)参与社会矛盾纠纷调处中心建设。各相关部门主动融入地方党委、政府主导的社会矛盾纠纷多元预防调处化解综合机制,发挥职能优势,向社会矛盾纠纷调处中心派驻调解仲裁工作人员,办理劳动人事争议案件、参与联动化解、提供业务支持,做好人员、经费、场所、设备等保障工作。

(十六)强化调解与仲裁、诉讼衔接。完善调解与仲裁的衔接,建立仲裁员分片联系调解组织制度。双方当事人经调解达成一致的,调解组织引导双方提起仲裁审查申请或者司法确认申请,及时巩固调解成果。仲裁机构通过建议调解、委托调解等方式,积极引导未经调解的当事人到调解组织先行调解。加强调解与诉讼的衔接,对追索劳动报酬、经济补偿等适宜调解的纠纷,先行通过诉前调解等非诉讼方式解决。推进劳动人事争议"总对总"在线诉调对接,开展全流程在线委派委托调解、音视频调解、申请调解协议司法确认等工作。建立省级劳动人事争议调解专家库,并将符合条件的调解组织和人员纳入特邀调解名册,参与调解化解重大疑难复杂劳动人事争议。依法落实支付令制度。

六、提升服务能力

(十七)加强调解员队伍建设。通过政府购买服务等方式提升劳动人事争议协商调解能力。扩大兼职调解员来源渠道,广泛吸纳法学专家、仲裁员、律师、劳动关系协调员(师)、退休法官、退休检察官等专业力量参与调解。加强对调解员的培训指导,开发国家职业技能标准,切实提高调解员职业道德、增强服务意识,提升办案能力。

(十八)加强智慧协商调解建设。推动信息化技术与协商调解深度融合,建立部门间数据信息互通共享机制,整合运用各类大数据开展劳动人事争议情况分析研判。完善网络平台和手机 APP、微信小程序、微信公众号等平台的调解功能,推进“网上办”“掌上办”,实现协商调解向智能化不断迈进。

(十九)保障工作经费。人力资源社会保障部门将协商调解纳入政府购买服务指导性目录。地方财政部门结合当地实际和财力可能,合理安排经费,对协商调解工作经费给予必要的支持和保障,加强硬件保障,为调解组织提供必要的办公办案设施设备。

(二十)落实工作责任。构建和谐劳动关系,是增强党的执政基础、巩固党的执政地位的必然要求,是加强和创新社会治理、保障和改善民生的重要内容,是促进经济高质量发展、社会和谐稳定的重要基础。各地要把做好协商调解工作作为构建和谐劳动关系的一项重要任务,切实增强责任感、使命感、紧迫感,积极争取党委、政府支持,将这项工作纳入当地经济社会发展总体规划和政府目标责任考核体系,推动工作扎实有效开展。各级党委政法委要将劳动人事争议多元处理机制建设工作纳入平安建设考核,推动相关部门细化考评标准,完善督导检查、考评推动等工作。人力资源社会保障部门要发挥在劳动人事争议多元处理中的牵头作用,会同有关部门统筹推进调解组织、制度和队伍建设,完善调解成效考核评价机制。人民法院要发挥司法引领、推动和保障作用,加强调解与诉讼有机衔接。司法行政部门要指导调解组织积极开展劳动人事争议调解工作,加强对调解员的劳动法律政策知识培训,鼓励、引导律师参与法律援助和社会化调解。财政部门要保障协商调解工作经费,督促有关部门加强资金管理,发挥资金使用效益。中小企业主管部门要进一步健全服务体系,指导中小企业服务机构帮助企业依法合规用工,降低用工风险,构建和谐劳动关系。工会要积极参与劳动人事争议多元化解,引导劳动者依法理性表达利益诉求,帮助劳动者协商化解劳动人事争议,依法为劳动者提供法律服务,切实维护劳动者合法权益,竭诚服务劳动者。工商联、企业联合会等要发挥代表作用,引导和支持企业守法诚信经营、履行社会责任,建立健全内部劳动人事争议解决机制。

各省级人力资源社会保障部门要会同有关部门,按照本意见精神,制定切实可行的实施方案,明确任务、明确措施、明确责任、明确要求,定期对本意见落实情况进行督促检查,及时向人力资源社会保障部报送工作进展情况。

司法部关于充分发挥调解职能作用切实做好矛盾纠纷排查化解工作的通知

（2023 年 2 月 10 日　司发通〔2023〕7 号）

各省、自治区、直辖市司法厅（局），新疆生产建设兵团司法局：

为全面贯彻落实党的二十大精神，深入贯彻落实中央政法工作会议精神，充分发挥调解在预防化解矛盾纠纷中的基础性作用，为全面建设社会主义现代化国家开好局起好步营造和谐稳定的社会环境，现通知如下。

一、提高政治站位，进一步增强责任感和使命感

2023 年是全面贯彻落实党的二十大精神的开局之年，也是毛泽东同志批示学习推广“枫桥经验”60 周年暨习近平总书记指示坚持和发展“枫桥经验”20 周年。当前，我国疫情防控取得重大积极成果，经济社会秩序逐步恢复，但各种不确定不稳定因素依然较多，涉疫矛盾纠纷一定时期内可能凸显，重点领域社会矛盾仍然突出，农村地区恶性案件时有发生，维护社会稳定任务艰巨繁重。调解具有扎根基层、贴近群众、灵活便捷、及时高效等优势特点，是“枫桥经验”的直接体现和生动实践，能够最大限度把矛盾纠纷化解在基层，吸附在当地，消除在萌芽状态。各级司法行政机关要进一步提高政治站位，坚持以习近平新时代中国特色社会主义思想为指导，全面贯彻落实党的二十大精神，深入学习贯彻习近平法治思想，深刻领悟“两个确立”的决定性意义，进一步增强“四个意识”、坚定“四个自信”、做到“两个维护”，不断提高政治判断力、政治领悟力、政治执行力，切实把思想和行动统一到习近平总书记重要指示和党中央决策部署上来，以时时放心不下的责任感和使命感，充分发挥调解职能作用，切实做好矛盾纠纷排查化解工作，有力维护人民群众合法权益，维护社会大局和谐稳定。

二、发挥职能优势，全力维护社会大局和谐稳定

（一）扎实开展矛盾纠纷排查。坚持普遍排查与重点排查、日常排查与集中排查相结合,不断提高矛盾纠纷排查的针对性、有效性。落实村(社区)调委会每周组织一次、乡镇(街道)司法所每月组织一次普遍排查,做到全覆盖、无盲区,对排查发现的矛盾纠纷建立工作台账,分类梳理,采取相应的处置措施。加强对本地区矛盾纠纷类型、特点和规律的分析研判,聚焦重点区域、重点领域、重点群体、重点时段,集中时间、集中力量开展排查,特别是对涉疫、易转化为恶性案件等重大风险隐患要做到底数清、情况明。加强与网格员、社区工作者、派出所、综治中心等群防群治力量和基层维稳单位的信息共享、工作联动,及时发现矛盾纠纷风险隐患,做到早发现、早调处、早化解。

(二)深化涉疫矛盾纠纷化解。持续深入做好涉疫重点地区矛盾纠纷化解工作,依法及时稳妥处置各类涉疫矛盾纠纷。以民营企业、困难企业和农民工、新业态从业人员为重点,对疫情引发的生产经营、合同履行、劳动争议等矛盾纠纷,及时受理调处,必要时组建专门调解服务团队,切实维护企业和劳动者的合法权益。充分发挥行业性、专业性调解组织作用,加大对涉疫就医、房产物业、消费旅游、金融借贷、教育培训、互联网等重点领域矛盾纠纷化解力度,防止小事拖大、大事拖炸。切实做好涉疫患者、病亡者家属和退役军人、困难群众、妇女、青少年、老年人、残疾人等重点群体矛盾纠纷化解工作,及时提供优质高效的调解服务。紧盯两会、五一、国庆和传统节假日等重要时段,全力做好防风险、保安全、护稳定各项工作。

(三)强化基层矛盾纠纷化解。对基层常见多发的婚姻家庭、邻里、房屋宅基地、山林土地等矛盾纠纷,村(社区)、乡镇(街道)人民调解委员会要抓早抓小、应调尽调,采取法理情相结合等方式方法,及时把矛盾纠纷化解在基层、化解在萌芽状态,防止因发现不及时、化解不到位引发“民转刑”“刑转命”等恶性案件。对不宜调解或调解不成的矛盾纠纷,要积极引导通过仲裁、行政裁决、行政复议、诉讼等合法渠道解决。对可能激化或引发“民转刑”案件、群体性事件和信访案件的矛盾纠纷,要在稳定事态的基础上及时报告党委、政府和有关部门。注重发挥村(居)法律顾问、法律明白人和乡镇(街道)公共法律服务站的作用,积极参与基层矛盾纠纷化解,为人民群众提供法律咨询和法律帮助。

三、夯实基层基础,不断提升调解工作质量水平

(四)完善调解组织网络。开展基层人民调解组织规范化建设,切实做到村(社区)、乡镇(街道)人民调解委员会依法普遍设立、人员充实、制度健全、工作规范、保障有力。对规模较大、职工较多、纠纷多发的企事业单位,积极推动建立人民调解委员会,不具备条件的中小微企业可以依托各类商会建立人民调解组织。进一步巩固规范医疗、道路交通、劳动争议、物业、婚姻家庭等领域人民调解组织,在知识产权、互联网、消费、旅游、金融、保险、校园安全、价格争议、养老服务等领域有效拓展建立人民调解组织。加强派驻公安派出所、交警队、信访部门、人民法院等人民调解组织建设。推进市、县两级"综合性""一站式"矛盾纠纷调解中心和个人、特色调解工作室建设,打造调解工作品牌。

(五)加强调解员队伍建设。积极发展专职人民调解员队伍,尽快实现乡镇(街道)人民调解委员会配备2名专职人民调解员,村(社区)人民调解委员会配备1名专职人民调解员。广泛吸收村(居)委会成员、网格员、村(居)法律顾问、法律明白人、"五老"人员、社区工作者等加入基层人民调解员队伍,注重在律师、公证员、基层法律服务工作者、医生、教师等社会专业人士和退休政法干警以及其他部门退休人员中发展专业人民调解员。以基层人民调解员为重点,灵活采取集中授课、网络培训、研讨交流等形式,组织开展社会形势、法律政策、专业知识、调解技能等方面的普遍轮训,不断提高人民调解员化解新形势下矛盾纠纷的能力和水平。建设用好人民调解案例库,通过典型案例指导开展调解工作。

(六)强化调解工作保障。切实落实人民调解工作经费地方财政保障责任,加大政府购买调解服务力度,督促设立单位和相关行业主管部门提供场所、设施等办公条件和必要的工作经费,多渠道保障人民调解工作有效开展。加强人民调解工作信息化、智能化建设,已完成人民调解管理信息系统升级改造的省份,要及时推送调解工作数据,与部级平台实现数据实时汇聚共享,尚未完成的要尽快完成系统升级改造。进一步提高智能移动调解系统的覆盖面、使用率,实现矛盾纠纷在线咨询、在线申请、在线分流、在线调解、在线确认,为当事人提供高效智能便捷的调解服务。

四、加强组织领导,形成齐抓共管工作合力

(七)加强组织领导。各级司法行政机关要把扎实做好矛盾纠纷排查化解工作作为全年工作重点,立足本地实际细化工作举措,加强工作指导和督促检查,切实抓好各项工作落实。要坚持问题导向,聚焦薄弱环节,深入基层,深入群众,实地了解调解工作遇到的困难和问题,听取对基层矛盾纠纷化解的意见和建议,采取有力措施及时研究解决。要主动向当地党委、政府和有关部门汇报调解工作情况,积极为调解工作顺利开展争取政策支持和经费保障。

(八)加强协调联动。加强与有关部门的沟通协调,建立信息共享、情况通报工作机制,对适宜调解的矛盾纠纷积极引导或委托移交相关调解组织进行调解。深化完善以人民调解为基础的新时代大调解工作格局,加强各类调解以及调解与仲裁、行政裁决、行政复议、诉讼等衔接联动。积极统筹律师、公证、基层法律服务、法律援助、司法鉴定、法治宣传等法律服务资源,引导和发动社会组织、社会力量参与矛盾纠纷化解,形成联动化解矛盾纠纷的工作合力。

(九)加强宣传表彰。充分利用传统媒体和新媒体,广泛宣传调解工作优势特点,宣传调解组织和调解员的先进事迹、典型案例,积极营造"有纠纷找调解"的浓厚氛围,扩大调解工作的知晓度、首选率。要关心爱护调解员队伍,落实好调解员工作补贴和抚恤优待政策,对表现突出的调解员采取多种形式予以表彰、表扬,激发调解员的工作热情。

最高人民法院　司法部关于印发《关于充分发挥人民调解基础性作用推进诉源治理的意见》的通知

（2023 年 9 月 27 日　司发〔2023〕1 号）

各省、自治区、直辖市高级人民法院、司法厅(局)，新疆维吾尔自治区高级人民法院生产建设兵团分院、新疆生产建设兵团司法局：

现将《关于充分发挥人民调解基础性作用　推进诉源治理的意见》印发你们，请结合实际，抓好贯彻落实。

关于充分发挥人民调解基础性作用推进诉源治理的意见

为深入贯彻落实习近平总书记关于调解工作的重要指示精神和党中央决策部署，坚持把非诉讼纠纷解决机制挺在前面，抓前端、治未病，充分发挥人民调解在矛盾纠纷预防化解中的基础性作用，深入推进诉源治理，从源头上减少诉讼增量，提出以下意见。

一、总体要求

（一）指导思想

坚持以习近平新时代中国特色社会主义思想为指导，全面贯彻落实党的二十大精神，深入学习贯彻习近平法治思想，认真贯彻落实习近平总书记关于调解工作的重要指示精神，坚持党的领导，坚持以人民为中心，坚持和发展新时代"枫桥经验"，进一步加强人民调解工作，健全完善诉调对接工作机制，强化工作保障，推动源头预防、就地实质化解纠纷，为建设更高水平的平安中国、法治中国作出积极贡献。

（二）工作原则

坚持党的领导。坚持党对人民调解工作的全面领导，牢牢把握人民调解工作正确政治方向，确保党中央决策部署得到全面贯彻落实。

坚持人民至上。坚持人民调解为了人民、依靠人民，以维护人民群众合法权益为出发点和落脚点，为人民群众提供更加优质高效智能的调解服务。

坚持预防为主。坚持抓早抓小抓苗头，引导基层群众优先选择人民调解等非诉讼方式，夯实诉源治理，切实把矛盾纠纷解决在基层、化解在诉前。

坚持协调联动。加强资源统筹，广泛引导和发动社会各方面力量参与矛盾纠纷化解，促进矛盾纠纷有效分流、及时调处、形成合力。

坚持实质化解。不断提升调解能力，提高调解协议自动履行率，保证调解协议效力，依法维护人民调解权威，促进矛盾纠纷就地实质化解。

坚持创新发展。总结有益经验，从实际出发，不断推进工作理念、平台载体、制度机制、方式方法创新，丰富和完善人民调解制度，提高诉源治理水平。

二、夯实人民调解“第一道防线”

（一）加强矛盾纠纷排查预防。切实把矛盾纠纷排查作为一项基础性、日常性工作，采取普遍排查与重点排查、日常排查与集中排查相结合等方式，不断提高矛盾纠纷排查的针对性、有效性。加强与网格员、平安志愿者等群防群治力量和派出所、综治中心等基层维稳单位的信息共享、联排联动，做到排查全覆盖、无盲区。聚焦矛盾纠纷易发多发的重点地区、重点领域、重点人群、重点时段，开展有针对性的重点排查。围绕服务乡村振兴等国家重大战略，围绕开展重大活动、应对重大事件等，组织开展形式多样的矛盾纠纷专项排查。对排查出的矛盾纠纷风险隐患，建立工作台账，分类梳理，采取相应的防范处置措施，努力做到早发现、早报告、早控制、早解决。

（二）加强基层矛盾纠纷化解。加强乡镇（街道）、村（社区）人民调解组织规范化建设，做到依法普遍设立、人员充实、制度健全、工作规范、保障有力。完善覆盖县乡村组的人民调解组织网络，推进形式多样的个人、特色调解工作室建设，探索创设更多契合需要的新型人民调解组织。加大对婚姻家事、邻里、房屋宅基地、山林土地等基层常见多发的矛盾纠纷调解力度，坚持抓早抓小、应调尽调、法理情相结合，防止因调解不及时、不到位引发“民转刑”“刑转命”等恶性案件。对可能激化的矛盾纠纷，要在稳定事态的基础上及时报告，协助党委、政府和有关部门化解。

（三）加强重点领域矛盾纠纷化解。以社会需求为导向，对矛盾纠纷易发多发的重点领域，鼓励社会团体或其他组织依法设立行业性专业性人民调解组织。已经设立行业性专业性人民调解组织的，要在司法行政机关的指导下，全面加强规范化建设，确保中立性、公正性，防止商业化、行政化。进一步加强医疗、道路交通、劳动争议、物业等领域人民调解工作，积极向消费、旅游、金融、保险、知识产权等领域拓展。加强新业态领域矛盾纠纷化解，切实维护灵活就业和新就业形态劳动者合法权益。针对重点领域矛盾纠纷特点规律，建立完善人民调解咨询专家库，注重运用专业知识、借助专业力量化解矛盾纠纷，提高调解工作的权威性和公信力。

（四）加强重大疑难复杂矛盾纠纷化解。依托现有的公共法律服务中心，整合人民调解、律师调解、商事调解、行业调解、行政调解等力量，设立市、县两级"一站式"非诉讼纠纷化解中心（或矛盾纠纷调解中心），统筹律师、基层法律服务、公证、法律援助、司法鉴定等法律服务资源，联动仲裁、行政复议等非诉讼纠纷化解方式，合力化解市、县域范围内重大疑难复杂矛盾纠纷。

三、加强诉调对接工作

（一）加强诉前引导。在诉讼服务、法治宣传等工作中提供非诉讼纠纷解决方式指引，增强当事人及律师等法律服务工作者非诉讼纠纷解决意识。人民法院加强诉前引导，对诉至人民法院的案件，适宜通过人民调解解决的，向当事人释明人民调解的特点优势，引导当事人向属地或相关人民调解组织申请调解。经释明后当事人仍不同意调解的，及时登记立案。

（二）及时分流案件。人民法院对适宜通过人民调解方式解决的案件，在征得双方当事人同意后，可以先行在立案前委派或诉中委托人民调解。委派委托的人民调解组织，可以由当事人在司法行政机关公布的人民调解组织名册中选定，也可以由人民法院在特邀调解组织名册中指定。对基层矛盾纠纷，充分发挥村（社区）、乡镇（街道）人民调解委员会作用，及时就地予以化解。对行业专业领域矛盾纠纷，注重发挥相关行业性专业性人民调解组织优势，提升专业化解水平。鼓励非诉讼纠纷化解中心（或矛盾纠纷调解中心）与人民法院诉讼服务中心实行直接对接，统一接收人民法院委派委托调解的案件，组织、协调、督促辖区内人民调解组织开展调解。

(三)依法受理调解。人民调解组织收到委派委托调解的案件后,应当按照《中华人民共和国人民调解法》和《全国人民调解工作规范》要求及时受理调解。经调解达成协议的,人民调解组织可以制作调解协议书,督促双方当事人按约履行,并向人民法院反馈调解结果。双方当事人认为有必要的,可以共同向有管辖权的人民法院申请司法确认。经调解不能达成调解协议的,人民调解组织应当及时办理调解终结手续,将案件材料退回委派委托的人民法院。人民法院接收案件材料后,应当及时登记立案或者恢复审理。对各方当事人同意用书面形式记载的调解过程中没有争议的事实,在诉讼程序中,除涉及国家利益、社会公共利益和他人合法权益的外,当事人无需举证。

四、强化调解工作保障

(一)加强人民调解员队伍建设。注重吸纳律师、公证员、仲裁员、基层法律服务工作者、心理咨询师、医生、教师、专家学者等社会专业人士和退休政法干警以及信访、工会、妇联等部门群众工作经验丰富的退休人员担任人民调解员,不断壮大人民调解员队伍,优化人员结构。大力加强专职人民调解员队伍建设,行业性专业性人民调解委员会应当配备 3 名以上专职人民调解员,乡镇(街道)人民调解委员会和派驻有关单位和部门的人民调解工作室应当配备 2 名以上专职人民调解员,有条件的村(社区)和企(事)业单位人民调解委员会可以配备 1 名以上专职人民调解员。建立青年律师参与人民调解机制,组织青年律师特别是新入职律师到司法所、公共法律服务中心等机构锻炼,充分发挥律师精通法律的专业优势,广泛参与矛盾纠纷排查预防、基层矛盾纠纷化解、行业专业领域矛盾纠纷化解等工作,提升矛盾纠纷化解专业化水平。落实以县级司法行政机关为主的培训制度,采取集中授课、交流研讨、案例评析、现场观摩、旁听庭审、实训演练等灵活多样、生动有效的形式,加强对人民调解员的培训,不断提高人民调解员化解新形势下矛盾纠纷的能力和水平。

(二)加强经费保障。推动落实将人民调解工作指导经费、人民调解委员会补助经费、人民调解员补贴经费、专职人民调解员聘用经费、人民调解办案补贴和专家咨询费等列入同级财政预算足额保障。加强与财政部门沟通协调,建立人民调解工作经费动态增长机制,加大政府购买人民调解服务力度,用足用好中央和省级转移支付资金,补充人民调解工作经费不足。人民调解组织的设立单位和相关行业主管部门应当提供场所、设施等办公条件和必要的工作经费。探索建立相关基金会，鼓励为人民调解组织提供捐赠资助等，多渠道保障人民调解工作有效开展。

（三）强化信息化平台对接。最高人民法院与司法部建立“总对总”对接机制，司法部加快推进矛盾纠纷非诉化解平台建设，实现与最高人民法院的业务协同和数据共享，确保纠纷案件网上流转顺畅，信息数据互通共享。人民调解信息化平台依托司法部矛盾纠纷非诉化解平台，实现与最高人民法院相关系统平台的对接，开展矛盾纠纷在线咨询、在线分流、在线调解、在线反馈、在线司法确认。积极运用大数据、云计算、人工智能等信息化手段，通过信息化平台对接汇聚纠纷数据，实现对矛盾风险的动态感知、精准分析，提高预测预警预防风险的能力，为党委、政府科学研判社会矛盾纠纷形势提供参考依据。

五、加强组织领导

（一）加强协作配合。各级人民法院和司法行政机关要积极争取党委、政府对人民调解工作的重视和支持，推进诉源治理，提高人民调解工作在平安建设考核中的比重。建立民间纠纷成诉情况通报机制和重大矛盾纠纷预警双向通报机制，定期分析辖区矛盾纠纷特点，共同做好纠纷预防化解工作。加强调查研究，共同研究解决工作中遇到的困难和问题。强化工作督导，确保各项工作落实到位。

（二）加强工作指导。司法行政机关要加强对人民调解工作的全面指导，提升人民调解工作规范化水平，建立健全人民调解组织和人民调解员名册，做好依法设立的人民调解组织备案工作，完善人民调解工作考核评价标准，并将考核情况与调解员等级评定、办案补贴挂钩。人民法院要加强对人民调解委员会调解民间纠纷的业务指导，会同司法行政机关做好人民调解宣传推广和业务培训等工作，完善委派委托人民调解和人民调解协议司法确认机制，优化工作流程。

（三）加强宣传表彰。要充分运用传统媒体和网络、微信、微博等新媒体，加大对人民调解工作的宣传力度，不断扩大人民群众对人民调解的知晓度和首选率。广泛宣传人民调解组织和人民调解员的先进事迹，联合发布相关典型案例，讲好“人民调解故事”，为人民调解工作开展营造良好社会环境。采取多种形式，加大对人民调解组织和人民调解员的表彰表扬力度，增强其职业荣誉感和自豪感，激发人民调解员的工作热情。

司法部关于表彰全国模范人民调解委员会模范人民调解员的决定

（2023年9月28日　司发通〔2023〕60号）

各省、自治区、直辖市司法厅（局），新疆生产建设兵团司法局：

近年来，全国广大人民调解组织和人民调解员坚持以习近平新时代中国特色社会主义思想为指导，全面贯彻落实党的二十大精神，深入学习贯彻习近平法治思想，认真贯彻落实习近平总书记关于调解工作的重要指示精神和党中央决策部署，坚持和发展新时代"枫桥经验"，全面贯彻实施人民调解法，不断拓展调解工作领域、完善制度机制、创新方式方法，扎实开展矛盾纠纷源头预防、排查预警、调解化解工作，特别是主动服务党和国家工作大局，围绕党的二十大、建党100周年等要事盛事，围绕抗击新冠肺炎疫情，积极开展矛盾纠纷排查化解，为推进平安中国、法治中国建设作出了重要贡献，涌现出一大批人民调解工作先进集体和先进个人。

为表彰先进，激励士气，充分发挥先进典型的模范带动和示范引领作用，不断开创人民调解工作新局面，司法部决定授予北京市西城区什刹海街道人民调解委员会等299个人民调解委员会"全国模范人民调解委员会"称号；授予北京市海淀区羊坊店街道铁西社区人民调解委员会主任马文生等999名人民调解员"全国模范人民调解员"称号。希望受到表彰的先进集体和先进个人珍惜荣誉、再接再厉，继续发挥模范示范作用，不断取得新的成绩。

各级司法行政机关要认真组织开展学习先进、宣传先进活动，引导广大人民调解组织、人民调解员向受到表彰的全国模范人民调解委员会、模范人民调解员学习。学习他们对党忠诚、胸怀大局、一心为民的政治品格；学习他们扎根一线、默默无闻、无私奉献的高尚情怀；学习他们恪尽职守、不辞辛劳、锐意进取的工作作风；学习他们勇于担当、公道正派、严于律己的优秀品质。全国广大人民调解组织、人民调解员要坚持以习近平新时代中国特色社会主义思想为指导，深入学习贯彻习近平法治思想，继续扎实工作，开拓创新，充分发挥人民调解基础性作用，不断推进新时代新征程人民调解工作高质量发展，努力为建设更高水平的平安中国、法治中国，推进中国式现代化作出新的更大贡献。

附件：1. 全国模范人民调解委员会名单(299 个)

2. 全国模范人民调解员名单(999 名)

附件 1

全国模范人民调解委员会名单

(299 个)

北　京

西城区什刹海街道人民调解委员会

朝阳区黑庄户乡人民调解委员会

顺义区双丰街道马坡花园第二社区人民调解委员会

首都知识产权服务业协会知识产权纠纷人民调解委员会

全联新能源商会人民调解委员会

天　津

滨海新区大港街道人民调解委员会

红桥区和苑街道梦和园社区人民调解委员会

西青区劳动争议人民调解委员会

宝坻区交通事故联合人民调解委员会

天津广播电视台电视人民调解委员会

河　北

石家庄市新华区西苑街道人民调解委员会

石家庄市井陉矿区贾庄街道天户峪社区人民调解委员会

平山县岗南镇人民调解委员会

兴隆县兴隆镇人民调解委员会

张家口市下花园区城镇街道龙兴路社区人民调解委员会

昌黎县交通事故纠纷人民调解委员会
唐山市丰南区诉前人民调解委员会
固安县固安镇人民调解委员会
大厂回族自治县医疗纠纷人民调解委员会
唐县长古城镇人民调解委员会
沧州市医疗纠纷人民调解委员会
武强县豆村镇人民调解委员会
邢台市南和区疑难纠纷人民调解委员会
大名县张铁集乡人民调解委员会
邯郸市复兴区铁路大院街道军营路社区人民调解委员会冯静调解工作室
安新县安新镇王家寨村人民调解委员会
定州市南城区回民第二社区人民调解委员会
辛集市田家庄乡人民调解委员会

山　西

山西省访调对接人民调解委员会
太原市小店区诉前人民调解委员会
大同市云冈区平旺乡王家园村人民调解委员会
阳泉市道路交通事故纠纷人民调解委员会
朔州市平鲁区陶村乡人民调解委员会
河曲县人民调解中心人民调解委员会
长治市保险纠纷人民调解委员会
吕梁市医疗纠纷人民调解委员会
寿阳县南燕竹镇南燕竹村人民调解委员会
翼城县王庄镇王庄村人民调解委员会
永济市栲栳镇人民调解委员会
沁水县嘉峰镇人民调解委员会

内蒙古

东乌珠穆沁旗乌里雅斯太镇满都胡社区人民调解委员会
包头市昆都仑区市府东路街道人民调解委员会
巴彦淖尔市临河区铁南街道人民调解委员会

翁牛特旗婚姻家庭纠纷人民调解委员会
奈曼旗道路交通民事损害赔偿人民调解委员会
乌海市医疗纠纷第三方人民调解委员会

辽　宁

沈阳市沈北新区道义街道北苑社区人民调解委员会
大连市劳资纠纷人民调解委员会
鞍山市千山区甘泉镇人民调解委员会
黑山县半拉门镇人民调解委员会
阜新市新邱区长营子镇人民调解委员会
西丰县钓鱼镇人民调解委员会
朝阳市龙城区龙泉街道东三家村人民调解委员会
葫芦岛市龙港区连湾街道凯地家园社区人民调解委员会

吉　林

大安市锦华街道物业纠纷人民调解委员会
东丰县拉拉河镇福安村人民调解委员会
吉林省保险行业合同纠纷人民调解委员会
双辽市柳条乡人民调解委员会
延吉市建工街道延春社区人民调解委员会
永吉县口前镇人民调解委员会

黑龙江

哈尔滨市香坊区黎明街道人民调解委员会笑雪调解工作室
齐齐哈尔市富拉尔基区北兴街道繁胜社区人民调解委员会
牡丹江市诉前纠纷人民调解委员会
抚远市乌苏镇人民调解委员会最东调解工作室
杜尔伯特蒙古族自治县克尔台乡乌诺村人民调解委员会
孙吴县孙吴镇人民调解委员会

上　海

徐汇区人桥人民调解委员会
杨浦区知识产权人民调解委员会
宝山区友谊路街道人民调解委员会

金山区朱泾镇南圩社区人民调解委员会
嘉定区南翔镇永乐村人民调解委员会

江　苏

南京市金融消费纠纷人民调解委员会
无锡市惠山区交通事故纠纷人民调解委员会
新沂市唐店街道人民调解委员会
常州市天宁区兰陵街道人民调解委员会
张家港市锦丰镇人民调解委员会
如东县马塘镇人民调解委员会
连云港市赣榆区联合人民调解委员会驻赣榆区人民检察院调解工作室
淮安市淮阴区联合人民调解委员会老兵调解工作室
盐城市大丰区金融纠纷人民调解委员会
扬州市江都区医患纠纷人民调解委员会
镇江市镇江新区丁卯街道人民调解委员会
泰州市高港区口岸街道引江社区人民调解委员会
宿迁市宿城区公调对接人民调解委员会

浙　江

杭州市临平区塘栖镇人民调解委员会
建德市杨村桥镇人民调解委员会
宁波市海曙区古林镇人民调解委员会
宁波市北仑区小港街道人民调解委员会
温州市医疗纠纷人民调解委员会
温州市鹿城区南汇街道春秋社区人民调解委员会
湖州市南浔区南浔镇人民调解委员会
海盐县秦山街道人民调解委员会
诸暨市浣东街道人民调解委员会
义乌市涉外纠纷人民调解委员会
衢州市柯城区万田乡人民调解委员会
舟山市普陀区六横镇人民调解委员会
台州市椒江区洪家街道人民调解委员会

青田县季宅乡人民调解委员会

安　徽

庐江县婚姻家庭纠纷人民调解委员会

淮北市杜集区段园镇人民调解委员会零距离调解工作室

固镇县谷阳镇张洪社区人民调解委员会

寿县炎刘镇人民调解委员会

阜阳市总商会人民调解委员会

马鞍山市道路交通事故人民调解委员会

南陵县籍山镇人民调解委员会

郎溪县建平镇人民调解委员会

东至县花园乡花园村人民调解委员会

桐城市吕亭镇人民调解委员会

祁门县塔坊镇响潭村人民调解委员会

福　建

福州市鼓楼区洪山镇福屿社区人民调解委员会

厦门市集美区后溪镇人民调解委员会

安溪县医疗纠纷人民调解委员会

邵武市通泰街道西门社区人民调解委员会

宁德市医患纠纷人民调解委员会

建宁县闽赣边界纠纷人民调解委员会

东山县道路交通事故损害赔偿纠纷人民调解委员会

福建省城市市容环境卫生行业协会人民调解委员会

江　西

南昌市知识产权纠纷人民调解委员会

江西云山集团有限责任公司人民调解委员会

浮梁县浮梁镇人民调解委员会

萍乡市安源区八一街道人民调解委员会

新余市渝水区诉前人民调解委员会

鹰潭市余江区平定乡人民调解委员会

石城县横江镇人民调解委员会

龙南市东江乡人民调解委员会
丰城市上塘镇人民调解委员会
上饶市广信区皂头镇人民调解委员会
吉安市青原区值夏镇值夏社区人民调解委员会白保忠调解工作室
抚州市临川区文昌街道东乡仓社区人民调解委员会

山　东

济南市第二医患纠纷人民调解委员会
济南市市中区舜玉路街道舜园社区人民调解委员会
青岛市市南区金门路街道天山社区人民调解委员会
淄博市张店区车站街道人民调解委员会
枣庄市金融消费纠纷人民调解委员会
东营市河口区新户镇人民调解委员会
烟台市牟平区大窑街道人民调解委员会
招远市夏甸镇人民调解委员会
潍坊市医疗纠纷人民调解委员会
临朐县城关街道兴隆社区人民调解委员会
济宁市任城区古槐街道人民调解委员会
邹城市唐村镇人民调解委员会
泰安市医疗纠纷人民调解委员会
威海市文登区企业信用纠纷人民调解委员会
莒县阎庄街道人民调解委员会
临沂市兰山区汪沟镇人民调解委员会
莒南县相沟镇人民调解委员会
乐陵市黄夹镇人民调解委员会
聊城市东昌府区新区街道人民调解委员会
无棣县碣石山镇小吴码头村人民调解委员会
东明县陆圈镇人民调解委员会

河　南

郑州市金水区未来路街道升龙社区人民调解委员会
开封市龙亭区联合人民调解委员会驻龙亭区人民法院调解工作室

栾川县栾川乡人民调解委员会
鲁山县观音寺乡人民调解委员会
林州市开元街道人民调解委员会驻开元派出所调解工作室
获嘉县照镜镇人民调解委员会
焦作市马村区马村街道人民调解委员会
南乐县谷金楼镇人民调解委员会
襄城县茨沟街道乔皮社区人民调解委员会
临颍县瓦店镇人民调解委员会
三门峡市湖滨区交口乡人民调解委员会
新野县城郊乡人民调解委员会
息县包信镇人民调解委员会
西华县红花集镇人民调解委员会
确山县李新店镇人民调解委员会
平舆县万金店镇土店村人民调解委员会
济源市诉前纠纷人民调解委员会

湖　北

武汉市东西湖区常青花园社区人民调解委员会
黄石市下陆区道路交通事故纠纷人民调解委员会
襄阳市工会职工劳动争议人民调解委员会
荆州市荆州区城南街道人民调解委员会
当阳市玉阳街道望城村人民调解委员会
十堰市郧阳区胡家营镇人民调解委员会
孝感市孝南区婚姻家庭纠纷人民调解委员会
荆门市物业服务矛盾纠纷人民调解委员会
鄂州市梁子湖区东沟镇人民调解委员会
浠水县蔡河镇窑上咀村人民调解委员会
咸宁市房地产领域纠纷人民调解委员会
咸丰县联合人民调解委员会苏老武调解工作室
随州市曾都区何店镇人民调解委员会

湖　南

长沙市天心区南托街道人民调解委员会

衡阳县婚姻家庭纠纷人民调解委员会

炎陵县水口镇水口村人民调解委员会

湘潭市雨湖区雨湖路街道人民调解委员会

新邵县陈家坊镇洪庙村人民调解委员会

汨罗市罗江镇罗江村人民调解委员会

石门县楚江街道龙凤社区人民调解委员会

慈利县零阳街道人民调解委员会

益阳市医疗纠纷人民调解委员会

郴州市医疗纠纷人民调解委员会

通道侗族自治县陇城镇洞雷村人民调解委员会

涟源市石马山街道人民调解委员会

保靖县道路交通事故纠纷人民调解委员会

广　东

广州金融纠纷人民调解委员会

阳江市江城区城北街道人民调解委员会

湛江市麻章区麻章镇人民调解委员会

高州市根子镇人民调解委员会

潮州市湘桥区医疗纠纷人民调解委员会

新兴县东成镇人民调解委员会

深圳市福田区香蜜湖街道人民调解委员会

珠海高新技术产业开发区唐家湾镇人民调解委员会

汕头市潮阳区贵屿镇东洋社区人民调解委员会

佛山市禅城区祖庙街道人民调解委员会

韶关市市区道路交通事故人民调解委员会

陆河县河口镇人民调解委员会

东莞市桥头镇石水口村人民调解委员会

中山市西区街道人民调解委员会

广　西

南宁市南宁经济技术开发区商会人民调解委员会

柳州市福建商会人民调解委员会

北海市医患纠纷人民调解委员会

钟山县钟山镇人民调解委员会

防城港市港口区企沙镇人民调解委员会

金秀瑶族自治县头排镇人民调解委员会

乐业县新化镇百坭村人民调解委员会

凭祥市凭祥镇狮子山社区人民调解委员会

海　南

海口市秀英区长流镇人民调解委员会

定安县黄竹镇人民调解委员会

东方市新龙镇上通天村人民调解委员会

重　庆

渝中区工会劳动争议纠纷人民调解委员会

江北区五里店街道人民调解委员会

巴南区南泉街道人民调解委员会

长寿区重大疑难复杂矛盾纠纷人民调解委员会驻法院调解工作室

綦江区三江街道重钢四厂社区人民调解委员会

秀山土家族苗族自治县隘口镇百岁村人民调解委员会

四　川

成都市郫都区郫筒街道人民调解委员会

金堂县赵镇街道河湾社区人民调解委员会

荣县青阳街道人民调解委员会

攀枝花市医疗纠纷人民调解委员会“和之霞”调解工作室

叙永县“石榴籽”人民调解委员会

广汉市金雁街道人民调解委员会

绵阳市安州区花荄镇人民调解委员会

广元市昭化区昭化镇人民调解委员会

资中县银山镇人民调解委员会

乐山市沙湾区踏水镇人民调解委员会
南部县滨江街道红电社区人民调解委员会
宜宾市叙州区观音镇人民调解委员会
达州市通川区复兴镇人民调解委员会
眉山市东坡区苏祠街道人民调解委员会
甘孜县下雄乡人民调解委员会

贵　州

贵阳市观山湖区劳动纠纷人民调解委员会
遵义市红花岗区公共法律服务中心人民调解委员会
习水县商务纠纷人民调解委员会
六盘水市六枝特区九龙街道人民调解委员会
安顺市医疗纠纷人民调解委员会
毕节市七星关区柏杨林街道人民调解委员会
松桃苗族自治县太平营街道人民调解委员会
丹寨县兴仁镇人民调解委员会
都匀市涉诉人民调解委员会
兴义市劳动纠纷人民调解委员会

云　南

昆明市官渡区金马街道幸福邻里社区人民调解委员会
永善县务基镇锦屏村人民调解委员会
墨江哈尼族自治县联珠镇人民调解委员会
永胜县永北镇人民调解委员会
楚雄市联合人民调解委员会
西畴县鸡街乡鸡街村人民调解委员会
盈江县道路交通事故人民调解委员会

西　藏

林周县边交林乡人民调解委员会
亚东县上亚东乡人民调解委员会
琼结县下水乡下水村人民调解委员会
朗县婚姻家庭纠纷人民调解委员会

班戈县普保镇人民调解委员会驻纳木路便民警务站“红心向党”调解工作室

陕　西

西安市新城区解放门街道人民调解委员会

陕西省西咸新区钓台街道人民调解委员会

扶风县绛帐镇罗家村人民调解委员会

咸阳市秦都区古渡街道人民调解委员会

铜川市耀州区矛盾纠纷多元化解人民调解委员会

渭南市临渭区站南街道高田社区人民调解委员会

延安市信访矛盾纠纷人民调解委员会

榆林市榆阳区镇川镇高梁柳湾村人民调解委员会

西乡县白龙塘镇人民调解委员会

石泉县城关镇老城社区人民调解委员会

柞水县乾佑街道仁和社区人民调解委员会

甘　肃

兰州市城关物业服务集团物业纠纷人民调解委员会

嘉峪关市钢城街道紫轩社区人民调解委员会

金塔县劳动人事争议人民调解委员会

民乐县六坝镇人民调解委员会

永昌县河西堡镇人民调解委员会

武威市凉州区和平镇中庄村人民调解委员会

景泰县一条山镇人民调解委员会

庄浪县城市社区紫荆社区张晓丽调解工作室

正宁县周家镇人民调解委员会

青　海

西宁市城东区周家泉街道为民社区人民调解委员会为民家事调解工作室

互助土族自治县五峰镇人民调解委员会

都兰县香日德镇人民调解委员会

贵南县森多镇人民调解委员会

同仁市多哇镇直跃村人民调解委员会

宁　夏

银川市兴庆区大新镇人民调解委员会

石嘴山市医疗纠纷人民调解委员会

吴忠市利通区东塔寺乡人民调解委员会

隆德县诉前纠纷人民调解委员会

新　疆

乌鲁木齐市沙依巴克区扬子江路街道人民调解委员会

伊宁县萨地克于孜乡下萨地克于孜村人民调解委员会

和静县额勒再特乌鲁乡乌兰布鲁克村人民调解委员会

昌吉州金融纠纷人民调解委员会

疏勒县疏勒镇人民调解委员会

阿瓦提县塔木托格拉克镇人民调解委员会

兵　团

第三师四十五团人民调解委员会

第八师老街街道五三社区人民调解委员会

第十四师皮山农场人民调解委员会

附件2

全国模范人民调解员名单

（999 名）

北　京

马文生　　海淀区羊坊店街道铁西社区人民调解委员会主任

罗　胤　　东城区天坛街道人民调解委员会副主任

甄　红　　西城区西长安街街道人民调解委员会调解员

曹俊英　　朝阳区平房乡人民调解委员会调解员

付紫雁　　丰台区六里桥街道人民调解委员会副主任

李淑玲　　石景山区古城街道人民调解委员会调解员

徐春玲　　门头沟区城子街道华新建社区人民调解委员会主任
李　刚　　房山区聚和人民调解委员会主任
杨　平　　通州区玉桥街道玉桥东里社区人民调解委员会主任
王　楠　　顺义区道路交通事故人民调解委员会主任
唐　媛　　大兴区观音寺街道美澜湾西区社区人民调解委员会副主任
唐东彪　　昌平区南口镇新兴路社区人民调解委员会主任
张金燕　　平谷区兴谷街道人民调解委员会调解员
袁海艳　　怀柔区怀北镇人民调解委员会副主任
任冬梅　　密云区石城镇人民调解委员会调解员
彭丽霞　　延庆区大榆树镇人民调解委员会调解员
郑平林　　北京市医疗纠纷人民调解委员会调解员
彭利军　　首都版权协会知识产权纠纷人民调解委员会调解员

天　津

郝砚蝶　　和平区南营门街道天兴里社区人民调解委员会主任
焦守诣　　南开区王顶堤街道园荫里社区人民调解委员会调解员
邵　刚　　河西区友谊路街道人民调解委员会调解员
刘秀英　　河东区诉前联合人民调解委员会调解员
穆瑞利　　河北区鸿顺里街道人民调解委员会老贾调解室调解员
田景英　　津南区辛庄镇白塘口村人民调解委员会主任
赵轩锋　　北辰区经济技术开发区人民调解委员会调解员
沙乃臻　　武清区东蒲洼街道蒲瑞馨园西社区人民调解委员会调解员
任长新　　静海区唐官屯镇鲁辛庄村人民调解委员会调解员
王云福　　宁河区信访事项人民调解委员会主任
王立岩　　蓟州区渔阳镇人民调解委员会调解员
郑宗瑶　　天津市信访事项人民调解委员会主任

河　北

王宇光　　石家庄市桥西区西里街道人民调解委员会主任
崔焱炜　　石家庄市鹿泉区疑难纠纷人民调解委员会主任
田书江　　石家庄市栾城区诉调对接人民调解委员会调解员
康亚力　　元氏县南因镇褚固村人民调解委员会主任

丁惠彦　深泽县大桥头镇西小封村人民调解委员会主任
张建设　行唐县城寨乡南郝峪村人民调解委员会主任
李　峰　平泉市道虎沟乡人民调解委员会副主任
黄玉磊　滦平县大屯镇人民调解委员会副主任
刘彦敏　承德市双桥区头道牌楼街道人民调解委员会副主任
姚淑珍　承德市双滦区元宝山街道东园社区人民调解委员会调解员
张国刚　围场满族蒙古族自治县杨家湾乡杨家湾村人民调解委员会主任
刘爱国　沽源县闪电河乡人民调解委员会调解员
郭建东　阳原县揣骨疃镇人民调解委员会主任
李建忠　张家口市桥东区大仓盖镇人民调解委员会副主任
张　海　张家口市崇礼区西湾子镇人民调解委员会主任
李　杨　张家口市塞北管理区榆树沟管理处绿源社区人民调解委员会主任
奚全恒　怀来县土木镇人民调解委员会主任
李林燕　秦皇岛市校园纠纷人民调解委员会副主任
赵静思　秦皇岛市北戴河区西山街道安居社区人民调解委员会主任
周慧霞　秦皇岛市海港区燕山大街街道天洋新城社区人民调解委员会主任
陈　军　青龙满族自治县青龙镇谢家岭村人民调解委员会主任
李小先　唐山市丰南区胥各庄镇人民调解委员会副主任
范宇刚　唐山市路南区女织寨镇人民调解委员会调解员
卢芝保　唐山市丰润区沙流河镇沙流河村人民调解委员会调解员
潘　雪　唐山市曹妃甸区唐海镇人民调解委员会调解员
苏　权　迁安市五重安镇万宝沟村人民调解委员会主任
田　虹　滦南县坨里镇人民调解委员会调解员
李万庭　霸州市堂二里镇人民调解委员会主任
高兴娜　廊坊市安次区永华道街道蓝波湾社区人民调解委员会主任
刘军霞　廊坊市广阳区爱民东道街道逸锦家苑社区人民调解委员会主任
白占泉　三河市燕郊镇人民调解委员会主任
赵国起　香河县五百户镇人民调解委员会调解员

李　娜　　永清县道路交通事故纠纷人民调解委员会主任
俎惠敏　　涿州市东仙坡镇人民调解委员会调解员
田京辉　　望都县固店镇人民调解委员会调解员
王英杰　　保定市莲池区东关街道合作路社区人民调解委员会主任
马玉平　　阜平县阜平镇北菜园社区人民调解委员会调解员
卓殿强　　高碑店市肖官营镇胡娄集村人民调解委员会主任
王永军　　曲阳县灵山镇王家村人民调解委员会调解员
韩书彬　　献县十五级镇人民调解委员会主任
赵秋允　　献县疑难纠纷人民调解委员会调解员
王善金　　青县流河镇滕庄子村人民调解委员会调解员
刘惠忠　　任丘市出岸镇南漕口村人民调解委员会调解员
赵大磊　　黄骅市骅东街道雅居社区人民调解委员会调解员
赵润泽　　阜城县王集乡人民调解委员会副主任
芦永起　　武邑县清凉店镇人民调解委员会副主任
李卫兵　　饶阳县留楚镇人民调解委员会主任
魏晓帅　　饶阳县王同岳镇王同岳村人民调解委员会主任
耿瑞忠　　柏乡县疑难纠纷人民调解委员会主任
孙彦群　　巨鹿县巨鹿镇人民调解委员会“孙大哥”调解工作室主任
郑胜儒　　新河县新河镇侯家庄村人民调解委员会主任
张志培　　威县洺州镇人民调解委员会张志培调解工作室主任
李振涛　　广宗县疑难纠纷人民调解委员会主任
任香林　　沙河市新城镇西冯村人民调解委员会主任
崔建卿　　馆陶县寿山寺镇北董固村人民调解委员会主任
张庆敏　　魏县回隆镇后张庄村人民调解委员会主任
张淑兰　　邯郸市峰峰矿区峰峰镇新新一社区人民调解委员会主任
栗文娟　　邯郸市医患纠纷人民调解委员会调解员
王培江　　武安市午汲镇北白石村人民调解委员会主任
李社其　　邯郸市永年区疑难纠纷人民调解委员会社琪调解工作室主任
张铁占　　容城县容城镇人民调解委员会铁叔调解工作室主任
李国山　　安新县赵北口镇人民调解委员会调解员

王战山　　雄县米家务镇板北村人民调解委员会老陈调解工作室副主任
田立柱　　定州市北城区东关社区人民调解委员会主任
李占缺　　辛集市和睦井乡大士庄村人民调解委员会主任

山　西

王小女　　太原市小店区道路交通事故纠纷第二人民调解委员会调解员
王继宗　　太原市万柏林区联合人民调解委员会调解员
陈实文　　清徐县清源镇大北村人民调解委员会调解员
李　华　　大同市平城区永泰街道人民调解委员会副主任
丰伍铎　　大同市新荣区堡子湾乡人民调解委员会主任
姜正芳　　广灵县南村镇人民调解委员会主任
周莉蓉　　阳泉市郊区旧街乡人民调解委员会副主任
闫占尧　　朔州市朔城区北旺庄街道人民调解委员会主任
郑春平　　繁峙县联合人民调解委员会主任
马健秀　　定襄县宏道镇人民调解委员会主任
段忠德　　长治市潞城区黄牛蹄乡上黄村人民调解委员会调解员
李　鹏　　长子县宋村镇人民调解委员会调解员
董立新　　襄垣县夏店镇人民调解委员会调解员
薛丽锋　　交城县西营镇人民调解委员会主任
薛晓君　　临县劳动人事争议人民调解委员会主任
周吉光　　寿阳县朝阳镇人民调解委员会主任
张　鑫　　晋中市婚姻家庭纠纷人民调解委员会副主任
王丽宁　　临汾市医疗纠纷人民调解委员会副主任
耿红英　　侯马市家事纠纷人民调解委员会主任
刘启龙　　乡宁县西交口乡人民调解委员会主任
白印侠　　河津市城区街道虎岗社区人民调解委员会主任
姚建安　　芮城县风陵渡镇人民调解委员会副主任
吉学军　　闻喜县联合人民调解委员会调解员
王洪亮　　阳城县凤城镇南关社区人民调解委员会主任
郭拽娥　　晋城市城区南街街道人民调解委员会调解员
马浩波　　山西省知识产权纠纷人民调解委员会主任

曹海刚　　山西省家庭纠纷人民调解委员会主任

内蒙古

王雅琪　　呼和浩特市玉泉区昭君路街道人民调解委员会调解员
任　斌　　达茂联合旗石宝镇人民调解委员会主任
赵雪枫　　包头市九原区沙河街道人民调解委员会调解员
张伟龙　　呼伦贝尔市物业纠纷人民调解委员会调解员
娜日娜　　陈巴尔虎旗巴彦库仁镇苏优乐社区人民调解委员会调解员
白建立　　科尔沁右翼中旗哈日诺尔苏木人民调解委员会副主任
高维君　　突泉县太平乡人民调解委员会主任
张清朝　　扎鲁特旗香山镇人民调解委员会副主任
贾弘波　　通辽市科尔沁区粮堡镇人民调解委员会副主任
徐景辉　　敖汉旗贝子府镇人民调解委员会副主任
于葆田　　喀喇沁旗西桥镇人民调解委员会老于说和调解工作室调解员
薛飞冬　　西乌珠穆沁旗劳动争议纠纷人民调解委员会主任
高　磊　　多伦县多伦诺尔镇德胜社区人民调解委员会主任
李建军　　察右前旗乌拉哈乌拉乡人民调解委员会副主任
岑丽琴　　卓资县巴音锡勒镇十股地村人民调解委员会调解员
徐永丽　　鄂尔多斯市康巴什区综合人民调解委员会主任
呼小平　　伊金霍洛旗苏布尔嘎镇人民调解委员会主任
张喜平　　杭锦后旗陕坝镇人民调解委员会调解员
姚交其　　乌拉特前旗大佘太镇三份子村人民调解委员会调解员
张　伟　　乌海市乌达区交通事故纠纷人民调解委员会调解员
刘国山　　阿拉善左旗诉前人民调解委员会主任

辽　宁

张明伟　　沈阳市和平区南市场街道和平新村社区人民调解委员会主任
徐清藻　　沈阳市苏家屯区民主街道人民调解委员会副主任
张艳美　　沈阳市浑南区浑河站东街道人民调解委员会调解员
韩　辉　　大连市旅顺口区三涧堡街道人民调解委员会副主任
梁　健　　大连市西岗区人民广场街道桥东社区人民调解委员会调解员
修丽君　　大连市普兰店区大刘家街道大刘家社区人民调解委员会调解员

汤春海　　海城市西柳镇人民调解委员会副主任
张　宁　　抚顺市东洲区章党街道人民调解委员会副主任
孙克新　　新宾满族自治县北四平乡冯家村人民调解委员会调解员
丛　辛　　本溪市明山区高台子街道人民调解委员会副主任
李　媛　　本溪市南芬区南芬街道郭家社区人民调解委员会主任
薛忠权　　丹东市元宝区金山镇人民调解委员会老薛调解工作室主任
矫春阳　　丹东市振兴区站前街道华夏社区人民调解委员会春阳调解工作室主任
赵如申　　黑山县半拉门镇半南村人民调解委员会调解员
史继权　　锦州市凌河区石桥子街道北山社区人民调解委员会调解员
杜元仁　　大石桥市钢都街道人民调解委员会调解员
史雁飞　　营口市西市区渔市街道人民调解委员会副主任
刘　力　　阜新蒙古族自治县务欢池镇人民调解委员会副主任
高彩霞　　阜新市太平区孙家湾街道广厦社区人民调解委员会主任
宋美慧　　灯塔市西马峰镇人民调解委员会调解员
吕学广　　辽阳市弓长岭区安平乡姑嫂村人民调解委员会调解员
赵国友　　昌图县昌图镇河信子村人民调解委员会主任
付　强　　北票市台吉街道人民调解委员会副主任
赵晓华　　朝阳县木头城子镇人民调解委员会副主任
申玉平　　盘锦市兴隆台区渤海街道长湖社区人民调解委员会调解员
崔　超　　盘山县甜水镇人民调解委员会调解员
蔡立杰　　兴城市元台子满族乡人民调解委员会副主任

吉　林

陈殿胜　　珲春市英安镇人民调解委员会副主任
楚　现　　吉林市船营区致和街道人民调解委员会调解员
戴淑艳　　辉南县楼街朝鲜族乡人民调解委员会调解员
黄艳国　　辽源市龙山区寿山镇人民调解委员会调解员
纪跃林　　通化县金斗朝鲜族满族乡金斗村人民调解委员会调解员
姜　涛　　松原市宁江区大洼镇民乐村人民调解委员会调解员
金太虎　　汪清县诉前人民调解委员会主任

李　斌　临江市兴隆街道人民调解委员会调解员
梁施民　桦甸市金沙镇平和村人民调解委员会调解员
刘百胜　榆树市刘家镇人民调解委员会主任
刘　畅　辽源市西安区涉企矛盾纠纷人民调解委员会调解员
宋　鸽　公主岭市东三街道响铃社区人民调解委员会调解员
孙晓辉　靖宇县靖宇镇将军路社区人民调解委员会调解员
王　乐　梅河口市光明街道人民调解委员会调解员
王志勇　梨树县十家堡镇人民调解委员会调解员
吴淑媛　洮南市永茂乡人民调解委员会主任
徐文生　长白朝鲜族自治县新房子镇人民调解委员会主任
张　伟　通榆县鸿兴镇人民调解委员会副主任
张迤逦　长岭县三团乡人民调解委员会主任
赵良国　长春市九台区龙嘉街道人民调解委员会主任
郑金波　长白山旅游股份有限公司人民调解委员会调解员

黑龙江

王源泉　哈尔滨市知识产权纠纷人民调解委员会王源泉调解工作室主任
于云波　巴彦县红光乡丰裕村人民调解委员会主任
杨乙涛　龙江县山泉镇人民调解委员会调解员
邵凤祥　甘南县平阳镇人民调解委员会调解员
李桂华　穆棱市富家社区人民调解委员会调解员
王　毅　牡丹江市西安区火炬街道人民调解委员会主任
薛秀梅　桦南县柳毛河镇人民调解委员会主任
王佳莹　佳木斯市向阳区桥南街道佳丰社区人民调解委员会主任
梁景文　大庆市让胡路区治安纠纷人民调解委员会主任
刘诏轩　肇源县信访纠纷人民调解委员会主任
杨玉强　虎林市中心街道人民调解委员会副主任
周树仁　鸡东县东海镇新生村人民调解委员会老周调解工作室主任
李　丽　饶河县诉前人民调解委员会调解员
王富斌　铁力市铁力镇人民调解委员会主任
宋昱鑫　七台河市桃山区桃东街道人民调解委员会调解员

李建军　萝北县凤翔镇人民调解委员会李建军调解工作室调解员
王福兴　嫩江市嫩江镇四季青社区人民调解委员会调解员
朱晓宁　绥棱县上集镇人民调解委员会副主任
李玉君　庆安县安泰街道庆和社区人民调解委员会调解员
刘赫男　大兴安岭地区加格达奇区卫东街道卫东社区人民调解委员会调解员
李树春　塔河县塔河镇人民调解委员会调解员

上　海

乔俊杰　浦东新区惠南镇双店村人民调解委员会调解员
接正萍　普陀区物业纠纷人民调解委员会主任
顾美香　崇明区道路交通事故人民调解委员会调解员
朱爱莲　金山区联合人民调解委员会调解员
咸少桢　黄浦区医患纠纷人民调解委员会主任
金忠华　青浦区重固镇人民调解委员会调解员
朱春香　静安区大宁路街道人民调解委员会主任
史良燕　徐汇区婚姻家庭纠纷人民调解委员会调解员
高　杨　闵行区古美路街道人民调解委员会调解员
刘金根　长宁区医患纠纷人民调解委员会调解员
王　薇　虹口区凉城新村街道人民调解委员会主任
黄章明　奉贤区庄行镇人民调解委员会调解员
周利民　嘉定区江桥镇人民调解委员会调解员
张庆伟　松江区新桥镇人民调解委员会主任

江　苏

于文艳　南京市栖霞区交通事故损害赔偿人民调解委员会调解员
柏云宝　南京市六合区医患纠纷人民调解委员会调解员
沈大明　南京市高淳区联合人民调解委员会大明调解工作室调解员
翟燕芬　宜兴市丁蜀镇人民调解委员会调解员
张建强　无锡市梁溪区山北街道人民调解委员会王阿姨调解工作室调解员
刘蔷薇　徐州市公调对接人民调解委员会驻翟山派出所调解工作室调解员

杨友国　　徐州市贾汪区茱萸山街道才沃村人民调解委员会调解员
曹　宸　　邳州市炮车街道人民调解委员会调解员
薛　波　　常州市钟楼区永红街道人民调解委员会调解员
刘　丹　　常州经济开发区横林镇人民调解委员会调解员
张立新　　太仓市城厢镇人民调解委员会老张调解工作室调解员
陈　杰　　苏州市吴中区联合人民调解委员会苏报融媒 96466 媒体调解工作室调解员
罗悦生　　苏州市姑苏区金阊街道人民调解委员会调解员
张爱平　　海安市城东镇洋蛮河村人民调解委员会调解员
高劲松　　南通市崇川区观音山街道人民调解委员会调解员
黄华君　　南通市海门区海门街道人民调解委员会调解员
丁洪良　　东海县石榴街道人民调解委员会驻石榴派出所调解工作室调解员
张　宏　　连云港市海州区联合人民调解委员会驻海州区人民法院调解工作室调解员
崔怀进　　灌南县工业园区人民调解委员会调解员
李书怀　　金湖县银涂镇人民调解委员会调解员
张建国　　淮安市清江浦区联合人民调解委员会驻城南派出所调解工作室调解员
万亚洲　　射阳县海河镇烈士村人民调解委员会调解员
陈兵　　响水县陈家港镇人民调解委员会调解员
时长将　　阜宁县芦蒲镇人民调解委员会调解员
杭永伟　　扬州市蜀冈－瘦西湖风景名胜区城北街道人民调解委员会调解员
曹　明　　仪征市月塘镇人民调解委员会调解员
朱世平　　句容市医疗纠纷人民调解委员会调解员
周月兰　　镇江市丹徒区上党镇人民调解委员会调解员
何健忠　　泰兴市联合人民调解委员会何健忠调解工作室调解员
林存礼　　泰州市姜堰区白米镇人民调解委员会调解员
吕二新　　靖江市东兴镇人民调解委员会调解员

王乃平　　泗阳县众兴街道人民调解委员会调解员
程建军　　沭阳县沭城街道人民调解委员会调解员
浙　江
程文秋　　杭州市西湖区北山街道上保社区人民调解委员会副主任
潘美华　　杭州市拱墅区长庆街道人民调解委员会调解员
孙　超　　杭州市萧山区瓜沥镇人民调解委员会副主任
贾国华　　杭州市余杭区闲林街道人民调解委员会调解员
王志明　　桐庐县江南镇彰坞村人民调解委员会调解员
汪向华　　淳安县联合人民调解委员会主任
李永和　　宁波市镇海区庄市街道人民调解委员会永和调解工作室调解员
屠　昱　　宁波市鄞州区福明街道人民调解委员会小娘舅握握团调解工作室调解员
陈仲义　　宁波市奉化区莼湖街道桐照村人民调解委员会调解员
罗海青　　余姚市医疗纠纷人民调解委员会调解员
胡家府　　宁海县长街镇人民调解委员会调解员
徐安明　　象山县丹东街道人民调解委员会调解员
付海曙　　温州市瓯海区劳动人事争议人民调解委员会调解员
郭央雪　　温州市洞头区北岙街道大王殿村人民调解委员会调解员
金益荣　　乐清市城南街道人民调解委员会调解员
张学相　　苍南县医疗纠纷人民调解委员会调解员
张彩梨　　平阳县鳌江镇人民调解委员会调解员
徐隆冠　　泰顺县交通事故人民调解委员会调解员
胡久经　　长兴县物业管理纠纷人民调解委员会主任
姚惠文　　德清县联合人民调解委员会“德清嫂”调解工作室调解员
王正平　　安吉县联合人民调解委员会主任
饶仁华　　嘉兴市秀洲区洪合镇新居民人民调解委员会调解员
贾维国　　海宁市丁桥镇人民调解委员会调解员
沈　伟　　桐乡市高桥街道人民调解委员会主任
邵英英　　绍兴市柯桥区钱清街道人民调解委员会调解员
朱小英　　绍兴市上虞区联合人民调解委员会驻法院调解工作室调解员

魏明尧　　嵊州市甘霖镇人民调解委员会调解员
章雪昕　　新昌县儒岙镇人民调解委员会主任
郑金桂　　金华市婺城区蒋堂镇人民调解委员会调解员
章铁优　　金华市金东区澧浦镇人民调解委员会副主任
颜振远　　永康市芝英镇人民调解委员会调解员
赵　斌　　金华市婺城区汤溪镇人民调解委员会副主任
吴文寿　　武义县联合人民调解委员会诉前调解工作室调解员
童爱玉　　江山市双塔街道县前社区人民调解委员会调解员
刘在德　　常山县白石镇白石村人民调解委员会调解员
汪晓华　　开化县华埠镇人民调解委员会调解员
何岳定　　岱山县高亭镇人民调解委员会调解员
王俊麟　　台州市黄岩区宁溪镇人民调解委员会调解员
朱健平　　临海市联合人民调解委员会副主任
施仁利　　天台县赤城街道桃源社区人民调解委员会调解员
吴才华　　仙居县旅游纠纷人民调解委员会主任
俞玉菜　　三门县婚姻家庭纠纷人民调解委员会调解员
王小荣　　云和县联合人民调解委员会调解员
陈汝长　　庆元县竹口镇人民调解委员会调解员
吴乾熙　　景宁畲族自治县联合人民调解委员会调解员

安　徽

孟　霞　　合肥市蜀山区三里庵街道竹荫里社区人民调解委员会主任
汪　琼　　肥西县桃花镇人民调解委员会副主任
汤春霞　　合肥市总商会人民调解委员会调解员
雷　云　　淮北市相山区相南街道人民调解委员会说事拉理调解工作室主任
陈　伟　　涡阳县高炉镇人民调解委员会副主任
张文强　　利辛县展沟镇展沟村人民调解委员会调解员
杨德飞　　萧县马井镇人民调解委员会副主任
陈　清　　泗县墩集镇界牌张村人民调解委员会调解员
陈庆昌　　五河县头铺镇陈台村人民调解委员会调解员

刘　彪　　阜南县苗集镇唐坡村人民调解委员会调解员
刘子良　　临泉县杨桥镇人民调解委员会调解员
张淮斌　　淮南市医患纠纷人民调解委员会调解员
梁永刚　　淮南市毛集实验区焦岗湖镇人民调解委员会主任
王　玲　　明光市婚姻家庭纠纷人民调解委员会调解员
汪龙珠　　滁州市琅琊区琅琊街道人民调解委员会副主任
张玉宏　　六安市叶集区姚李镇鲁大庄回民村人民调解委员会主任
侯守军　　金寨县白塔畈镇人民调解委员会调解员
杨德军　　和县乌江镇人民调解委员会副主任
潘春生　　马鞍山市医疗纠纷人民调解委员会主任
袁本龙　　芜湖市湾沚区花桥镇人民调解委员会调解员
耿　群　　芜湖市繁昌区婚姻家庭纠纷人民调解委员会副主任
许　义　　宣城市宣州区寒亭镇人民调解委员会副主任
洪　飞　　宁国市青龙乡人民调解委员会副主任
苏　浪　　枞阳县横埠镇人民调解委员会调解员
丁　丰　　青阳县蓉城镇富阳社区人民调解委员会好邻家调解工作室调解员
钱芬芳　　池州市贵池区秋浦街道人民调解委员会副主任
鹿　平　　潜山市梅城镇人民调解委员会副主任
夏国庆　　怀宁县小市镇平坦社区人民调解委员会主任
程飞飞　　黄山市屯溪区屯光镇人民调解委员会调解员
唐德妹　　黄山市黄山区耿城镇人民调解委员会调解员

福　建

李淑芳　　福清市音西街道福百社区人民调解委员会调解员
郑鸣权　　福州市长乐区吴航街道人民调解委员会副主任
蔡艺煌　　厦门市思明区鹭江街道禾祥西社区人民调解委员会主任
林方园　　厦门市同安区祥平街道凤祥社区人民调解委员会调解员
蔡浅林　　厦门市翔安区马巷街道人民调解委员会调解员
马　贞　　光泽县鸾凤乡上屯村人民调解委员会主任
肖　玲　　建瓯市迪口镇人民调解委员会副主任

蔡清筑	石狮市祥芝渔业协会人民调解委员会调解员
王建忠	泉州台商投资区东园镇人民调解委员会调解员
李雅婷	泉州市知识产权纠纷人民调解委员会调解员
李财兴	福安市城南街道人民调解委员会驻派出所调解室调解员
何龙仁	上杭县临城镇人民调解委员会副主任
陈芳芳	龙岩市永定区高陂镇人民调解委员会副主任
邓长安	漳平市南洋镇梧溪村人民调解委员会主任
刘坤江	漳浦县绥安镇人民调解委员会副主任
李荣坤	云霄县陈岱镇人民调解委员会李荣坤调解工作室调解员
阮锡亮	尤溪县台溪乡人民调解委员会清溪基点调解室调解员
沈小云	大田县均溪镇人民调解委员会驻城关派出所调解室调解员
兰元应	莆田市涵江区道路交通事故损害赔偿人民调解委员会调解员
林金国	莆田市秀屿区笏石镇人民调解委员会调解员
郑淑娟	莆田市荔城区西天尾镇人民调解委员会副主任
黄华杰	平潭县海坛街道城中村人民调解委员会调解员
刘倩文	福州市鼓楼区婚姻家庭纠纷人民调解委员会调解员
梁碧芬	三明市总工会人民调解委员会调解员
周晓宇	福建省广播影视集团电视综合频道《调解有一套》人民调解委员会调解员

江　西

刘绍猛	安义县东阳镇东阳村人民调解委员会主任
黄建文	进贤县三里乡人民调解委员会副主任
李　娜	南昌市青云谱区洪都街道人民调解委员会主任
张秋萍	南昌市医疗纠纷人民调解委员会调解员
徐云峰	永修县供销领域纠纷人民调解委员会主任
朱巨宝	瑞昌市码头镇西街社区人民调解委员会主任
陈丽云	九江市濂溪区十里街道九莲社区人民调解委员会主任
郭天乐	景德镇市珠山区新厂街道林荫路社区人民调解委员会主任
吴振良	乐平市乐港镇人民调解委员会主任
曾志芳	萍乡市创新发展商会人民调解委员会副主任

冯光山　上栗县桐木镇人民调解委员会主任
李时洪　新余市医疗纠纷人民调解委员会主任
钟海嫦　分宜县婚姻家庭纠纷人民调解委员会调解员
杨　征　贵溪市罗河镇人民调解委员会副主任
戴明良　鹰潭市月湖区童家镇化溪村人民调解委员会调解员
胡幼平　于都县权属争议纠纷人民调解委员会主任
何梅香　兴国县潋江镇人民调解委员会中间人调解工作室调解员
谌　雷　全南县陂头镇正河村人民调解委员会主任
黄巧燕　赣州蓉江新区潭东镇人民调解委员会副主任
彭玉玲　安远县新龙乡人民调解委员会副主任
王冬才　宜春市袁州区下浦街道人民调解委员会主任
罗　佳　宜春市明月山温泉风景名胜区温汤镇人民调解委员会调解员
梁钟金　奉新县赤田镇涂家村人民调解委员会主任
张万庄　铅山县虹桥乡人民调解委员会副主任
周小平　德兴市李宅乡宗儒村人民调解委员会主任
甘　锋　余干县医疗纠纷人民调解委员会调解员
杨　斌　新干县大洋洲镇人民调解委员会杨斌调解工作室主任
彭久根　吉安县北源乡人民调解委员会久根调解工作室主任
刘家京　吉安市吉州区北门街道人民调解委员会调解员
白海荣　抚州高新技术开发区钟岭街道人民调解委员会老白金牌调解工作室副主任
周黄国　宜黄县神岗乡杨坊村人民调解委员会主任
王国清　黎川县社苹乡瓷兴社区人民调解委员会主任

山　东

赵云长　济南市莱芜区寨里镇大高庄村人民调解委员会主任
迟风辉　济南市历下区诉前民事纠纷人民调解委员会副主任
李　红　济南市历城区彩石街道人民调解委员会副主任
盖　颖　济南市槐荫区兴福街道人民调解委员会主任
陆思胜　济南市章丘区刁镇街道人民调解委员会副主任
司志军　济南市济阳区仁风镇人民调解委员会主任

王　莹　　青岛市崂山区中韩街道华都社区人民调解委员会主任
何兆平　　青岛市西海岸新区医疗纠纷人民调解委员会主任
张萩娟　　青岛市城阳区棘洪滩街道人民调解委员会驻棘洪滩派出所调解工作室主任
王希东　　青岛市即墨区诉前纠纷人民调解委员会主任
薛　峰　　胶州市九龙街道人民调解委员会调解员
宋　娉　　淄博市博山区城东街道人民调解委员会调解员
赵昕昕　　淄博市临淄区金岭回族镇人民调解委员会调解员
牟朝阳　　沂源县南鲁山镇人民调解委员会副主任
王金成　　枣庄市山亭区凫城镇人民调解委员会副主任
徐祥珂　　枣庄市台儿庄区运河街道人民调解委员会调解员
郭向东　　东营市垦利区垦利街道西尚村人民调解委员会调解员
何小霞　　广饶县大王镇人民调解委员会副主任
赵乐成　　莱阳市谭格庄镇人民调解委员会调解员
陈学童　　龙口市商会人民调解委员会主任
姜　浩　　烟台市福山区清洋街道人民调解委员会主任
李海霞　　烟台市蓬莱区蓬莱阁街道人民调解委员会调解员
马洪菊　　海阳市盘石店镇人民调解委员会主任
吕永芬　　潍坊市奎文区东关街道中学街社区人民调解委员会主任
任光海　　潍坊市潍城区南关街道西南关社区人民调解委员会主任
郭　震　　青州市弥河镇人民调解委员会副主任
孙文东　　寿光市洛城街道人民调解委员会主任
付梅超　　安丘市兴安街道祥安社区人民调解委员会主任
张国伟　　济宁市兖州区新兖镇人民调解委员会副主任
潘增奎　　嘉祥县“嘉和”诉前人民调解委员会调解员
刘景雯　　金乡县鱼山街道人民调解委员会调解员
吴德静　　汶上县“和为贵”家事纠纷人民调解委员会副主任
路会芳　　梁山县专用汽车产业纠纷人民调解委员会调解员
张心贞　　泰安市岱岳区满庄镇人民调解委员会主任
有维忠　　肥城市桃园镇人民调解委员会副主任

张文峰　宁阳县葛石镇人民调解委员会副主任
陈明强　新泰市非诉纠纷人民调解委员会主任
李　震　威海火炬高技术产业开发区初村镇人民调解委员会副主任
曲清华　荣成市夏庄镇人民调解委员会副主任
宋云波　威海市文登区金山街道人民调解委员会调解员
祁　森　日照市东港区南湖镇人民调解委员会主任
陈德祥　日照市岚山区黄墩镇人民调解委员会调解员
秦　晓　五莲县叩官镇人民调解委员会主任
史利伟　临沂市河东区八湖镇人民调解委员会主任
张圣叶　临沂市罗庄区高都街道人民调解委员会调解员
苗立义　兰陵县芦柞镇人民调解委员会调解员
公　明　蒙阴县坦埠镇东坦埠村人民调解委员会公明调解工作室主任
刘　剑　临沭县临沭街道人民调解委员会副主任
孙文学　禹城市张庄镇人民调解委员会主任
黄勤福　夏津县郑保屯镇人民调解委员会调解员
韩　磊　齐河县赵官镇人民调解委员会副主任
冯　冰　德州市陵城区神头镇人民调解委员会主任
赵振华　聊城市茌平区振兴街道人民调解委员会调解员
马建新　阳谷县侨润街道北顺社区人民调解委员会调解员
张令广　东阿县牛角店镇人民调解委员会调解员
郭庆良　惠民县联合人民调解委员会调解员
徐楠楠　博兴县道路交通事故纠纷人民调解委员会主任
张玉华　阳信县婚姻家庭纠纷人民调解委员会副主任
郭海荣　菏泽市牡丹区王浩屯镇人民调解委员会主任
吕恒森　菏泽市定陶区张湾镇人民调解委员会调解员
徐继永　曹县普连集镇人民调解委员会主任
马　涛　单县园艺街道人民调解委员会主任
冯　龙　菏泽市道路交通事故纠纷人民调解委员会主任

河　南

王新洲　郑州市上街区工业路街道朱寨社区人民调解委员会调解员

侯涛峰　新密市青屏街街道人民调解委员会主任
李学谦　荥阳市索河街道人民调解委员会调解员
冯建敏　登封市道路交通事故纠纷人民调解委员会调解员
张子申　开封市城乡一体化示范区金耀街道人民调解委员会主任
马　辉　尉氏县大桥乡人民调解委员会主任
鹿高辉　兰考县仪封镇人民调解委员会主任
李威武　洛阳市孟津区城关镇人民调解委员会调解员
张新民　洛宁县上戈镇上戈村人民调解委员会主任
蒋振汕　新安县北冶镇人民调解委员会调解员
杨再申　洛阳市洛龙区关林街道龙康社区人民调解委员会主任
朱莹莹　宝丰县肖旗乡人民调解委员会主任
张中央　郏县道路交通事故纠纷人民调解委员会主任
黄金山　滑县大寨乡人民调解委员会副主任
陈　川　汤阴县联合人民调解委员会陈川调解工作室调解员
郭德生　鹤壁市医疗纠纷人民调解委员会主任
李英利　鹤壁市淇滨区金山街道人民调解委员会主任
陆　燕　新乡市红旗区东街街道大东街社区人民调解委员会主任
王佩山　辉县市北云门镇前卓水村人民调解委员会主任
王　勇　封丘县城关镇人民调解委员会调解员
李继峰　延津县塔铺街道人民调解委员会调解员
薛其峰　温县温泉街道人民调解委员会调解员
吴静静　温县祥云镇人民调解委员会副主任
刘银凤　焦作市中站区劳动纠纷人民调解委员会调解员
蔡　娟　清丰县婚姻家庭纠纷人民调解委员会调解员
师清龙　台前县夹河乡人民调解委员会调解员
刘明明　长葛市建设路街道人民调解委员会副主任
徐付章　鄢陵县马栏镇人民调解委员会副主任
赵栓志　舞阳县保和乡人民调解委员会调解员
刘红婧　卢氏县城关镇人民调解委员会主任
平　晔　义马市泰山路街道人民调解委员会调解员

刘士东　南阳市宛城区汉冶街道人民调解委员会副主任
于保国　内乡县湍东镇龙园村人民调解委员会主任
陈　凯　西峡县紫金街道人民调解委员会主任
崔保廷　社旗县太和镇人民调解委员会副主任
南红梅　商丘市梁园区平原街道民西社区人民调解委员会调解员
李俊领　商丘市睢阳区勒马乡人民调解委员会调解员
蒋　建　永城市苗桥镇人民调解委员会主任
陈新强　新县八里畈镇人民调解委员会副主任
邹婷婷　光山县马畈镇人民调解委员会调解员
史　戣　息县彭店乡金王楼村人民调解委员会主任
曾庆文　商城县金刚台镇人民调解委员会调解员
郭明光　郸城县虎岗乡人民调解委员会副主任
刘学魁　鹿邑县鸣鹿街道人民调解委员会调解员
王　磊　商水县黄寨镇王潭村人民调解委员会主任
张弓召　项城市丁集镇人民调解委员会主任
刘长兴　上蔡县东洪镇人民调解委员会调解员
宋建军　汝南县汝宁街道人民调解委员会主任
吴　佳　正阳县寒冻镇人民调解委员会主任
刘传文　泌阳县象河乡人民调解委员会主任
周观玺　济源市五龙口镇人民调解委员会副主任

湖　北

蒋　晋　武汉市江汉区满春街道人民调解委员会调解员
范梦星　武汉市汉阳区龙阳街道人民调解委员会调解员
易庆洪　武汉市黄陂区盘龙城经济开发区人民调解委员会调解员
晏菁怡　武汉市江岸区联合专业人民调解委员会调解员
廖燕慧　武汉市武昌区交通事故纠纷人民调解委员会调解员
刘小兵　大冶市东风路街道人民调解委员会调解员
张　锐　阳新县富池镇人民调解委员会调解员
彭家才　襄阳市交通事故纠纷人民调解委员会调解员
翟文英　襄阳市婚姻家庭纠纷人民调解委员会副主任

陶铁鹏　　襄阳市襄州区肖湾街道育红社区人民调解委员会陶铁鹏调解工作室调解员
易守银　　谷城县石花镇殷畈村人民调解委员会主任
杨　勇　　石首市笔架山街道人民调解委员会调解员
肖庆俊　　洪湖市汊河镇人民调解委员会主任
陈雅军　　荆州纪南生态文化旅游区纪南镇人民调解委员会主任
袁道清　　枝江市百里洲镇人民调解委员会调解员
官守国　　长阳土家族自治县磨市镇人民调解委员会调解员
刘绍玉　　五峰土家族自治县联合人民调解委员会调解员
戴大模　　宜昌市猇亭区虎牙街道人民调解委员会调解员
黄　敏　　竹溪县城关镇人民调解委员会调解员
张有婕　　十堰市张湾区红卫街道人民调解委员会调解员
杨盛茂　　孝感市道路交通事故纠纷人民调解委员会主任
舒元平　　应城市城北街道陡河村人民调解委员会主任
牧　丹　　钟祥市双河镇人民调解委员会主任
范道贵　　京山市石龙镇人民调解委员会副主任
姜助一　　鄂州市鄂城区西山街道人民调解委员会调解员
潘　婷　　鄂州市华容区蒲团乡人民调解委员会调解员
丁保平　　麻城市张家畈镇人民调解委员会调解员
殷清理　　团风县团风镇人民调解委员会调解员
邓迟生　　蕲春县八里湖街道汤如海社区人民调解委员会调解员
孙相松　　咸宁市咸安区高桥镇人民调解委员会调解员
刘风华　　嘉鱼县高铁岭镇人民调解委员会副主任
汪甫雄　　崇阳县医患纠纷人民调解委员会调解员
向贞东　　恩施市新塘乡人民调解委员会调解员
杜昌政　　利川市联合专业人民调解委员会主任
谭支坤　　建始县茅田乡人民调解委员会调解员
张国勇　　随县三里岗镇吉祥寺村人民调解委员会调解员
刘晓友　　广水市应山街道人民调解委员会调解员
彭　湃　　仙桃市干河街道人民调解委员会调解员

邱广才　　潜江市泽口街道人民调解委员会调解员
陈娇娆　　天门市拖市镇人民调解委员会调解员
王玉中　　神农架林区松柏镇松柏村人民调解委员会主任

湖　南

廖海梅　　长沙市芙蓉区韭菜园街道汤家岭社区人民调解委员会主任
陈建良　　长沙县江背镇梅花社区人民调解委员会主任
王福林　　宁乡市金洲镇人民调解委员会副主任
黄自武　　长沙市雨花区跳马镇人民调解委员会副主任
颜　东　　衡南县泉溪镇人民调解委员会副主任
伍永智　　耒阳市龙塘镇远宏村人民调解委员会调解员
龙端喜　　衡阳市石鼓区黄沙湾街道人民调解委员会调解员
阳洪旭　　衡东县新塘镇文峰社区人民调解委员会主任
柳　萧　　株洲市荷塘区仙庾镇人民调解委员会副主任
林文爱　　株洲市温州商会人民调解委员会主任
肖新军　　株洲市渌口区淦田镇铜锣村人民调解委员会调解员
周　舟　　湘乡市白田镇人民调解委员会主任
唐　钊　　湘潭市岳塘区联合人民调解委员会调解员
陈文光　　武冈市稠树塘镇人民调解委员会调解员
陈晓琳　　隆回县滩头镇滩头村人民调解委员会主任
刘玉奇　　邵阳县白仓镇坦湾村人民调解委员会主任
肖　锋　　洞口县花古街道人民调解委员会调解员
沈海洪　　岳阳市云溪区长岭街道人民调解委员会主任
甘展凡　　湘阴县三塘镇人民调解委员会副主任
孟　谦　　岳阳市岳阳楼区奇家岭街道学院路社区人民调解委员会主任
符美荣　　常德市武陵区府坪街道体育东路社区人民调解委员会主任
张祖爱　　汉寿县岩汪湖镇金盆岭村人民调解委员会主任
谭伟红　　澧县甘溪滩镇人民调解委员会副主任
蒯　琴　　津市市襄阳街街道人民调解委员会副主任
胡　勇　　张家界市永定区大庸桥街道热水坑社区人民调解委员会主任
彭　群　　桑植县信访事项人民调解委员会调解员

夏世玉　　益阳市资阳区新桥河镇人民调解委员会调解员
吴彩玲　　桃江县鲊埠回族乡鲊埠社区人民调解委员会主任
李俊生　　宜章县婚姻纠纷人民调解委员会调解员
李周帅　　郴州市北湖区人民路街道人民调解委员会调解员
谭　剑　　桂阳县龙潭街道八字塘社区人民调解委员会主任
陈崇波　　临武县舜峰镇南塔社区人民调解委员会主任
万天德　　宁远县联合人民调解委员会驻信访局调解室调解员
何　军　　道县梅花镇人民调解委员会副主任
蒋素梅　　双牌县麻江镇廖家村人民调解委员会主任
陈君林　　东安县芦洪市镇人民调解委员会副主任
米文秀　　辰溪县黄溪口镇双溪村人民调解委员会主任
杨长清　　新晃侗族自治县凉伞镇人民调解委员会副主任
肖典国　　沅陵县沅陵镇人民调解委员会副主任
黄金芳　　洪江市黔城镇芙蓉社区人民调解委员会主任
胡志文　　双峰县梓门桥镇黄马洲村人民调解委员会主任
苏祥康　　冷水江市沙塘湾街道人民调解委员会副主任
田庭茂　　古丈县古阳镇黑潭村人民调解委员会主任
龙　琳　　泸溪县解放岩乡人民调解委员会调解员
龙学勤　　凤凰县两林乡人民调解委员会副主任

广　东

黎爱滨　　广州市番禺区新造镇新造社区人民调解委员会主任
李　炜　　广州市白云区松洲街道人民调解委员会副主任
刘　凯　　广州市花都区炭步镇人民调解委员会副主任
刘精彩　　深圳市龙岗区横岗街道人民调解委员会主任
徐　戬　　深圳市宝安区福永街道人民调解委员会调解员
洪铭源　　深圳市光明区道路交通事故纠纷人民调解委员会调解员
程小梅　　珠海市香洲区前山街道人民调解委员会调解员
邝小媚　　珠海市斗门区井岸镇人民调解委员会调解员
陈　勇　　汕头市龙湖区龙华街道人民调解委员会副主任
蔡　含　　汕头市濠江区马滘街道人民调解委员会调解员

饶剑峰　　汕头市江西商会澄海分会人民调解委员会主任
吴立林　　佛山市松高劳动人事争议人民调解委员会主任
尚　慧　　佛山市知识产权纠纷人民调解委员会调解员
余银武　　翁源县龙仙镇人民调解委员会副主任
丘水养　　韶关市曲江区沙溪镇窝子村人民调解委员会主任
黄国良　　东源县黄田镇人民调解委员会主任
曾石榴　　连平县溪山镇人民调解委员会副主任
潘招海　　河源市源城区上城街道人民调解委员会海记调解工作室调解员
李秋兰　　梅州市梅县区城东镇人民调解委员会副主任
张志敏　　蕉岭县广福镇人民调解委员会副主任
林　玲　　平远县大柘镇人民调解委员会副主任
廖立华　　惠州市惠阳区镇隆镇人民调解委员会调解员
罗小东　　惠东县平山街道人民调解委员会副主任
刘金怀　　惠州市保险行业协会人民调解委员会副主任
胡佳权　　汕尾市城区捷胜镇东坑村人民调解委员会副主任
黄信生　　海丰县城东镇人民调解委员会调解员
张惠欢　　东莞市寮步镇西溪村人民调解委员会副主任
黄德生　　东莞市凤岗镇人民调解委员会副主任
梁汝坚　　中山市小榄镇人民调解委员会主任
袁杜智　　中山市古镇镇人民调解委员会调解员
郑秋船　　江门市蓬江区杜阮镇人民调解委员会副主任
林志辽　　台山市台城街道人民调解委员会副主任
谭银贞　　开平市赤坎镇人民调解委员会副主任
梁支海　　阳江市阳东区东城镇人民调解委员会主任
黄应权　　阳西县沙扒镇人民调解委员会调解员
庞彦仕　　遂溪县城月镇人民调解委员会副主任
王伟祥　　湛江市坡头区龙头镇人民调解委员会副主任
蔡佩霏　　湛江经济技术开发区东简街道人民调解委员会副主任
林常辉　　高州市分界镇人民调解委员会副主任
倪火强　　茂名市茂南区站前街道人民调解委员会调解员

李良友　　怀集县梁村镇人民调解委员会副主任
林　翠　　肇庆市高新技术产业开发区大旺街道龙湖社区人民调解委员会主任
李志文　　四会市民情志愿者协会人民调解委员会李志文调解工作室主任
黄俊斌　　清远市清城区凤城街道人民调解委员会调解员
房四贵　　连南瑶族自治县涡水镇瑶龙村人民调解委员会调解员
梁晓光　　英德市黎溪镇人民调解委员会主任
陈　跃　　潮州市潮安区金石镇人民调解委员会副主任
朱桂曼　　潮州市湘桥区太平街道开元社区人民调解委员会主任
余　翀　　潮州市知识产权纠纷人民调解委员会调解员
葛志坚　　揭阳市医患纠纷人民调解委员会副主任
郑　驰　　揭阳市榕城区仙桥街道人民调解委员会副主任
郑闻钟　　揭西县东园镇人民调解委员会副主任
岑伟恒　　云浮市云城区安塘街道人民调解委员会副主任
江伟华　　云浮市云安区高村镇人民调解委员会副主任

广　西

谈宜来　　南宁市江南区江南街道人民调解委员会宜来调解工作室调解员
韦津荣　　宾阳县新桥镇人民调解委员会主任
廖宇放　　柳城县马山镇人民调解委员会副主任
陈学忠　　柳州市医患纠纷人民调解委员会调解员
黄芳芳　　柳州市城中区中南街道人民调解委员会副主任
覃瑞坤　　柳州市柳江区成团镇人民调解委员会主任
徐树华　　桂林市医疗纠纷人民调解委员会副主任
白益鸣　　永福县百寿镇人民调解委员会副主任
黄祖翔　　阳朔县兴坪镇人民调解委员会副主任
莫耀松　　岑溪市南渡镇人民调解委员会副主任
黎汉文　　梧州市龙圩区龙圩镇人民调解委员会副主任
黄培德　　藤县太平镇人民调解委员会副主任
姚金水　　梧州市长洲区倒水镇人民调解委员会副主任
陈福平　　灵山县陆屋镇人民调解委员会副主任

朱柏俭　浦北县福旺镇人民调解委员会调解员
曾　震　钦州市钦南区沙埠镇人民调解委员会调解员
李福权　钦州市钦北区板城镇人民调解委员会调解员
岑鸿鹄　合浦县乌家镇人民调解委员会副主任
陈　强　北海市银海区平阳镇人民调解委员会主任
谭志定　来宾市兴宾区城北街道人民调解委员会副主任
黄燕姣　象州县石龙镇人民调解委员会副主任
刘碧丹　贺州市八步区贺街镇人民调解委员会副主任
刘春沐　贺州市平桂区沙田镇人民调解委员会副主任
王　钢　昭平县黄姚景区旅游纠纷人民调解委员会主任
卜春林　博白县龙潭镇人民调解委员会主任
梁　坚　兴业县大平山镇人民调解委员会调解员
周炳文　平南县医患纠纷人民调解委员会副主任
黄永统　贵港市港南区木格镇人民调解委员会副主任
梁　慧　靖西市渠洋镇人民调解委员会副主任
罗　诚　凌云县逻楼镇人民调解委员会副主任
张　平　隆林各族自治县沙梨乡人民调解委员会副主任
陈艳华　南丹县车河镇人民调解委员会副主任
周恩谋　凤山县长洲镇那兵村人民调解委员会副主任
卢华祥　罗城仫佬族自治县小长安镇人民调解委员会副主任
梁晓生　宁明县亭亮镇人民调解委员会调解员
赵东蝶　大新县雷平镇人民调解委员会副主任
苏芳莹　龙州县上龙乡人民调解委员会调解员

海　南

何永明　儋州市排浦镇人民调解委员会调解员
朱　江　澄迈县老城镇人民调解委员会调解员
戴文芳　三亚市消费纠纷人民调解委员会调解员
游奇斌　昌江黎族自治县十月田镇人民调解委员会调解员
黎　菊　白沙黎族自治县牙叉镇人民调解委员会调解员
林仕高　保亭黎族苗族自治县城镇人民调解委员会调解员

林声辉　　海口市桂林洋经济开发区人民调解委员会调解员
田　爽　　琼海市嘉积镇登仙岭社区人民调解委员会调解员
许环友　　屯昌县婚姻家庭纠纷人民调解委员会调解员
刘　夏　　陵水黎族自治县提蒙乡人民调解委员会调解员
郑慧敏　　文昌市文城镇人民调解委员会调解员
刘书恋　　万宁市龙滚镇人民调解委员会调解员

重　庆

付春华　　万州区百安坝街道人民调解委员会调解员
汪　昕　　黔江区濯水镇人民调解委员会副主任
甘国贵　　涪陵区龙桥街道人民调解委员会调解员
李　森　　沙坪坝区重大矛盾纠纷人民调解委员会调解员
何　茂　　九龙坡区渝州路街道第二社区人民调解委员会调解员
杜仁海　　南岸区天文街道人民调解委员会驻天文派出所调解室调解员
袁启滢　　渝北区宝圣湖街道人民调解委员会调解员
刘　俊　　合川区医疗纠纷人民调解委员会副主任
阳　利　　永川区交通事故纠纷人民调解委员会主任
李自刚　　南川区南平镇人民调解委员会主任
徐　璞　　大足区龙水镇人民调解委员会副主任
刘　学　　铜梁区医疗纠纷人民调解委员会调解员
文　丽　　潼南区桂林街道人民调解委员会调解员
徐传英　　开州区汉丰街道人民调解委员会驻派出所调解室主任
刘德超　　武隆区桐梓镇人民调解委员会副主任
罗泽政　　城口县庙坝镇人民调解委员会调解员
陈春华　　丰都县高家镇人民调解委员会调解员
皮　维　　忠县磨子土家族乡人民调解委员会副主任
向家兴　　巫山县抱龙镇人民调解委员会调解员
王俊钢　　巫溪县文峰镇长兴村人民调解委员会俊钢个人调解工作室调解员
马建虎　　石柱土家族自治县信访事项人民调解委员会调解员
邓　旺　　酉阳县重大矛盾纠纷人民调解委员会主任
刘　斌　　彭水苗族土家族自治县绍庆街道人民调解委员会调解员

邢晓霞　两江新区人和街道人民调解委员会调解员
陈　谊　高新区走马镇人民调解委员会调解员
四　川
郭家英　成都市高新区肖家河街道正街社区人民调解委员会主任
邓著芬　四川天府新区华阳街道人民调解委员会调解员
刁　义　成都市青羊区草市街街道八宝街社区人民调解委员会调解员
苏广华　成都市盐城商会人民调解委员会主任
张正芬　蒲江县甘溪镇人民调解委员会调解员
陈　丽　成都市成华区二仙桥街道人民调解委员会调解员
严三良　成都市青白江区大同街道人民调解委员会副主任
阮恒远　自贡市医疗纠纷人民调解委员会主任
聂洪艳　自贡市沿滩区仙市镇人民调解委员会调解员
余顺成　盐边县道路交通事故纠纷人民调解委员会调解员
李　敏　泸县玉蟾街道人民调解委员会调解员
聂　瑜　泸州市龙马潭区莲花池街道人民调解委员会副主任
幸　辉　合江县大桥镇人民调解委员会调解员
许禄松　中江县仓山镇人民调解委员会副主任
肖义森　绵阳市涪城区青义镇人民调解委员会副主任
李　茜　绵阳市游仙区小枧镇人民调解委员会副主任
宋芸贤　三台县新德镇人民调解委员会副主任
舒清华　广元市医疗纠纷人民调解委员会主任
张智强　剑阁县普安镇人民调解委员会调解员
甘静梅　蓬溪县赤城片区联合人民调解委员会调解员
夏蕴喆　遂宁市保险合同争议人民调解委员会主任
袁良凯　威远县观英滩镇人民调解委员会主任
杨礼义　资中县水南镇人民调解委员会副主任
蒋兴义　马边彝族自治县民建镇人民调解委员会调解员
耍惹阿觉　峨边彝族自治县黑竹沟镇依乌村人民调解委员会主任
杨金花　犍为县孝姑镇人民调解委员会调解员
郑元丰　峨眉山市胜利街道人民调解委员会调解员

谢金坊　　阆中市沙溪街道人民调解委员会调解员
陈　刚　　南充市顺庆区新建街道人民调解委员会副主任
马先碧　　仪陇县新政镇东北社区人民调解委员会主任
何婉兰　　蓬安县兴旺镇人民调解委员会副主任
何海波　　西充县南台街道人民调解委员会调解员
周映燃　　长宁县梅硐镇人民调解委员会副主任
李宗杰　　屏山县中都镇人民调解委员会副主任
杨　梅　　宜宾市叙州区柏溪街道人民调解委员会调解员
易　凤　　筠连县巡司镇人民调解委员会调解员
王　军　　宜宾市翠屏区金秋湖镇人民调解委员会主任
刘　燕　　江安县铁清镇人民调解委员会调解员
廖正果　　邻水县城南镇人民调解委员会调解员
袁海锋　　岳池县坪滩镇人民调解委员会副主任
方才海　　宣汉县普光镇人民调解委员会副主任
向　雷　　渠县三汇镇人民调解委员会副主任
龚继权　　达州市达川区石梯镇人民调解委员会副主任
邹昊燃　　达州东部经济开发区麻柳镇人民调解委员会副主任
贾召敏　　达州市通川区凤西街道新锦社区人民调解委员会副主任
卢文平　　巴中市巴州区平梁镇人民调解委员会调解员
肖　尧　　通江县民胜镇人民调解委员会调解员
吴少丽　　天全县始阳镇人民调解委员会调解员
一　嘎　　石棉县新民乡人民调解委员会副主任
王　岭　　仁寿县黑龙滩镇人民调解委员会调解员
宋建国　　丹棱县杨场镇古井村人民调解委员会主任
查　超　　资阳市雁江区三贤祠街道人民调解委员会副主任
邓怀平　　安岳县岳城街道人民调解委员会调解员
贺元刚　　金川县马奈镇人民调解委员会副主任
蔡明霞　　理县薛城镇人民调解委员会调解员
曲木扭呷　九龙县湾坝镇人民调解委员会调解员
吉他曲登尼马　炉霍县宗麦乡人民调解委员会调解员

达哇绒布　巴塘县夏邛镇人民调解委员调解员
巴　登　道孚县色卡乡亚日村人民调解委员会主任
罗监辉　普格县螺髻山镇人民调解委员会调解员
吉克打松　喜德县鲁基乡人民调解委员会调解员

贵　州

李　莉　贵阳市云岩区水东路街道人民调解委员会副主任
刘学敏　贵阳市南明区花果园街道人民调解委员会调解员
罗　涌　贵阳市花溪区贵筑街道人民调解委员会调解员
汪海杰　清镇市青龙山街道岭南社区人民调解委员会调解员
何佩兰　开阳县硒城街道凌角堰社区人民调解委员会调解员
陈梁蛟　遵义市汇川区上海路街道人民调解委员会副主任
王险峰　仁怀市茅台镇人民调解委员会主任
韩艳芬　绥阳县枧坝镇人民调解委员会副主任
张　涛　正安县芙蓉江镇人民调解委员会副主任
李仁强　六盘水市水城区杨梅彝族苗族回族乡人民调解委员会副主任
吴　鑫　盘州市双凤镇人民调解委员会调解员
孟坤沙　安顺市西秀区轿子山镇人民调解委员会调解员
严　海　安顺市平坝区涉诉案件人民调解委员会调解员
黄华明　安顺经济技术开发区幺铺镇青源村人民调解委员会主任
陈　勇　黔西市道路交通事故人民调解委员会调解员
邹正军　大方县核桃彝族白族乡木寨社区人民调解委员会副主任
彭　超　织金县牛场镇人民调解委员会调解员
代佳吟　金沙县茶园镇人民调解委员会调解员
所培绪　威宁彝族回族苗族自治县婚姻家庭纠纷人民调解委员会调解员
文　耀　铜仁市万山区丹都街道旺家社区人民调解委员会副主任
万一富　玉屏侗族自治县朱家场镇前光村人民调解委员会调解员
万江东　印江土家族苗族自治县龙津街道人民调解委员会调解员
陈文杰　思南县民商事纠纷人民调解委员会副主任
杨昌梅　凯里市西门街道人民调解委员会主任
潘琴环　天柱县凤城街道南门社区人民调解委员会主任

陆兴才　　从江县洛香镇人民调解委员会调解员
李　福　　福泉市道路交通事故损害赔偿人民调解委员会主任
张加玉　　三都水族自治县诉前纠纷人民调解委员会调解员
吴　海　　惠水县摆金镇人民调解委员会调解员
董国琼　　兴仁市屯脚镇人民调解委员会调解员
谢　凯　　晴隆县中营镇人民调解委员会调解员
罗秀英　　望谟县新屯街道坪湘村人民调解委员会调解员

云　南

李文红　　安宁市县街街道人民调解委员会主任
钱　洪　　昆明市东川区乌龙镇人民调解委员会主任
罗绍琼　　禄劝彝族苗族自治县乌东德镇人民调解委员会调解员
王　静　　昆明市盘龙区拓东街道人民调解委员会调解员
徐柳雪　　嵩明县联合人民调解委员会主任
陈开发　　大关县天星镇人民调解委员会陈开发调解工作室调解员
康远平　　鲁甸县砚池街道人民调解委员会主任
杨益燕　　水富市云富街道人民调解委员会调解员
陈　凡　　绥江县新滩镇人民调解委员会调解员
刘志安　　会泽县宝云街道人民调解委员会调解员
杨　敏　　曲靖市马龙区鸡头村街道人民调解委员会主任
马　薇　　曲靖市麒麟区廖廓街道人民调解委员会主任
张福杰　　师宗县漾月街道人民调解委员会主任
赵仕彬　　澄江市九村镇龙潭村人民调解委员会主任
张国斌　　玉溪市江川区宁海街道宁海社区人民调解委员会调解员
普卫森　　峨山彝族自治县双江街道宝山村人民调解委员会主任
罗刚飞　　昌宁县柯街镇人民调解委员会副主任
李晓光　　龙陵县碧寨乡中寨村人民调解委员会主任
王发付　　保山市隆阳区瓦窑镇人民调解委员会调解员
杨凤清　　施甸县甸阳镇人民调解委员会副主任
李仙会　　景东彝族自治县林街乡人民调解委员会副主任
杨晓峰　　宁洱哈尼族彝族自治县宁洱镇人民调解委员会副主任

张永佳　镇沅彝族哈尼族拉祜族自治县古城镇人民调解委员会副主任
陈自红　华坪县荣将镇青泽社区人民调解委员会调解员
沙志忠　宁蒗彝族自治县跑马坪乡人民调解委员会主任
和春艳　玉龙纳西族自治县鲁甸乡人民调解委员会调解员
李学金　双江拉祜族佤族布朗族傣族自治县勐库镇人民调解委员会调解员
李敬福　临沧市临翔区凤翔街道人民调解委员会调解员
罗兰芳　永德县班卡乡人民调解委员会调解员
陈金艳　元谋县羊街镇人民调解委员会调解员
习兰芳　牟定县共和镇牟尼村人民调解委员会主任
何开铨　南华县龙川镇人民调解委员会主任
胡金祥　大理市下关街道人民调解委员会主任
张林松　剑川县马登镇人民调解委员会调解员
王智芳　南涧彝族自治县乐秋乡人民调解委员会调解员
杨兴禄　永平县医疗纠纷人民调解委员会调解员
王丽明　蒙自市新安所街道大新寨村人民调解委员会调解员
余　林　弥勒市竹园镇人民调解委员会余林调解工作室调解员
李顺福　石屏县牛街镇人民调解委员会调解员
任科喜　马关县南捞乡塘房村人民调解委员会主任
王祥楠　砚山县江那镇人民调解委员会副主任
汪慧敏　广南县曙光乡人民调解委员会副主任
陆　辉　文山市薄竹镇人民调解委员会副主任
万月团坐　芒市遮放镇人民调解委员会主任
张广存　瑞丽市样样好珠宝翡翠直播行业人民调解委员会主任
杨尚明　兰坪白族普米族自治县营盘镇人民调解委员会主任
江　彬　贡山独龙族怒族自治县独龙江乡人民调解委员会副主任
姜雨寒　勐海县打洛镇人民调解委员会调解员
毛红星　勐腊县勐满镇人民调解委员会副主任
孙　飞　香格里拉市格咱乡人民调解委员会调解员

西　藏

次仁顿珠　日喀则市桑珠孜区城南街道扎西吉彩社区人民调解委员会主任
确　吉　定日县协格尔镇兴旺村人民调解委员会主任
次仁多吉　日喀则市道路交通事故民事损害赔偿人民调解委员会副主任
普　琼　日喀则市劳动争议纠纷人民调解委员会调解员
普　布　贡嘎县岗堆镇人民调解委员会调解员
贡觉曲珍　扎囊县扎唐镇人民调解委员会调解员
巴桑次仁　山南市乃东区昌珠镇扎西曲登社区人民调解委员会主任
布珠嘎　墨脱县墨脱镇墨脱村人民调解委员会调解员
次仁丹巴　波密县易贡乡人民调解委员会调解员
布　色　米林市米林镇人民调解委员会“布色”调解工作室调解员
柯珠西热　昌都市卡若区俄洛镇人民调解委员会副主任
邓增洛松　洛隆县硕督镇达翁村人民调解委员会主任
格桑欧珠　左贡县下林卡乡人民调解委员会主任
次仁嘎培　巴青县拉西镇人民调解委员会驻巴青县公安局人民路便民警务站“警民一家亲”调解工作室调解员
巴吉拉增　班戈县普保镇格色社区人民调解委员会副主任
旦　增　索县加勤乡人民调解委员会调解员
益西丹增　安多县帕那镇人民调解委员会驻帕那镇派出所“长江源”调解工作室调解员
占　堆　革吉县革吉镇森布村人民调解委员会调解员

陕　西

陈晓军　西安市碑林区太乙路街道铁路局社区人民调解委员会主任
刘丽华　西安市雁塔区物业纠纷人民调解委员会调解员
赵杰峰　周至县司竹镇人民调解委员会主任
陈勤莉　宝鸡市渭滨区姜谭路街道姜谭路西社区人民调解委员会主任
王美联　宝鸡市渭滨区石鼓镇人民调解委员会副主任
谭建宁　宝鸡市陈仓区慕仪镇人民调解委员会副主任
黄红海　武功县大庄镇人民调解委员会副主任
梁忠堂　三原县交通事故人民调解委员会主任

张东红　旬邑县土桥镇人民调解委员会主任
王小成　铜川市印台区红土镇人民调解委员会调解员
赵耀文　铜川市耀州区锦阳路街道人民调解委员会调解员
罗　刚　潼关县太要镇人民调解委员会副主任
康　琪　澄城县王庄镇人民调解委员会调解员
郭金娇　韩城市新城街道人民调解委员会调解员
李民合　子长市瓦窑堡街道人民调解委员会调解员
樊九平　甘泉县桥镇乡桥镇村人民调解委员会主任
全茂华　府谷县老高川镇人民调解委员会副主任
高　裕　靖边县张家畔街道人民调解委员会主任
马　平　子洲县联合人民调解委员会驻子洲县人民法院调解工作室调解员
李　炎　汉中市汉台区鑫源街道人民调解委员会主任
王立宏　洋县联合人民调解委员会副主任
刘　丹　勉县镇川镇人民调解委员会副主任
沈红芳　汉阴县蒲溪镇人民调解委员会副主任
叶道成　镇坪县钟宝镇新坪村人民调解委员会调解员
洪元文　白河县西营镇人民调解委员会调解员
李小锋　商洛市商州区杨斜镇水平村人民调解委员会主任
张玉花　山阳县板岩镇人民调解委员会副主任
丁征选　杨凌农业高新技术产业示范区杨陵区联合人民调解委员会驻杨陵区人民法院调解工作室调解员
魏俊江　陕西省金融消费纠纷人民调解委员会调解员

甘　肃

邸　霞　兰州市西固区四季青街道人民调解委员会副主任
金凤萍　榆中县金崖镇人民调解委员会调解员
黄兆贵　永登县城关镇人民调解委员会调解员
徐冬梅　嘉峪关市雄关街道昌盛社区人民调解委员会副主任
王吉星　金塔县金塔镇人民调解委员会主任
聂建伟　瓜州县渊泉镇人民调解委员会聂建伟调解工作室调解员
姚　科　敦煌市莫高镇人民调解委员会“知心”调解工作室调解员

秦学伟　　高台县合黎镇人民调解委员会副主任
朵玉山　　肃南裕固族自治县祁丰藏族乡人民调解委员会调解员
杨长瑛　　张掖市甘州区南街街道人民调解委员会调解员
孙文辉　　金昌市金川区滨河路街道人民调解委员会主任
马文奎　　古浪县土门商会人民调解委员会调解员
王成泽　　民勤县重兴镇人民调解委员会副主任
张星祥　　白银市平川区长征街道人民调解委员会副主任
丁骁琛　　会宁县老君坡镇人民调解委员会副主任
郭　宁　　定西市安定区医疗纠纷人民调解委员会调解员
李梅喜　　临洮县衙下集镇人民调解委员会调解员
后爱珍　　漳县武阳镇人民调解委员会调解员
王顺祥　　天水市秦州区皂郊镇下寨子村人民调解委员会调解员
黄丽霞　　清水县黄门镇人民调解委员会调解员
郑　琦　　华亭市神裕乡人民调解委员会调解员
于博涛　　崇信县柏树镇人民调解委员会副主任
司登科　　庆城县玄马镇人民调解委员会司登科调解工作室调解员
王乾坤　　合水县西华池镇人民调解委员会调解员
曹　勇　　镇原县新城镇人民调解委员会调解员
杨志鹏　　徽县城关镇人民调解委员会副主任
韩雯雯　　宕昌县城关镇人民调解委员会调解员
昂青加　　玛曲县曼日玛镇耀达尔村人民调解委员会调解员
拜文焕　　临夏市红园街道人民调解委员会主任
杨学生　　兰州新区经纬印象社区人民调解委员会主任

青　海

才　让　　玛多县花石峡镇加果村人民调解委员会主任
扎西格朋　囊谦县香达镇人民调解委员会调解员
尤拉才让　同德县尕巴松多镇人民调解委员会调解员
公保才让　河南县优干宁镇人民调解委员会调解员
尕玛求扎　杂多县阿多乡人民调解委员会调解员
邢爱琼　　海晏县西海镇城西社区人民调解委员会主任

华成泽　　西宁市城北区二十里铺镇人民调解委员会驻二十里铺法庭调解室调解员
许正海　　格尔木市郭勒木德镇人民调解委员会调解员
汪学德　　民和回族土族自治县北山乡人民调解委员会调解员
卓玛措　　祁连县阿柔乡人民调解委员会副主任
昂　多　　久治县索乎日麻乡人民调解委员会调解员
廖玉华　　西宁市城西区信访事项人民调解委员会调解员

宁　夏

肖青山　　银川市西夏区联合人民调解委员驻人民法院调解室调解员
金光明　　灵武市郝家桥镇人民调解委员会调解员
贺全峰　　石嘴山市惠农区燕子墩乡人民调解委员会调解员
金　晶　　平罗县高庄乡人民调解委员会调解员
马海东　　吴忠市红寺堡区柳泉乡人民调解委员会调解员
白　荣　　青铜峡市裕民街道人民调解委员会调解员
马希伟　　同心县联合人民调解委员会派驻法院调解工作室调解员
海玉新　　固原市原州区官厅镇人民调解委员会副主任
马生强　　西吉县兴隆镇人民调解委员会主任
汪淑玲　　中卫市劳动人事争议人民调解委员会调解员
王　蕊　　中卫市沙坡头区宣和镇人民调解委员会调解员
姬秀花　　中宁县大战场镇东盛村人民调解委员会调解员

新　疆

朱　辉　　乌鲁木齐市水磨沟区七道湾街道人民调解委员会调解员
李　乐　　乌鲁木齐市经济技术开发区中亚南路街道人民调解委员会调解员
马秀萍　　昌吉市绿洲路街道净化社区人民调解委员会调解员
买买提·依明　呼图壁县呼图壁镇阿同汗社区人民调解委员会调解员
汝贵生　　博乐市青得里街道人民调解委员会调解员
张翠娟　　伊宁市达达木图镇人民调解委员会调解员
温月红　　奎屯市乌鲁木齐东路街道人民调解委员会调解员
董惠琳　　克拉玛依市克拉玛依区天山路街道人民调解委员会调解员

王成斌　　塔城市新城街道伊宁社区人民调解委员会调解员
顾海英　　沙湾市三道河子镇人民调解委员会调解员
刘玉荣　　乌苏市皇宫镇人民调解委员会调解员
德力夏提·得木拉提　　布尔津县杜来提乡人民调解委员会调解员
吾勒甫汗·阿特斯　　青河县萨尔托海乡人民调解委员会毡房调解室主任
哈孜拉·哈布勒　　富蕴县库尔齐斯镇文化东路社区人民调解委员会调解员
赛特尔古丽·胡吉都力　　托克逊县夏镇人民调解委员会调解员
刘月梅　　哈密市伊州区东河街道人民调解委员会调解员
饶孟孟　　若羌县瓦石峡镇人民调解委员会调解员
阿依古丽·阿不力米提　　轮台县轮台镇人民调解委员会调解员
莫沙·吾守尔　　沙雅县红旗镇人民调解委员会调解员
努尔古力·木沙　　阿克苏市红桥街道人民调解委员会调解员
阿依先木古丽·拜合提　　喀什市夏马勒巴格镇团结村人民调解委员会调解员
帕提古丽·麦麦提依明　　莎车县莎车镇人民调解委员会调解员
母　鹏　　乌恰县黑孜苇乡人民调解委员会调解员
尚军林　　和田市肖尔巴格乡人民调解委员会主任
热萨莱提·奥布力艾散　　和田县巴格其镇人民调解委员会调解员
艾合买提江·阿不都艾尼　　于田县新城街道建德社区人民调解委员会调解员

兵　团

李照伟　　第一师十团昌安镇迎宾路社区人民调解委员会调解员
巴海姑·努尔买买提　　第三师四十四团永安镇人民调解委员会调解员
李　阳　　第四师六十九团一连人民调解委员会调解员
盛鹏明　　第五师八十九团人民调解委员会调解员
王兆鑫　　第六师一〇二团人民调解委员会调解员
范广帅　　第七师一三七团人民调解委员会调解员
孙晓飞　　第八师石河子市东城街道人民调解委员会调解员

海　勇　　第九师一六八团人民调解委员会调解员
魏　云　　第十二师二二二团人民调解委员会调解员
杨旭东　　第十四师二二五团人民调解委员会调解员

三、人民陪审员工作

最高人民法院　司法部
关于印发《〈中华人民共和国人民陪审员法〉实施中若干问题的答复》的通知

（2020 年 8 月 11 日　法发〔2020〕29 号）

各省、自治区、直辖市高级人民法院、司法厅（局），新疆维吾尔自治区高级人民法院生产建设兵团分院、新疆生产建设兵团司法局：

为进一步规范人民陪审员工作，现将《〈中华人民共和国人民陪审员法〉实施中若干问题的答复》印发你们，请结合实际认真贯彻执行。在执行中有何问题和建议，请及时报告最高人民法院、司法部。

《中华人民共和国人民陪审员法》
实施中若干问题的答复

在《中华人民共和国人民陪审员法》（以下简称《人民陪审员法》）及配套规范性文件实施过程中，部分地方就有关问题进行请示，经研究，现答复如下：

1. 新疆维吾尔自治区生产建设兵团法院如何选任人民陪审员？

答：没有对应同级人民代表大会的兵团基层人民法院人民陪审员的名额由兵团分院确定，经公示后确定的人民陪审员人选，由基层人民法院院长提请兵团分院任命。在未设立垦区司法局的垦区，可以由师（市）司法局会同垦区人民法院、公安机关组织开展人民陪审员选任工作。

2. 《人民陪审员法》第六条第一项所指的监察委员会、人民法院、人民检察院、公安机关、国家安全机关、司法行政机关的工作人员是否包括行政编制外人员？

答：上述工作人员包括占用行政编制和行政编制外的所有工作人员。

3. 乡镇人民代表大会主席团的成员能否担任人民陪审员?

答:符合担任人民陪审员条件的乡镇人民代表大会主席团成员,不是上级人民代表大会常务委员会组成人员的,可以担任人民陪审员,法律另有禁止性规定的除外。

4. 人民代表大会常务委员会的工作人员能否担任人民陪审员?

答:人民代表大会常务委员会的工作人员,符合担任人民陪审员条件的,可以担任人民陪审员,法律另有禁止性规定的除外。

5. 人民代表大会常务委员会的组成人员、法官、检察官,以及人民法院、人民检察院的其他工作人员,监察委员会、公安机关、国家安全机关、司法行政机关的工作人员离任后能否担任人民陪审员?

答:(1)人民代表大会常务委员会的组成人员,监察委员会、人民法院、人民检察院、公安机关、国家安全机关、司法行政机关的工作人员离任后,符合担任人民陪审员条件的,可以担任人民陪审员。上述人员担任人民陪审员的比例应当与其他人员的比例适当平衡。

(2)法官、检察官从人民法院、人民检察院离任后二年内,不得担任人民陪审员。

(3)法官从人民法院离任后,曾在基层人民法院工作的,不得在原任职的基层人民法院担任人民陪审员;检察官从人民检察院离任后,曾在基层人民检察院工作的,不得在与原任职的基层人民检察院同级、同辖区的人民法院担任人民陪审员。

(4)法官从人民法院离任后,担任人民陪审员的,不得参与原任职人民法院的审判活动;检察官从人民检察院离任后,担任人民陪审员的,不得参与原任职人民检察院同级、同辖区的人民法院的审判活动。

6. 劳动争议仲裁委员会的仲裁员能否担任人民陪审员?

答:劳动争议仲裁委员会的仲裁员不能担任人民陪审员。

7. 被纳入失信被执行人名单的公民能否担任人民陪审员?

答:公民被纳入失信被执行人名单期间,不得担任人民陪审员。人民法院撤销或者删除失信信息后,公民符合法定条件的,可以担任人民陪审员。

8. 公民担任人民陪审员不得超过两次，是否包括《人民陪审员法》实施前以及在不同人民法院任职的情形？

答：公民担任人民陪审员总共不得超过两次，包括《人民陪审员法》实施前任命以及在不同人民法院任职的情形。

9. 有独立请求权的第三人是否可以申请由人民陪审员参加合议庭审判案件？

答：有独立请求权的第三人可以依据《人民陪审员法》相关规定申请由人民陪审员参加合议庭审判案件。

10. 人民法院可否吸收人民陪审员参加减刑、假释案件的审理？

答：人民法院可以结合案件情况，吸收人民陪审员参加减刑、假释案件审理，但不需要开庭审理的除外。

11. 人民陪审员是否可以参加案件执行工作？

答：根据《人民陪审员法》，人民陪审员参加第一审刑事、民事、行政案件的审判。人民法院不得安排人民陪审员参加案件执行工作。

12. 人民法院可以根据案件审判需要，从人民陪审员名单中随机抽取一定数量的候补人民陪审员，并确定递补顺序，一并告知当事人。如果原定人民陪审员因故无法到庭，由候补人民陪审员参与案件审理，是否需要就变更合议庭成员另行告知双方当事人？候补人民陪审员的递补顺序，应如何确定？

答：人民法院已一并告知候补人民陪审员名单的，如变更由候补人民陪审员参加庭审的，无需另行告知当事人。确定候补人民陪审员的递补顺序，可按照姓氏笔画排序等方式确定。

13. 根据《最高人民法院关于适用〈中华人民共和国人民陪审员法〉若干问题的解释》，七人合议庭开庭前和评议时，应当制作事实认定问题清单。审判实践中，如何制作事实认定问题清单？

答：事实认定问题清单应当立足全部案件事实，重点针对案件难点和争议的焦点内容。刑事案件中，可以以犯罪构成要件事实为基础，主要包括构成犯罪的事实、不构成犯罪的事实，以及有关量刑情节的事实等。民事案件中，可以根据不同类型纠纷的请求权规范基础，归纳出当事人争议的要件事实。行政案件中，主要包括审查行政行为合法性所必须具备的事实。

14. 合议庭评议案件时,人民陪审员和法官可否分组分别进行评议、表决?

答:合议庭评议案件时,人民陪审员和法官应当共同评议、表决,不得分组进行。

15. 案件审结后,人民法院将裁判文书副本送交参加该案审判的人民陪审员时,能否要求人民陪审员在送达回证上签字?

答:人民陪审员不是受送达对象,不能要求人民陪审员在送达回证上签字。人民法院将裁判文书副本送交人民陪审员时,可以以适当方式请人民陪审员签收后存档。

16. 如何把握人民陪审员年度参审数上限一般不超过30件的要求?对于人民陪审员参与审理批量系列案件的,如何计算案件数量?

答:个别案件量大的人民法院可以结合本院实际情况,提出参审数上限在30件以上设置的意见,层报高级人民法院备案后实施。高级人民法院应统筹辖区整体情况从严把握。

人民陪审员参加审理批量系列案件的,可以按一定比例折算案件数以核定是否超出参审数上限。具体折算比例,由高级人民法院确定。

17. 对于人民陪审员参审案件数占第一审案件数的比例即陪审率,是否可以设定考核指标?

答:《人民陪审员法》及相关司法解释规定了人民陪审员参审案件范围和年度参审数上限,要严格执行相关规定。人民法院不得对第一审案件总体陪审率设定考核指标,但要对第一审案件总体陪审率、人民陪审员参加七人合议庭等情况进行统计监测。

18. 人民陪审员是否适用法官法中法官任职回避的规定?

答:人民陪审员适用民事、刑事、行政诉讼法中诉讼回避的规定,不适用法官法中法官任职回避的规定。

19. 人民陪审员在参加庭审等履职过程中,着装有何要求?

答:人民陪审员在参加庭审等履职过程中,着装应当端庄、得体,但不得配发、穿着统一制服。

四、人民监督员工作

最高人民检察院　司法部
关于印发《人民监督员选任管理办法》的通知

（2021 年 12 月 29 日　司发〔2021〕7 号）

各省、自治区、直辖市人民检察院、司法厅（局），解放军军事检察院，新疆生产建设兵团人民检察院、司法局：

为了进一步深化人民监督员制度改革，规范人民监督员选任和管理工作，最高人民检察院、司法部对《人民监督员选任管理办法》进行了修订，现印发你们，请结合实际认真贯彻落实。

各地在贯彻落实中遇到的重要情况和问题，请及时分别报最高人民检察院、司法部。

人民监督员选任管理办法

第一条　为了规范人民监督员选任和管理工作，完善人民监督员制度，健全检察权行使的外部监督制约机制，根据《中华人民共和国人民检察院组织法》和有关规定，制定本办法。

第二条　选任和管理人民监督员应当坚持依法民主、公开公正、科学高效的原则，建设一支具备较高政治素质，具有广泛代表性和扎实群众基础的人民监督员队伍，保障和促进人民监督员行使监督权，发挥人民监督员监督作用。

第三条　人民监督员的选任和培训、考核、奖惩等管理工作由司法行政机关负责，人民检察院予以配合协助。

司法行政机关、人民检察院应当建立工作协调机制，为人民监督员履职提供相应服务，确保人民监督员选任、管理和使用相衔接，保障人民监督员依法充分履行职责。

第四条 人民监督员由省级和设区的市级司法行政机关负责选任管理。县级司法行政机关按照上级司法行政机关的要求,协助做好本行政区域内人民监督员选任和管理具体工作。

司法行政机关应当安排专门工作机构,选配专职工作人员,完善制度机制,保障人民监督员选任和管理工作顺利开展。

第五条 人民监督员分为省级人民检察院人民监督员和设区的市级人民检察院人民监督员。

省级人民检察院人民监督员监督同级人民检察院及其分院、派出院办案活动。其中,直辖市人民检察院人民监督员监督直辖市各级人民检察院办案活动。

设区的市级人民检察院人民监督员监督同级和下级人民检察院办案活动。

第六条 人民监督员每届任期五年,连续担任人民监督员不超过两届。

人民监督员不得同时担任两个以上人民检察院人民监督员。

第七条 人民监督员依法行使监督权受法律保护。

人民监督员应当严格遵守法律、法规和有关纪律规定,按照规定的权限和程序,独立公正地对办案活动进行监督。不得有下列情形:

(一)妨碍办案活动正常进行;

(二)泄露办案活动涉及的国家秘密、商业秘密、个人隐私和未成年人信息;

(三)披露其他依照法律法规和有关规定不应当公开的办案活动信息。

第八条 拥护中华人民共和国宪法、品行良好、公道正派、身体健康的年满23周岁的中国公民,可以担任人民监督员。人民监督员应当具有高中以上文化学历。

第九条 下列人员不参加人民监督员选任:

(一)人民代表大会常务委员会组成人员,监察机关、人民法院、人民检察院、公安机关、国家安全机关、司法行政机关的在职工作人员;

(二)人民陪审员;

(三)其他因工作原因不适宜参加人民监督员选任的人员。

第十条 有下列情形之一的,不得担任人民监督员:

(一)受过刑事处罚的;

（二）被开除公职的；

（三）被吊销律师、公证员执业证书，或被仲裁委员会除名的；

（四）被纳入失信被执行人名单的；

（五）因受惩戒被免除人民陪审员职务的；

（六）存在其他严重违法违纪行为，可能影响司法公正的。

因在选任、履职过程中违法违规以及年度考核不合格等被免除人民监督员资格的，不得再次担任人民监督员。

第十一条　司法行政机关应当会同人民检察院，根据监督办案活动需要和本辖区人口、地域、民族等因素，合理确定人民监督员的名额及分布，每个县（市、区）人民监督员名额不少于三名。

第十二条　司法行政机关应当发布人民监督员选任公告，明确选任名额、条件、程序、申请和推荐期限及方式等事项，公告期不少于二十个工作日。

第十三条　人民监督员候选人通过下列方式产生：

（一）个人申请；

（二）单位和组织推荐。

支持工会、共青团、妇联等人民团体及其他社会组织推荐符合条件的人员成为人民监督员候选人。

第十四条　司法行政机关应当采取到候选人所在单位、社区实地走访了解、听取群众代表和基层组织意见、组织面谈等多种形式，考察确定人民监督员拟任人选。

确定人民监督员拟任人选，应当充分体现广泛性和代表性。

人民监督员拟任人选中具有公务员或者事业单位在编工作人员身份的人员，一般不超过选任名额的百分之五十。

第十五条　司法行政机关应当向社会公示拟任人民监督员名单，公示时间不少于五个工作日。

第十六条　人民监督员拟任人选经过公示无异议或者经审查异议不成立的，由司法行政机关作出人民监督员选任决定，颁发证书，通知人民监督员所在单位、推荐单位或组织，并向社会公布。

第十七条　根据监督办案活动需要，可以增选、补选人民监督员。

增选、补选人民监督员，依照本办法选任程序执行。

增选、补选的人民监督员任期与本届任期保持一致。

第十八条 司法行政机关应当建立人民监督员信息库,与人民检察院实现信息共享。

司法行政机关、人民检察院应当公开人民监督员的姓名和联系方式,畅通群众向人民监督员反映情况的渠道。

第十九条 人民检察院办案活动需要人民监督员监督的,人民检察院应当在开展监督活动五个工作日前将需要的人数、时间、地点以及其他有关事项通知司法行政机关。

案件情况特殊,经商司法行政机关同意的,人民检察院可以在开展监督活动三个工作日前将有关事项通知司法行政机关。

第二十条 司法行政机关从人民监督员信息库中随机抽选、联络确定参加监督活动的人民监督员,并通报人民检察院。

根据办案活动需要,可以在具有特定专业背景的人民监督员中随机抽选。

省级人民检察院及其分院、派出院组织监督办案活动,由省级司法行政机关抽选人民监督员。

设区的市级人民检察院和基层人民检察院组织监督办案活动,由设区的市级司法行政机关抽选人民监督员。

直辖市各级人民检察院组织监督办案活动,由直辖市司法行政机关抽选人民监督员。其中,直辖市区级人民检察院组织监督办案活动,也可由直辖市区级司法行政机关抽选人民监督员。

最高人民检察院组织监督办案活动,商司法部在省级人民检察院人民监督员中抽选。

第二十一条 人民监督员是监督办案活动所涉案件当事人近亲属、与案件有利害关系或者担任过案件诉讼参与人,以及有其他可能影响司法公正情形的,应当自行回避。

人民检察院发现人民监督员有需要回避情形,或者案件当事人向人民检察院提出回避申请且满足回避条件的,应当及时通知司法行政机关决定人民监督员回避,或者要求人民监督员自行回避。

第二十二条 司法行政机关应当建立人民监督员履职台账。

人民检察院应当在人民监督员参加监督办案活动结束后三个工作日内将